南方丝绸之路 研究丛书

历史地理卷

李昆声｜主编

陆 韧｜著

The
Southern
Silk
Road

全 国 百 佳 图 书 出 版 单 位
时代出版传媒股份有限公司
安 徽 人 民 出 版 社

图书在版编目(CIP)数据

南方丝绸之路研究丛书 . 历史地理卷 / 李昆声主编 ; 陆韧著 . -- 合肥 ：
安徽人民出版社 , 2022.2

ISBN 978-7-212-10564-8

Ⅰ . ①南… Ⅱ . ①李… ②陆… Ⅲ . ①丝绸之路—研究②历史地理—
研究—中国 Ⅳ . ① K203 ② K928.6

中国版本图书馆 CIP 数据核字 (2022) 第 021266 号

南方丝绸之路研究丛书

历史地理卷

NANFANG SICHOU ZHI LU YANJIU CONGSHU
LISHI DILI JUAN

李昆声　主编
陆　韧　著

出 版 人：杨迎会　　　　　　　　　　　出版策划：刘　哲　何军民
出版统筹：袁小燕　张　旻　　　　　　　责任编辑：张　旻　程　璇
责任印制：董　亮　　　　　　　　　　　装帧设计：程　慧　宋文岚

出版发行：时代出版传媒股份有限公司 http://www.press - mart.com
　　　　　安徽人民出版社 http://www.ahpeople.com

地　　址：合肥市政务文化新区翡翠路 1118 号出版传媒广场八楼　　邮编：230071

电　　话：0551-63533258　0551-63533259（传真）

印　　刷：安徽新华印刷股份有限公司

开本：710mm×1010mm　1/16　　　印张：21.5　　　字数：270 千
版次：2022 年 2 月第 1 版　　　　2022 年 2 月第 1 次印刷

ISBN 978 - 7 - 212 - 10564 - 8　　　　　　　　定价：110.00 元

总　　序

　　早期人类不具备生产能力，只能收集利用力所能及的生活资源。在一个区域的资源耗尽或无法满足其需求时，只能以迁移作为获得新资源或更多资源的主要手段。少数人与生俱来的好奇心也驱使他们并引导更多的人走得更远，这也自觉或不自觉地扩大了生存和发展的空间。人类正是这样，从东非等几个主要发源地扩散、迁移和分布到世界各地。

　　在这一漫长的岁月里，人类从利用天然条件到开辟交通路线、发明和制造交通工具和设施，逐步扩大交通运输的规模，提高交通运输的效率，保证了迁移过程中人流和物流需求，并将其应用于定居的群体之间。可以毫不夸张地说，人类的历史是从迁移开始的，而交通运输的条件不可或缺，经常起着不可替代的作用。

　　交通运输离不开陆上的道路和水上的航路。在一个四周开放、内部地形地貌变化不大的区域内，人们很容易利用天然条件开辟和维护道路，并且有多种选择。但在一个相对封闭、内部地形地貌复杂的区域内，一般不存在天然的交通条件，人们必须为开辟和维护道路付出巨大的代价，对道路的走向和状况往往无法做出自主选择。特别是在与外界存在难以逾越的地理障碍的情况下，能否建成并维护突破这类障碍的道路，就是一个地域生存与发展的决定性因素。

在探究中华文明能够长期延续、中国历史没有中断的原因时，地理环境对古代人类的影响尚未受到应有的重视。实际上，在不具备机械交通手段的条件下，无论从哪一方向突破中国与外界的地理障碍——高山峻岭、戈壁荒漠、冰川冻土、青藏高原、横断山脉、热带丛林、深海大洋——都是相当艰难的，或者因代价太大而缺乏相应的利益驱动。正因为如此，连接中国与外界的道路对中国与世界的重要性不言而喻，也是"丝绸之路"一经李希霍芬发现和命名就备受重视的原因。到今天，丝绸之路已经成了古代中国与外界连接的道路的通名，而无论这条道路上的物流和人流是什么，所以有了南方丝绸之路（或西南丝绸之路）、北方丝绸之路、草原丝绸之路、海上丝绸之路等几条得到广泛认同的主要交通路线。

李希霍芬将丝绸之路的形成时间确定在公元前2世纪，即张骞通西域时期，是因为张骞第二次出使将大批丝绸输送到西域，并且实际上开始了汉朝与西域间的丝绸贸易，但并不意味着这条道路是由张骞开通的，或者说在公元前2世纪之前不存在这条道路。张骞第一次出使就有胡人向导，从长安经匈奴到达大月氏走的都是现成的道路。考古学、人类学、生物学、地理学等大量研究成果证明，小麦栽培、黄牛和绵羊等家畜的饲养以及青铜冶炼技术等都源自西亚、中亚，逐渐向东传入黄河流域。这也证明这条道路早已存在。但迄今为止，我们还没有发现在公元前2世纪之前有过由中原向西域的主动传播，也没有从黄河流域向西开辟道路的证据。有人曾列举《山海经》《穆天子传》中的记载为证，但这些资料至多反映了中原人对西部某些地理知识的了解，却无法证明中原人的足迹已经涉及这些地方，更不能复原出一条由东向西的交通路线。

但《史记·大宛列传》的记载证明在公元前 2 世纪张骞通西域之前，西南就存在着一条从古蜀国（今四川）出发，经身毒（今印度）到达大夏（今阿富汗）的交通路线：

（张）骞曰："臣在大夏时，见邛竹杖、蜀布。问曰：'安得此？'大夏国人曰：'吾贾人往市之身毒国。身毒国在大夏东南可数千里。'"

值得注意的是，邛竹杖、蜀布并不是特别贵重的商品或稀有罕见的物品，要将这样的商品长途贩运，并且还有被再长途贩运的价值，只能证明这一条交通路线已经相当成熟有效，这些商品交易已具有一定规模。因此这条道路应该存在已久，早于公元前 2 世纪，其开辟维护的动力出于蜀地人商品输出的需要。

《史记·西南夷列传》中还记载了另一条路线：

南越食（唐）蒙蜀枸酱，蒙问所从来，曰："道西北牂柯，牂柯江，广数里，出番禺城下。"蒙归至长安，问蜀贾人，贾人曰："独蜀出枸酱，多持窃出市夜郎。"

唐蒙在番禺（今广州）吃到的枸酱是蜀地的特产，人们先把它运至夜郎（在今贵州），再通过珠江水系把它运到下游的番禺。同样值得注意的是，枸酱是用水果加工的，在没有现代保存技术和快速运输手段的条件下，需要长途运输且保证美味安全，除了蜀人的制作和保存技术外，离不开水陆联运形成的便捷物流体系。这条路线显然也是蜀人主动开辟和维护的，时间也在公元前 2 世纪之前。

这两个例子可以证明，由李希霍芬发现并命名的这条典型的丝绸之路，尽管客观上是因公元前2世纪张骞通西域而实际形成的，却并非出于汉朝的主动，也不是更早的中原人开辟的，但今天被泛称为南方丝绸之路的由西南通向外界的交通路线，是由本地人主动开辟的真正的贸易路线，时间也早于公元前2世纪。

对南方丝绸之路进行研究的意义不言而喻，但困难之大也在意料之中。这两段文字背后隐藏了太多的秘密，即使用现代科学技术与学术研究的成果也还难以解释。一条古老的交通路线的开辟和维护，不仅涉及当时的自然地理和人文地理环境，还几乎涉及自然界和人类社会各个方面。但迄今为止，我们还没有发现当时当地人自己的任何文字记录和直接证据，也无法从这两段文字再往前追溯。而自然界留下的痕迹也相当有限，并且难以精确地定性或定量。即使在公元前2世纪后或在文字记录产生后，仅仅根据直接和间接的史料也不足以复原南方丝绸之路及沿路地区的历史自然地理和人文地理的真相。而要全面深入地研究这重要的交通路线系统，就不仅要复原或重构这一路线系统本身，还要考察和研究它所连接和经过的空间和存在的时间，在此空间和时间范围内的自然、社会和人文状况，这一路线上的物流和人流的来源和去向，以及由此产生的直接和间接的影响。实际上，这需要对这一巨大的空间、漫长的时间做全面的历史和地理研究。

云南的几位学者就是这样做的，他们在老一代学者的研究基础上，孜孜不倦地探索了二三十年，由李昆声教授主编的这套《南方丝绸之路研究》丛书首批四卷就是已有成果的汇编。陆韧教授和朱映占、王万平、刘西诺、何兆阳、张晗等几位中青年学者分别对这一区域的历史地理、考古、民族、民俗做了扎实、细致、深入的考察、研究和论述，很大程度上弥补了文献资料和直接证据的不足，使这项研究达到了新的高度。

总的来说，对南方丝绸之路的研究尚属开端，因此在这四本著作问世之际，我们有理由期待这套丛书引发更多新著，更有理由期待这几位作者的新成果。

葛剑雄

2022 年 1 月

（复旦大学资深教授、中国历史地理研究所博士生导师，教育部社会科学委员会历史学部委员，"未来地理计划"中国国家委员会委员，中央文史研究馆馆员）

丛 书 前 言

19世纪70年代，德国地理学家李希霍芬首创"丝绸之路"的名称。

20世纪80年代，中国川滇一批青年学者提出"南方丝绸之路"的概念。

"丝绸之路"是指西汉时期开辟的一条国际交通线，起点从我国西安，往西经过河西走廊、新疆沙漠地带，越帕米尔高原而到中亚、南亚、西亚的一条商道。20世纪初，在丝绸之路上的重镇甘肃敦煌的莫高窟千佛洞发现一大批非常重要的古代文献资料——"敦煌文书"，它成为全球学者研究的宝库。最终，在大量研究的基础上形成一门多学科的国际显学——敦煌学。

南方丝绸之路虽然比（北方）丝绸之路开辟得更早（学术界一般认为在战国时期，也有学者认为早在殷商时期），但是对于南方丝绸之路的研究尚处在起步阶段，更未形成一门多学科的国际显学。而且，各学科之间，甚少交叉互动。例如，南方丝绸之路的起点成都以及成都平原，一批重要的考古遗址：三星堆、金沙、十二里桥……考古发掘文物璀璨夺目，研究成果硕果累累，但很少纳入南方丝绸之路的整体研究中，也极少与其他学科互动。再如历史地理学的研究表明，南方丝绸之路在东南亚延伸后，与海上丝绸之路汇合，是一条通江达海之路。而考古学者在研究一些古代青铜器从中国云南往东南亚传播的问题时，过去也甚少了解它们是通过南方丝绸之路而抵达东南亚的。另外，对南方丝绸之路所经国家、地区以及不同的古代文明的对话、互鉴，亦甚少研究。

我们这套丛书，试图研究南方丝绸之路上的路线、交通等历史地理问题，研究南方丝绸之路上的古代民族、现代民族和节庆，研究南方丝绸之路上遗存的重要文物古迹以及通过南方丝绸之路上从西亚、南亚、东南亚传入我国的古代文物等，以通俗易懂、深入浅出的语言表达出来，期望起到一个抛砖引玉的作用！

希望有更多研究南方丝绸之路上的重要文物古迹、重要非物质文化遗产（如音乐、舞蹈、诗歌、民间故事、传统技艺、驿道、驿站、碑铭、钱币、马帮、舟桥、古村古镇、动植物、域外文明、引进物种），以及研究南方丝绸之路与茶马古道的关系、稻米起源与传播、茶叶起源与传播等学术课题，整合在南方丝绸之路总框架之下，从而涌现出一大批高质量的学术成果。期待南方丝绸之路与（北方）丝绸之路、海上丝绸之路"三足鼎立"，再现昔日辉煌！

李昆声

2022 年 1 月

目 录

绪 论

"南方丝绸之路"又被称为"南方陆上丝绸之路""西南丝绸之路"等。2017 年 5 月 14 日，中华人民共和国主席习近平出席"一带一路"国际合作高峰论坛并发表主旨演讲。习近平总书记说，古丝绸之路创造了地区大发展、大繁荣，指出古丝绸之路见证了陆上"使者相望于道，商旅不绝于途"的盛况，也见证了海上"舶交海中，不知其数"的繁华。①2018 年 2 月，习近平总书记在四川视察时，提出"成都是南方丝绸之路的起点"②。由此，汉晋时期开辟的中国政治经济文化中心长安经由四川与云南、贵州、广西等西部地区连接起来，通过云南西南边疆出境出海，连通了南亚、东南亚地区与国家的交通道路，以"南方丝绸之路"称之已成为共识。

　　本书与以往大多数研究不同的是，笔者探讨的南方丝绸之路不仅仅是以往很多论著或论文中所指称的汉晋时期从成都出发经云南西出缅甸至印度的"蜀身毒道"的单一道路，而是在中国统一多民族国家疆域的视角下，经由中国西南地区走向大海，走向世界，使中国从西南边疆方向出境与世界发生联系的多条道路组成的交通体系。南方丝绸之路的道路体系主干线都是由成都出发，经我国的西南地区（四川、贵州、云南、广西）的边疆地带出境，经由东南亚中南半岛地区的国家，如缅甸、老挝、越南、泰国等，或陆路西出缅甸至印度，与南亚印度、孟加拉、巴基斯坦等

---

① 载新华网，2017 年 5 月 14 日。
② 《新时代治蜀兴川的开放格局》，载《四川日报》2018 年 4 月 23 日。

地区的古国①发生联系，发展经贸往来，甚至还可转经印度北上与北方丝绸之路会合西进中亚、欧洲诸国；抑或通过陆路从西南边疆出境后西出南下，深入至东南亚中南半岛的国家内地，与东南亚国家和地区进行贸易，甚至借助这些东南亚国家的内河抵达通往太平洋或印度洋的港口，如经云南与越南相连的红河水系抵达交趾港（约为今越南北方的海防港）连通太平洋，或经缅甸古代的白古港②，通过澜沧江湄公河抵达暹罗港（今泰国曼谷一带）③等海港进入印度洋，与海上丝绸之路实现互联互通，使南方丝绸之路的交往范围扩大到印度洋、阿拉伯海和东非广大地区。南方丝绸之路交通体系在中国历史上跨越两千多年延续至今，将在"一带一路"倡议下，在新时代里再造辉煌。

当然，在漫长的两千多年历史中，在不同的历史阶段，这些道路或道路系统有过不同的名称，交通交往的国家范围及道路走向有所变迁，唯一不变的是"南方丝绸之路"道路体系自其开辟以来，就是多条经由我国西南边疆西出南下至东南亚中南半岛及南亚次大陆国家和地区，是可与北方丝绸之路、海上丝绸之路并列的中国对外交通干线，它们相辅相成，共同承担起历史时期中外交通重任，创造了辉煌，也共同成为我国今天"一带一路"倡议的历史基础。基于此，本书论述的不再是单一的西出缅甸至印度的道路，而是从我国西南地区经西南边疆出境出海的中外交通体系"南方丝绸之路"。

南方丝绸之路研究丛书 历史地理卷

---

① 在古代中国历史文献中，当今印度和巴基斯坦等南亚国家的统称为印度，在中国历史文献中，不同的时代又有不同的称谓，汉晋时期，常常称"身毒"，唐宋时期叫"天竺"，元明清以来均以印度称之，但无论"身毒""天竺"等称谓，基本上是"印度"变音，是不同历史时期汉字读音的差异称谓。

② 也称"勃固"，今缅甸南部的勃固，在18世纪以前是缅甸进入印度洋安达曼海的重要港口。

③ 暹罗，是中国历史文献中对泰国的古称，泰语为 สยาม（Sayam），英语为 Siam。主体民族为泰人，信奉上座部佛教，自公元13世纪开国，先后经历了素可泰王朝、阿瑜陀耶王朝、吞武里王朝、曼谷王朝四个时代。1939年6月24日改国号为"泰国"，1945年复名"暹罗"，1949年再度改名为"泰国"，沿用至今。

南方丝绸之路与中国西南边疆

　　既然"南方丝绸之路"是从我国的西南地区经西南边疆出境出
海的道路体系，那么在这个道路体系视角下的"西南地区"是怎样
形成的呢？今天，我国西南地区一般包括四川、重庆、贵州、广
西和云南等省区市。西南地区的称谓，是与国家中心区对应的。
历史上，这种带有方位地域特点的"西南地区"只可能出现在我国
建立统一多民族国家并将"西南地区"纳入国家版图后，在统一多
民族国家视角下形成"西南地区"方位区域名称。通过历史考释，
我们看到作为方位区域名称的"西南地区"一词正是出现在秦汉统
一多民族国家形成后的开疆拓土宏大历史进程中，特别值得重视
的是该区域名称和南方丝绸之路的最早记载同时出现在司马迁《史
记·西南夷列传》中，其开篇则言：

　　西南夷君长以什数，夜郎最大。其西靡莫之属以什数，滇最
大。自滇以北君长以什数，邛都最大：此皆魋结，耕田，有邑
聚。其外西自同师以东，北至楪榆，名为嶲、昆明，皆编发，随
畜迁徙，毋常处，毋君长，地方可数千里。自嶲以东北，君长以
什数，徙、筰都最大。自筰以东北，君长以什数，冉駹最大。其
俗或土著，或移徙，在蜀之西。自冉駹以东北，君长以什数，白

马最大，皆氐类也。此皆巴蜀西南外蛮夷也。[①]

这说明在汉武帝时期的统一多民族国家的西南地区即"西南夷"民族部落分布的区域，其地域范围大约为"西南夷君长以什数，夜郎最大"，夜郎大约为今贵州地区；夜郎"西靡莫之属以什数，滇最大"，滇即今天云南省省会昆明所在的滇池流域，秦汉之际滇池流域形成了较为强大的古滇王国，其包括今云南省的中部、东部和南部部分地区；司马迁又说"自滇以北君长以什数，邛都最大"，邛都约为今四川省汉源、西昌一带；以滇和邛都定位，"其外西自同师以东，北至楪榆，名为嶲、昆明"，经考证，"同师"约为今云南省保山市，"楪榆"为今云南省大理市地区，西汉时期生活在这一地区的族群部落"名为嶲、昆明"[②]，其活动区域甚为广大，自今大理市往西达今云南省与缅甸边境地区"地方可数千里"。而"自嶲以东北，君长以什数，徙、筰都最大。自筰以东北，君长以什数，冉駹最大。其俗或土著，或移徙，在蜀之西。自冉駹以东北，君长以什数，白马最大，皆氐类也"，徙、筰族群部落分布的区域约为今四川省西南靠近云南的天全、雅安、冕宁、盐源一带；冉駹、白马活动区域则为四川省西部或西北部地区。上述族群部落为"西南夷"，"此皆巴蜀西南外蛮夷也"。"西南夷"分布的地区大约即是汉代的西南地区，皆为"在蜀之西"，西汉建都长安（今西安），其南为巴蜀，西南夷则在巴蜀之西之南。

司马迁《史记·西南夷列传》中，比较完整地记载了秦始皇统一后至汉武帝元封二年（前 109 年）间历时 110 余年对西南夷

---

① 《史记》卷一一六《西南夷列传》，中华书局 1959 年版，第 2991 页。
② 汉唐时期，"昆明"一词非地域名称，更不是指今天的昆明市，而是族群部落名称，但不同时代的"昆明"部落又各不相同。汉晋时期"昆明"部落指生活在今云南省大理市洱海区域的部族，唐代"昆明"常指生活在今四川汉源一带的部族，唐后期至宋代"昆明"一词有时则指称生活在贵州西部与云南交界地区的部族。直至元明清在今云南省昆明市设昆明县后，"昆明"一词才成为专指今昆明市的地名。

的经营，将西南夷族群分布区纳入中央王朝版图，使"西南夷"族群分布区成为多民族统一国家疆域的西南地区。在这个过程中，统一国家开疆拓土与开拓通往西南夷地区交通道路相辅相成，国家力量深入西南夷地区，交通道路连通西南夷族群的过程中，采用"通道、置吏"的方法，逐渐向西南夷地区深入。"秦时常颇略通五尺道，诸此国颇置吏焉"，[①]说明秦统一后，以蜀（成都）为据点，派常颇向南"略通五尺道"，开始了对西南夷地区的经营，今考证秦所略通的"五尺道"大约是从四川宜宾进入云南曲靖的交通道路，同时实施"诸此国颇置吏焉"的方略，说明常颇通"五尺道"的同时，在道路所经地区秦"通道、置吏"，将五尺道沿途的民族群落纳入秦朝统治。随后"十余岁，秦灭。及汉兴，皆弃此国而开蜀故徼。巴蜀民或窃出商贾，取其筰马、僰僮、髦牛，以此巴蜀殷富"。[②]虽然秦亡汉初，曾经弃蜀以西以南疆土不守，但五尺道的开通，则成为巴蜀联系西南夷的重要商道。汉武帝建元六年（前135年），唐蒙征南越，"南越食蒙蜀枸酱"，得知牂柯江（今贵州北盘江上游）一带的南夷与南越有道路可通，商旅往来，于是汉武帝拜唐蒙为郎中将，使其"将千人，食重万余人，从巴蜀筰关入，遂见夜郎侯多同。蒙厚赐，喻以威德，约为置吏"，[③]在南夷地区设置了犍为郡（今四川宜宾地区），开始了西汉对西南夷的经营。然而汉武帝经营西南夷并非一帆风顺，"当是时，巴蜀四郡通西南夷道，戍转相饷。数岁，道不通，士罢饿离湿，死者甚众。西南夷又数反，发兵兴击，耗费无功"。[④]直至元鼎六年（前111年）武帝出兵平南越王乱，同时诛灭了位于夜郎与滇国之间的头兰部落，又降服了牂柯

① 《史记》卷一一六《西南夷列传》，中华书局1959年版，第2993页。
② 《史记》卷一一六《西南夷列传》，中华书局1959年版，第2993页。
③ 《史记》卷一一六《西南夷列传》，中华书局1959年版，第2994页。
④ 《史记》卷一一六《西南夷列传》，中华书局1959年版，第2995页。

江与劳水（一说即今黑水河）之间的漏卧、句町等部落，设置牂柯郡，治故且兰县（今贵州省贵阳市附近），西南夷之南夷地区归入汉朝。在此期间，张骞出使西域回来，汉武帝得知有一条道路经西夷地区可至身毒（今印度）、大夏（今阿富汗），于是决定继续向西经营。元封二年（前 109 年），"天子发巴蜀兵击灭劳浸、靡莫，以兵临滇。滇王始首善，以故弗诛。滇王离难西南夷，举国降，请置吏入朝。于是以为益州郡，赐滇王王印，复长其民"，① 并在益州郡下设 24 个县，从而将云南大部纳入统一多民族国家西汉王朝的版图，故而汉武帝基本完成对西南夷的经营，"西南夷"地区遂成为西汉统一王朝版图内具有方位区域特征的西南地区，该区域是"西南夷"族群分布区，大约为巴（今重庆）以南和蜀（四川成都）以西的广大地区，包括今四川省西南部、贵州省和云南省。汉武帝经营西南夷，"通道置吏"并进，先后设置了越嶲郡（今四川西昌一带）、犍为郡（今四川宜宾地区）、益州郡（今云南澜沧江以东地区）、牂柯郡（今贵州）。由此可见，作为方位区域名称的"西南地区"在西汉武帝时期基本形成，此后历代统一王朝的西南地区所指虽然有些变化，如由于唐宋时期，云南、贵州与广西的交通网络形成，经济文化交往密切，所以，元明清统一王朝视角下的西南地区将广西纳入其中，形成与今天西南地区大致相同的地域范围，即四川、重庆、贵州、云南、广西等省区市范围。

由于南方丝绸之路是经西南地区出境的对外交通路线，正如历史上的西南地区以巴蜀（今四川、重庆）② 以西以南为方位定位一样，南方丝绸之路也基本上是以中国内地重要的经济区四川

---

① 《史记》卷一一六《西南夷列传》，中华书局 1959 年版，第 2997 页。
② 元明清时期至 1990 年代，重庆都隶属于四川省。1997 年重庆成为直辖市，从四川划出，基于这一历史特点，以下所述四川均包含今重庆市地区。

蜀地为起点，必须经由西南地区的边疆或边境地区出境的对外交通干线。西汉武帝时代形成的西南地区所包含的四川、贵州、云南，具备边疆或边境条件的则是云南，秦汉西南地区（今川南、滇、黔）只有云南具备与域外国家接壤的边界线，南方丝绸之路只有通过云南出境，经由与云南交界的边境地带才可能西出南下东南亚中南半岛地区（缅甸、老挝、越南、泰国）出境或出海，或陆路西出缅甸至印度的交通格局。所以，云南不仅属于西南地区，更是历史上统一多民族国家的西南边疆或西南地区的边疆地区，因而西南边疆云南的地理环境、社会经济、历史发展状况对南方丝绸之路的开拓与发展有着至关重要的作用，论述南方丝绸之路必须解析西南边疆云南。

第二节

地理环境影响下的南方丝绸之路

在影响交通发展的诸多自然因素中，地理环境是最重要的因素之一。特别是在古代，人们的生产、生活乃至道路的开辟、交通线的取向，都深深依赖地理环境，受地理环境的制约。云南地理环境对交通发展的影响更为突出，高低悬殊的海拔、复杂的山川地貌、立体多变的气候等无一不是影响交通发展的重要因素。

一、西南边疆云南的地理区位与地理环境

云南处于北纬 21°8′32″ 至 29°15′8″ 和东经 97°31′39″ 至 106°11′47″，北回归线横贯南部，全省面积约 39.4 万平方公里，位于中国西南边陲，它的东面与贵州相连；东南与广西壮族自治区相接；东北、北部与"天府之国"四川犬牙相错；西北部是青藏高原的延伸部分，与西藏为邻。而西部则与缅甸接壤，中缅边境线滇缅段长达 1997 公里；南部与中南半岛的老挝、越南接壤，中老边境线长约 710 公里，中越边境线云南边境段长 1353 公里。云南和上述三国的边境总长达 4060 公里，有 25 个县市分别与三国接壤。云南与中南半岛连接为一个整体，北依广袤的亚洲大陆，南临辽阔的印度洋及太平洋。同时，云南还与泰国、柬埔寨为近邻，并与南亚次大陆地理相近。从云南西部边境出境，经过缅甸北部的山地，可到达印度的阿萨姆地区。从陆地的角度看，云南是中国大陆与东南亚地区和南亚次大陆之间最近的接合地，通往东南亚和南亚地区陆路最近的取线地。早在两千多年前，云南就已成为中国从陆上通向印度和东南亚的门户，是中华民族和上述地区人民友好交往的重要节点地区，西南边疆的云南实际充当了沟通中原大陆与南亚、东南亚地区交通的大陆桥。

就地势而论，云南的西部是青藏高原延伸的横断山脉纵谷区；东部、中部属于云贵高原的组成部分，使云南的地理形势自西北而下，高山峻岭，嵯峨纵列，迤逦而南，渐下渐展，呈阶梯式下降。若从高空俯视这片广袤的大地，就像一个巨大无垠的半圆形台阶由西北向东、向南、向西逐级下降：滇西北为最高的梯层，最高处的怒山主峰——卡格博峰，海拔 6740 米，终年白雪皑皑，云遮雾障；滇中高原为第二梯层，海拔 1700～2400 米之

间，低山、丘陵、坝子、湖泊相间，呈波状起伏；南部、东南和西南部为第三梯层，平均每公里递降 6 米，降至最低的滇南红河出境处的河口，海拔仅 76.4 米，常年青翠葱郁，热浪滚滚。在自南到北不到 900 公里的直线剖面上，相对高差竟达 6663.6 米，真是步步高、级级升，"一天上一丈，云南在天上"。云南的地理环境也由此千差万别。

从地貌上看，云南境内既有雄伟险峻的高山峻岭，又有起伏和缓的红壤高原；既有分布广泛的岩溶地貌，又有星罗棋布的山间盆地；既有落差悬殊、奔腾汹涌的大川大河，又有水平如镜的高原湖泊。盆地、河谷、丘陵、低山、中山、高山、山原、高原相间分布，地貌差异极大。山是云南的主要地貌特征，高原与山地约占全省面积的 94%，盆地、河谷仅占 6%。云南又可分为两大部分，元江（红河）以东为高原地貌，属于云贵高原。高原的中心起伏和缓，分布着高差不大的残丘。在高原与丘陵之间，存在着许多山间盆地，即坝子。坝子附近，因地壳抬升，形成相对高差 500 米左右的山地；整个高原大地岩溶地貌发育，具有典型的喀斯特地貌特征。元江以西是滇西纵谷区。滇西北是青藏高原的南延，山势宏伟，山高谷深，构成这里的主要地貌。滇西北自西而东，纵列并排着高黎贡山、怒山、云岭三大山脉，构成滇西横断山系。山脉之间伴有怒江、澜沧江、金沙江三条大河。一山一川相互挟持，比肩而下，绵延上千公里。往南为横断山系的余脉，山势逐渐展开，峰峦低矮，山体宽大，河谷骤然开阔，越拓越宽，出现较大面积的河谷平原和山间盆地，海拔降为 1000 米左右，成为滇西南低地势的热带和亚热带地区。

"两山之间必有川，两川之间必是山"，这是地理的自然之势，也是云南山川的自然写照。云南境内高山叠嶂，密林葱郁，雨量充沛，孕育着丰富的水源。全省奔流着大小河流 600 余条，多为入海河流的上游，它们分别汇入 6 条大河，即金沙江（长江）、南盘江（珠江）、澜沧江（湄公河）、怒江（萨尔温江）、红河及伊洛瓦底江，形成六大水系。云南北高南低的地势，使这些水系除南盘江以外，均发源于青藏高原及其南延的横断山系，其干流在滇西北时，呈南北向流动，特别是金沙江、澜沧江和怒江三条大河与云岭、怒山、高黎贡山三座大山比肩而行，挟持南下，它们之间相距最近处仅 76 公里。但是到北纬 27° 附近散开，金沙江受玉龙雪山的阻拦，突然向东北折而流淌，奔驰于山谷，纳南北诸水，形成中国第一大河长江，往东奔流至太平洋。怒江继续咆哮南奔，出国境后为萨尔温江，直泻印度洋的安达曼湾。澜沧江至保山东北部转向西南流，由勐腊县出国境后称湄公河，蜿蜒流经老挝、缅甸、泰国、柬埔寨和越南南部，注入太平洋，它一江连六国，号称"东方多瑙河"。加上发源于大理祥云县的红河，一路向东南流去，从河口出国境，在越南北部汇入北部湾。发源于滇东曲靖的南盘江也向东南流去，流经广西、广东而入海，它的下游称珠江；还有怒江以西的大盈江、龙川江等诸水，从滇西出国境后汇入伊洛瓦底江，纵贯缅甸南北，于仰光一带注入印度洋。当这六条大河到达各自的出海口时，金沙江和伊洛瓦底江入海口的直线距离已不下 3000 公里，使云南水系格局，酷似一把平放的扫帚，形成世界上堪称一绝的帚状水系。

西南边疆云南的河流属山地型河流，河床深切，山谷幽深，危崖耸立，谷底水流奔腾咆哮，真是"水无不怒石，山有欲飞峰"。云南地势决定了河流落差巨大，多跌水瀑布，急流险滩，可谓"一丈接一滩，一滩高十丈"。大部分河流一路南行，至南部边境一带，山峦才渐次低下，河床愈见开阔，河水稍稍平静下来，一些河段才能通航。故云南之江河富于水能，而缺乏舟楫之利。

二、地理形势对交通的影响

若仅就山川地理形势而言，谷深山高，沟壑纵横，自然形成对交通的制约，也阻隔了边疆的云南各民族与外部世界的联系交流。云贵高原山地和纵谷地带造成的崎岖地势，不仅道路开辟甚难，而且使路况至为恶劣，古人云，在云南"上高山则疑为登天，下陡路则几同赴壑，羊肠鸟道，修之实难"。"羊肠鸟道"正是云南古代交通状况的真实写照。云南境内大部分道路仅能供单人匹马通行，即便是交通干线亦莫过如此，故交通不便，长期闭塞。就是封建社会末期的清代，还是"滇南（即滇省）道路险阻，舟车不通，商贾罕至"。险恶的山川使云南境内交通阻碍异常，它给云南各民族的相互交通及与外部世界的交通带来极大困难，成为云南长期闭塞的主要原因。

但若从另外的角度来审视，西南边疆云南又具有东西贯通、北阻南敞的交通特征。其中部地带是高原的主体，特别是北纬25°的地区，海拔多在 1500 ～ 2200 米之间，从东至西，基本上是较缓和的山地丘陵、山间盆地。西部虽为纵谷地带的延伸，但山脉已渐趋低缓，山势走向清晰。中部地带气候宜人，四季如春，不仅适宜人类居住，而且山川地势对交通的阻碍相对较小，成为较容易开辟道路的地带，使交通的发展具有中部地带东西贯通的特征。所以，南方丝绸之路东西交通（即东与中国内地相连，西与缅印诸国相通）开拓较早，历史上最早进入云南的外来人口或商旅使臣，都是自东、西而入，最早开辟的道路也呈东西贯通走向。战国末年，楚顷襄王派庄蹻入滇，就是循江而西，经牂柯，从滇东达滇池地区。最早开通的云南与印度间的对外交通线，也是由云南中部往西行，经滇中约北纬 25°地带的叶榆（大理）、哀牢（即永昌，今保山市）、滇越（今腾冲）出境的。由此形成了云南东西贯通的交通大势。

西南边疆地势北高南低，它的北部与西藏、四川、贵州等内地相连的地区，山岭盘结，川流纵横，西北是高山深谷相间的横断山，东北为气势磅礴的乌蒙、拱王山等"十万大山"，虽然有条条河谷作为与内地交往的通道和民族迁徙的走廊，但不可否认，就交通而言，云南的北部阻隔异常。云南面向东南亚，以其折扇般山脉、帚状水系与北高南低的地势相结合，无论从交通，还是从战略角度看，都有昔人所称的"建瓴之形""倒擎天下之势"。滇西北的横断山区如其手背的最高处，滇云大地似其手掌，从云南延伸至东南亚的河川山脉如同舒展伸开的五指，通向大海。云南与东南亚的地理格局必然造成南方丝绸之路北阻南敞的形势。

地理学家常常这样认为："水使人交通，山使人阻隔；水使人合，山使人离。"人类利用山川地理进行交通，以利用水道最为便捷。云南的境内有六大水系，为云南各民族先民实现与外界交往及交通道路的开辟创造了条件。在地势的影响下，云南的河流都有这样的特性：在云南境内，江河奔流在高山深谷之间，受山川的挟制，水流奔腾汹涌，处处是险滩跌水，基本不可行船。出云南后，这些河流水势趋于平缓，多能通航，自然成为云南通往各地的水上大动脉。如金沙江流至四川后，江水渐渐开阔，利于航运，自古以来千舟万帆，川流不息。云南沿金沙江可通川鄂苏，进入中华文明的腹地，因此历史上长江就是西南边疆与中原内地进行政治、经济、文化交往的主要通道和强劲纽带。又如珠江，中国第三大河流，发源于云南曲靖，其上游称南盘江，下游称珠江，流经贵州、广西、广东注入南海。沿南盘江往黔桂粤，自古就是云南与贵州、两广地区交往的交通通道。战国、两汉时期，云南境内的句町、滇国通过文象水、郁水水道与珠江下游的南越国有了交往，唐代兴起了滇桂南盘江邕州道，宋代发展为大理买马道，是云南与中央王朝交往的重要通道。

作为对外交通的南方丝绸之路，虽然在云南境内难享河流航运之利，但是云南的各条大河出境之后，进入东南亚的低地势地区，河水变得温顺起来，河床宽阔，水流平静，利于行船。如伊洛瓦底江，直贯缅甸南北，自与云南接壤的八莫以下，均可通轮船航运；澜沧江自云南出境后称湄公河，它一江连六国，蜿蜒流淌，为泰国、老挝、柬埔寨、越南提供了航运便利；红河自云南河口以下，也能行船，自古就是云南与越南的交通要道；怒江虽然是一条典型的高山河流，河水奔腾于高山峻岭间，河床狭窄，水流湍急，只有到接近出海口的一段才能通航，但是它的河谷，也成为云南先民寻找出海通道的地理依据。因此，云南的六大水系在云南交通中起着极其重要的作用，也使云南交通呈现南部较为通畅的特征。

三、气候因素对南方丝绸之路的影响

影响交通的地理因素非但只有地形地势，气候也是一个重要的因素。西南边疆地理条件复杂，气候类型多样，气候对交通发展的影响甚为显著。

西南边疆云南大部分地区冬暖夏凉，阳光和煦，是人类理想的栖息地。但这不完全反映云南全省的气候类型，这只是滇中、滇东及滇北亚热带高原季风气候带的主要特征。云南气候因地势复杂、海拔悬殊而立体多变。从南部红河出境处的河口到西北迪庆高原的840公里的直线距离上，竟穿越了热带，南、中、北亚热带，暖温带，中温带及寒温带等七个气候带，相当于我国从海南岛到黑龙江北部数千公里的气候变化。云南南部，因低纬度与低海拔结合，为典型的热带季风气候，长夏无冬，一雨成秋。中部地带，纬度在 23°～ 26°之间，属于过渡型亚热带，但因中部高原海拔多在 1300～ 2300 米之间，具有年温差小，日温差大，四季如春的特征；云南北部由于高纬度和高海拔相结合，长冬无夏，气候寒冷，是典型的高原山地气候。

从降雨量看，云南全年平均降水量为 1260 毫米，大多数地区为 800～ 1200 毫米。降水量的分布南多北少，西多东少。南侧、西南侧和西侧边缘地区，年降水量多达 2000 毫米以上，而高原内部的谷地，年降水量不足 600 毫米。云南气候还因受地理位置和地势的联合影响，属于典型的季风气候。夏秋盛行西南风，带来孟加拉湾的暖湿气流，雨季集中，雨水充沛；冬天北部有高山阻拦，冷空气难以侵入，无寒冷而气候干燥。降水量 80% 左右集中在每年的 5 至 10 月，而 11 月至次年 4 月的干季，雨水稀少，蒸发旺盛。

云南地势高差巨大，气候垂直变化也异常明显，特别是在纵谷山地，河床不断侵蚀，山高谷深，从河谷到山顶，由于高度的上升产生气候类型的差异，海拔每上升 100 米，温度就降低 0.6℃。这些地区，在河谷常常是热带气候，山腰为温带气候，到了山顶，终年积雪，已是北温带高原气候了。"山高一丈，大不一样""一山分四季，十里不同天"，正是云南立体气候的写照。

这样复杂的气候条件对南方丝绸之路产生了极大的影响，在古代，气候往往成为制约交通发展的重要因素之一。云南北部地带，特别是滇西北的横断山区，地势较高，海拔也相对较高，气候属于寒温带或高原山地气候，常常有半年以上的积雪，不论冬夏，都寒冷袭人。在德钦和独龙江的一些海拔较高的山地垭口，每年都有半年或更长时间被冰雪封闭。在那里进行经济活动或从事长途贩运、对外交往，都必须集中在夏半年的几个月进行。且进入这些地区的人若不在冰封前撤出，一挨就得等半年才能通行，严重制约了这一地区交通发展。中部地带，是高原的主体，海拔多在 1500 ～ 2200 米之间，从东至西，多为山势较缓的山地丘陵，山间盆地相间。西部虽为纵谷地带，但山脉已渐趋低缓，山势走向清晰。中部地带的高原盆地，气候宜人，且山川地势对交通的阻碍相对较小，使云南在其中部地带东西贯通，成为较容易开辟道路的地带。因此滇中地带成为最易打通交通孔道并能常年保持通行的地带。古代南方丝绸之路在云南东西贯通的交通态势与这一地带优越的气候条件不无关系。

西南边疆的滇西、滇南形成的半环边境地带，虽然山势渐低，河流平缓，从地形上看有利于交通道路的开辟。但是，由于这些地区较低地势与低海拔相结合，气候多属高温、高热、多雨的季风区。在云南高温多雨也是一个阻碍交通发展的重要因素。高温多雨的夏季，常常使滇南、滇西南和滇西的交通陷入困境。多雨的夏季，滇西至滇南一带，经常是雨水旺发，暴雨连连，道路泥泞，山体塌方，使长途旅行和贩运受到限制，甚至停止。江河也常受雨季影响，暴雨一来，水位陡涨，山洪暴发，难以行船，沿岸的道路被洪水冲垮，商旅往往为之受困。

除了雨水多发对交通的妨碍外，这些地区瘴疠更为凶险。滇西、滇西南以及滇南和缅甸、老挝、越南接壤地带，多"瘴气"，即瘴疠的多发区。所谓"瘴气"，是山林间湿热蒸郁致人疾病的气。云南滇西至滇南的沿边地带多南北纵谷，在夏季多雨的时节，热带季风挟带着大量的水蒸气顺谷上涌，被两面的高山所阻，蕴蓄于河谷低地，凝结不散，结为云雾、淫雨，这样的环境最适宜蚊虫滋生。瘴疠即由瘴气而致的疾病，确切地说是恶性疟疾（subtertian），其发病原因是疟原虫引起的寄生虫病，通过蚊虫叮咬来传染，常常造成大规模流行。在医疗条件落后的情况下，这种病不但难以治愈，还容易危及生命，常给瘴区群众或路过的旅客造成极大危害。西南边疆沿边地区与东南亚中南半岛重瘴区毗邻，每逢雨季，瘴疟流行，道路所经的峡谷低地便成了死神翼下的恐怖地狱。瘴疠对交通造成的危害，非但单个旅客、小型商队"谈瘴色变"，就是出征的大队军旅也为之损兵折将，受挫无功。恶劣的气候和瘴疠对云南的交通产生了明显的阻滞。

　　所以，气候与地形的联合影响，使联通南亚、东南亚乃至出海的南方丝绸之路具有中部东西常年贯通，南北季节性受阻的特征。

第
三
节

古代中印两大文明交往对
南方丝绸之路开辟的带动

　　古代世界的四大文明中，与中华文明发生联系最早、最广泛、最密切的是南亚次大陆的印度文明。印度文明起源于印度河流域的哈拉巴与莫恒达罗周围十余平方公里地区，以后又扩张到恒河流域及德干高原。随着印度佛教的向外传播，印度文化沿着印度洋海岸线和南亚次大陆与东南亚国家间的陆上交通线向东南亚地区的古国骠国（今缅甸）、暹罗（今泰国）、水真腊（今柬埔寨）、女王国（今老挝）、安南（今越南）等地不断渗透。印度文化具有鲜明的海洋文化特征，而与它相接壤的东南亚也多为沿海国家，是印度海洋文化的传播区，因此，印度海洋文化对我国西南边疆的云南几乎构成了半环状包围。

东亚的中华文明发生很早，中华文化最重要的发祥地之一是黄河流域。过去习惯于把黄河流域称作中华文明的摇篮。但中华文明的起源地绝不仅限于黄河流域。虽然，西南边疆云南处于中华文明的边缘地带，但是，自从秦汉统一多民族国家建立以来，中央王朝开始在云南设治，云南就成为中国不可分割的一部分，唐宋时期发展兴盛起来的南诏、大理国文化，成为辉煌的中华文明的重要组成部分。由于西南边疆云南地处古代印度文明与中华文明两大世界文明的交汇地带，云南自然形成了古代中印两大文明交汇碰撞的大陆桥，勾连着古代两大文明的交往。印度文明与中华文明之间的文化交往，早在先秦的春秋战国时期就已发生，汉唐之间达到了高潮。学术界把先秦到西汉称为"中国本土文化形成期"，把东汉到宋明看作"中印文化的融会期"，把明末以降称为"中西文化融会期"[1]。从历史上看，中印文化的交流与融会，必然是通过中印之间的交通道路开辟和人员的交往来实现的。

从地理上看，中印之间地理相接，相互毗邻。但是它们之间又耸立着地球上最为高大、最为险峻的青藏高原。这块由亚欧大陆与南亚次大陆彼此挤压造成的巨大隆起，平均海拔在四千米以上，高原上横亘着喜马拉雅山、唐古拉山、冈底斯山、可可西里山、昆仑山等山脉，世界上 14 座 8000 米以上的高峰，竟有 8 座昂然屹立在青藏高原，可谓横空出世，当之无愧的"世界屋脊"，

---

[1] 冯天瑜主编：《中华文化史》，上海人民出版社 2010 年版，第 81 页。

正好阻隔了中印两大文明东西间的直接联系。"世界屋脊"造成的地理壁障是巨大的，就交通屏障的功能论，可与青藏高原相比拟的仅有南北极冰冠地带和撒哈拉大沙漠。它甚于西域的流沙盐原、西南的穷山恶水和瘴疬毒虫。正因为如此，相互毗邻的东亚文明和南亚次大陆文明，绝少通过青藏高原直线距离进行交流，而多半绕道于西北或西南才得以沟通。如此，我们就不难理解，为什么在中国历史上两条最重要的陆上对外交通线——北方丝绸之路和南方丝绸之路——同样以印度为其最主要的目的地之一，且两条丝绸之路几乎同时开辟、同时兴盛的原因了。

汉武帝建元年间，张骞第一次出使西域时，曾在中亚的大夏看到来自今天四川的"邛竹杖、蜀布"，张骞询问得知，这些物品是由身毒（印度）转运而来。张骞由此推知，从今天的四川西南必然有一条捷径，可以直接通达身毒（印度）。张骞把他所了解到的情况向汉武帝做了汇报，汉武帝正想寻找新路，"以断匈奴右臂"，于是连续派出使者，"使间出西夷西，指求身毒国"[①]，"四道并出"探路十余次，虽因西南夷阻挠，"终莫能通"。汉朝受此启示，重新恢复了汉初经营西南夷的事业，而且也由此得知，从蜀南下，经西南夷的滇、昆明、哀牢、滇越等部族，有道通身毒（今印度）。[②] 这是历史上最早为人们知晓和重视的南方丝绸之路通道，它通向南亚次大陆文明的中心——印度及其沿海。尽管这是云南通向大海最遥远的一条道路，但是可以肯定地说：古代世界文明的相互吸引、相互交流，是对外通道开辟的最主要动因之一。由于地缘的原因，云南作为沟通东亚中华文明与南亚次大陆印度文明的大陆桥，带动了它的对外交通的发展。其后，随着印度文明和中华文明分别传入东南亚，世界航海的兴起，西

① 《史记》卷一一六《西南夷列传》，中华书局1959年版，第2996页
② 《史记》卷一二三《大宛列传》，中华书局1959年版，第3166页。

南边疆云南作为两大文明的交汇地,其通道作用日益明显和重要,西南地区自身水道作用开始被认识,沿河谷通往大海的道路渐次得到开辟,地理区位优势才逐渐得到发挥。

因此,通过西南边疆云南大陆桥的作用,早在两千多年前的战国时期开始,就出现了从四川经云南抵达印度的陆路交通线,到秦汉时期发展为"蜀身毒道",这是历史上为人们知晓的中印通道,即早期的南方丝绸之路,它无疑是两大文明交流的产物。可以肯定地说:古代亚洲两大文明的相互吸引、相互交流,是南方丝绸之路开辟的主要动因。由于地缘的关系和两大文明交流的带动,南方丝绸之路成为沟通东亚中华文明与南亚次大陆印度文明大陆桥。

先秦至汉晋时期的南方丝绸之路

第 一 章

第一节

南方丝绸之路的开辟

公元前 2 世纪，汉武帝致力于北逐匈奴的宏大事业，为"断匈奴右臂"[①]，张骞奉命出使大月氏，取道西域，到达中亚。这是详见于历史记载的中西交通首次旅行。张骞于元朔三年（前 126 年）回国后，就立即向汉武帝上书说："臣在大夏时，见邛竹杖、蜀布。问曰：'安得此？'大夏国人曰：'吾贾人往市之身毒。身毒在大夏东南可数千里，其俗土著，与大夏同，而卑湿暑热云。其民乘象以战，其国临大水焉。'以骞度之，大夏去汉万二千里，居西南。今身毒又居大夏东南数千里，有蜀物，此其去蜀不远矣。今使大夏，从羌中，险，羌人恶之；少北，则为匈奴所得，从蜀宜径，又无寇。"[②]随后，"骞因盛言大夏在汉西南，慕中国，患匈奴隔其道。诚通蜀，身毒道便近，有利无害"[③]。张骞出使西域，不仅为汉朝打通了西北一线的对外交通北方丝绸之路——西域道，而且发现了还有一条从西南地区通往身毒（印度）古道的存在。张骞出使西域对我国对外交通史做出了两大重要贡献，其一，"凿空"丝绸之路，即打通了中国内地经西域的中西交通干线；其二，发现了南方丝绸之路。由于张骞的发现才使汉王

[①]《汉书》卷六一《张骞传》，中华书局 1962 年版，第 2692 页。
[②]《史记》卷一二三《大宛列传》，中华书局 1959 年版，第 3166 页。
[③]《史记》卷一一六《西南夷列传》，中华书局 1959 年版，第 2995 页。

朝了解到除了经由西域的中西交通线外，还有一条早已存在的经由西南夷地区西出缅甸至印度的商道。严格地说，张骞只是发现了南方丝绸之路的干线"川滇缅印古道"[①]，即"蜀身毒道"。这条商道虽然在公元前 2 世纪才由张骞发现，公之于世，但开辟于公元前 4 世纪。

交通处于自然与社会中间部位的契合点，自然条件是交通道路开辟和建设的基础，为人类社会交往的发展提供可能的客观环境条件；而人类社会发展的需求则是交通开辟的重要驱动力，交通的开辟和发展是文化联系和交往的必然前提。蜀在历史上是西南地区的经济中心，先秦至汉晋时期，相对其西其南的西南夷各部族来说，蜀的经济文化比较发达，高于西南夷各部，因而对西南地区社会经济的影响和带动作用非常突出。因为蜀地社会经济的发展成为西南经济的重心，特别是先秦至汉晋时期，蜀是西南地区社会经济最发达的地区，蜀地的商贸区域扩展带动和影响先秦至汉晋西南夷以蜀为中心的交通网络的逐渐形成，使得蜀地能够成为南方丝绸之路的始发地。巴蜀，自古以来就是经济文化比较发达的地区之一。蜀所在的四川盆地地理环境不仅具有农业开发的优越条件，而且位于我国两大古文明区域——黄河和长江流域——的西侧，处于我国早期黄河流域文明与长江流域文明的交汇地，同时从四川西部高原地区到四川盆地，金沙江、雅砻江、大渡河、岷江、沱江、涪江、嘉陵江、渠江等河流自北向南流，构成若干扇形，形成南北交通的走廊，沟通着南北民族迁徙和西南夷的来往。蜀地经济深刻影响着西南各民族部落。蜀以富饶闻名于世。战国末，秦灭蜀国，"得其布帛金银，足给军用"[②]，特别是李冰治水和修都江堰，极大促进蜀地经济发展，汉代人称之

① 陈茜：《川滇缅印古道初考》，载《中国社会科学》1981 年第 1 期。
② 童正恩：《古代的巴蜀》，四川人民出版社 1979 年版，第 106 页。

蜀地"沃野千里，土壤膏腴，果实所生，无谷而饱。女工之业，覆衣天下。名材竹干，器械之饶，不可胜用。又有鱼盐铜银之利，浮水转漕之便"①。足见秦汉以来蜀不愧为天府之国，物产富饶，农业、手工业闻名天下。蜀地是我国古代最早、最重要的养蚕、治丝、织锦的中心之一，蜀锦是以彩色丝线为原料用平纹或斜纹的多重或多层复杂组织织成各种花纹的精美丝织品，也是所有丝织品中织造技术最高、最华丽、最名贵的品种。"锦，金也。作之用功重，其价如金，故惟尊者得服之"，②秦灭亡蜀后"南立锦官"，说明秦统一巴蜀后，即于当地置锦官，统一管理织锦业，因为蜀锦作为重要的贸易商品不仅闻名于内地，而且远播海外。至迟在公元前4世纪，中国丝已输入印度。③战国时期公元前4世纪传入印度的丝可能产自蜀地，是经由西南的陆上交通实现的。因为，印度东北地区曾是印度蚕丝业发生最早和最发达的地区。

印度东北阿萨姆地区与缅甸紧接，从中国西南陆上通道前往印度，最容易到达的就是这一地区，"多少世纪以来，阿萨姆都是著名的丝织品中心"④。"印度之蚕丝业创始于阿萨姆之布拉马普特拉河与恒河之间的地区，以后由此渐渐西传而波斯、而中亚细亚、而欧洲"⑤，童恩正认为印度阿萨姆地区的丝织业技术可能是藏缅语系的居民由中国西南部向阿萨姆地区移民时带过去的⑥。特别是2012年7月，成都北郊天回镇老官山发掘清理西汉时期土坑木椁墓4座，出土了大量漆器、陶器、铜器和铁器等文物，特别是出土的四部织机模型与伴出的十余件彩绘木俑再现了汉代蜀锦纺织工场，有力地证明了蜀是中国丝绸文化的发祥地之

① 《后汉书》卷一三《公孙述传》，中华书局1965年版，第535页。
② 《释名·释彩帛》。
③ 林超民：《蜀身毒道浅探》，载《研究集刊》第2集。
④ P.C.乔杜里：《至公元十二世纪的阿萨姆人民文化史》，1959年英文版，第7页。
⑤ 《印度》杂志，1946年5月，第3卷第5期第12页。
⑥ 童恩正：《古代中国南方与印度交通的考古学研究》，载《考古》1999年第4期。

一，是南方丝绸之路起点。成都老官山汉墓获选为 2013 年全国考古十大新发现之一①。这充分说明了蜀地成为南方丝绸之路的始发地具有深厚的地理与经济原因。

成都老官山汉墓挖掘现场

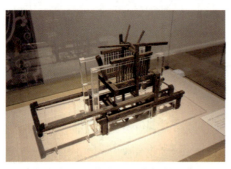

成都老官山汉墓出土蜀锦提花机复原

南方丝绸之路经过的西南边疆在先秦秦汉时期，基本属于西南夷各部族分布地区，社会经济上处于游牧与定居农业的早期阶段，西南夷内部已经有较密切的联系，因西南夷社会经济发展的需要，对外部的商贸网络不断加强，促进了西南夷向外部世界联系道路的延展。从地理位置看，直线距离由蜀至印度道路最近的向西直接穿过世界屋脊青藏高原，几乎是不可能的。但是从蜀出发向南绕过青藏高原进入西南夷地区，再往西经缅甸到达印度则是完全可能的，所以西南夷地区正好处于蜀至印度交通的必经地区。加上战国末期蜀地已经进入铁器时代，铁农具带来的高度农业开发，对西南夷各部族有较大的吸引力。蜀地冶铁业，除了本地消费外，最重要的是用来与西南夷乃至越南交趾进行商品交换。蜀卓氏本赵国人，战国末，"秦破赵，迁卓氏。……致之临邛（今四川邛崃），大喜，即铁山鼓铸，运筹策，倾滇蜀之民，富至僮千人"②，"程郑，山东迁虏也，亦冶铸，贾椎髻之民，富

① 《成都老官山汉墓印证成都就是丝绸之路的南起点》，载《华西都市报》2018 年 10 月 22 日。
② 《史记》卷一二九《货殖列传》，中华书局 1959 年版，第 3277 页。

埒卓氏，俱居临邛"。① 蜀地近西南夷，到战国末与滇池交通也随着经济联系的需要得到了开辟。蜀"南御滇僰，僰僮。西近邛、笮，笮马、旄牛。然四塞，栈道千里，无所不通"②。逐渐发展起来的经济和商品交换，使蜀对外经济交往的社会条件基本具备；"无所不通"的栈道，突破了地理条件的限制，克服了自然环境的制约，成为南方丝绸之路起始地。"蜀地肥饶，兵力精强，远方士庶多往归之，邛、笮君长皆来贡献"。③ 由此蜀与西南夷各部落间的商贸往来需求成为以蜀为交通中心向西南夷各部落开辟商道的动因。在这样的社会经济条件下，西南夷地区各部落间的交通道路与蜀地交通连接起来，形成了著名的商道。正如方国瑜先生所说："开通这条蜀身毒道，经过西南地区，是这个地区有一定的社会条件建立起来的，而且是这地区的居民开发的；就是说，在这地区甲地与乙地之间的居民有来往，还开辟了一段路，乙地与丙地之间、丙地与丁地之间也如此联贯起来，形成一条漫长的交通线。这条路是人走出来的，而且是在一定条件下走出来的。"④ 由此，我们可以认为，在蜀身毒道沿线，区段性的道路可能早已存在，但是整条路线的开通，大概在公元前4世纪，也就是战国时期。

中印经济文化交往推动商道的贯通。除了张骞出使西域发现"今身毒又居大夏东南数千里，有蜀物，此其去蜀不远矣"，在大夏有生产于蜀的"邛竹杖、蜀布"⑤ 广泛售卖，研究表明中印间的贸易至少可以推论到公元前4世纪，此时印度孔雀王朝大力发展内外交通贸易⑥，与中国的贸易至少也在这个时候开始。虽然见

① 《史记》卷一二九《货殖列传》，中华书局1959年版，第3278页。
② 《史记》卷一二九《货殖列传》，中华书局1959年版，第3261页。
③ 《后汉书》卷一三《公孙述传》，中华书局1965年版，第535页。
④ 方国瑜：《西南历史地理考释》（上册），中华书局1987年版，第7页。
⑤ 《汉书》卷六一《张骞传》，中华书局1962年版，第2689—2690页。
⑥ 朱昌利：《南方丝绸之路与中、印、缅经济文化交流》，载《东南亚》1991年第3期。

于文献记载，"琉璃"从汉武帝时开始，由西域和南海两路传入，但考古资料显示，至迟在战国时，琉璃已传入中国。1952 年2 月，长沙发掘的战国墓中就出土瑠璃二件。[1] 在河北辉县发掘的战国墓也发现了瑠璃珠[2]，与长沙战国墓的制作方法相同，与辉县战国墓中发现的亦属同一类型。云南江川李家山古墓、大关县崖墓中也都发现类似的瑠璃饰品。[3] 虽然我们还不能确定在云南古墓里发现的这些瑠璃品是什么时代传入的，但是如果它们跟长沙战国墓、河北辉县墓出土的瑠璃品为同一类型，那么也就有可能是在战国时代就已传入云南，时间是公元前 4 世纪。从地理位置和交通的可能性看，只可能经由南方的陆上交通线，即蜀身毒道。甚至有学者认为早在西汉时代，流传在四川的黄老之术就可能影响到滇西和上缅甸各族的巫术，以后更进而传播到迦摩缕波而促进了佛教密宗的形成[4]。因而中印古代交通"蜀身毒道"具有重大意义，它关系到两大文明中心之间早期文化交流，这两大文明不是传统上的印度文明和中国北方文明，而是印度文明和中国西南文明[5]。

邛竹杖

说明：张骞出使西域，在大夏见蜀所产邛竹杖，唐宋仍为文人赞赏，如唐·杜甫《送梓州李使君之任》诗："老思邛竹杖，冬要锦衾眠。"唐·高骈《邛竹杖寄僧》："坚轻邛竹杖，一枝有九节。寄与沃洲人，闲步青山月。"今受大众喜爱，批量生产。

① 中科院考古所：《长沙发掘报告》，科学出版社 1957 年版，第 66 页。
② 中科院考古所：《辉县发掘报告》，科学出版社 1956 年版，第 82 页。
③ 《考古》1975 年第 2 期，《考古》1965 年第 3 期。
④ 汉江：《试论道教对印度的影响》，载《南亚与东南亚资料》1982 年第 2 辑，第 113—123 页。
⑤ 童恩正：《古代中国南方与印度交通的考古学研究》，载《考古》1999 年第 4 期。

总之，战国时期，开辟从四川经云南到达印度的对外交通商道的社会经济条件已经成熟，这条交通线不迟于公元前 4 世纪已经开通的推论①是有充分依据的。那么，在公元前 2 世纪时，张骞出使西域发现的中印交通线，实际上是早已开辟和利用了两个多世纪的中印通商道——蜀身毒道。

第二节

秦汉打通南方丝绸之路的贡献

开辟于公元前 4 世纪战国时期的南方丝绸之路主干线——蜀身毒道，虽然由张骞出使西域发现并公之于世，但打通南方丝绸之路则是从秦统一后历经秦、西汉、东汉三个统一王朝，并历时 300 余年的经营西南夷的过程中才完成的伟大事业。秦汉时期，在西南夷地区主要采取"通道""置吏"并举的措施，"通道"即秦汉王朝组织人力物力，依托西南夷与蜀之间的商道走向修筑道路，将其纳入秦朝统一交通网，使之成为秦王朝控制下的官道；"置吏"即指秦汉王朝在道路打通的基础上，沿交通道路深入西南夷部族地区设置郡县，将西南夷部族逐渐纳入统一王朝的版图进行统治。打通南方丝绸之路与将西南夷地区纳入统一王朝版图的"通道、置吏"历时 300 余年，历经秦、西汉、东汉三个王朝才得以实现。

---

① 林超民：《蜀身毒道浅探》，载《研究集刊》第 2 集。

第一阶段，据《史记·西南夷列传》记载："秦时常頞略通五尺道，诸此国颇置吏焉。十余岁，秦灭。及汉兴，皆弃此国而开蜀故徼。巴蜀民或窃出商贾，取其筰马、僰僮、髦牛，以此巴蜀殷富。"[①] 说明秦统一后，曾派常頞在业已存在的蜀滇之间商道基础上修筑道路，据称秦朝占水德，崇尚数字"六"，故内地官道大多修筑为六尺宽的道路，秦"略通五尺道"后，便沿线西南夷部落地区的"诸此国颇置吏"，由秦朝派官管理，将其纳入秦朝的统治范围。这表明秦以"通道"为先导，以"置吏"为手段，把西南夷纳入中央王朝的统治范围，控制了蜀至滇商贸道路，即使在秦末汉初的战乱中，这条商道依然畅通，巴蜀商人还能够私自前往西南夷地"取其筰马、僰僮、髦牛，以此巴蜀殷富"[②]。

第二阶段，西汉武帝时期，张骞出使西域发现已有的南方丝绸之路，激发汉武帝下决心打通南方丝绸之路。西汉武帝时代著名史学家司马迁《史记·西南夷列传》记载了汉武帝经营西南夷，"指求蜀身毒道"的过程：

元狩元年，博望侯张骞使大夏来，言居大夏时见蜀布、筇竹杖，使问所从来，曰"从东南身毒国，可数千里，得蜀贾人市"。或闻邛西可二千里有身毒国。骞因盛言大夏在汉西南，慕中国，患匈奴隔其道，诚通蜀，身毒道便近，有利无害。于是天子乃令王然于、柏始昌、吕越人等，使间出西夷西，指求身毒国。至滇，滇王尝羌乃留，为求道西十余辈。岁余，皆闭昆明，莫能通身毒国。

滇王与汉使者言曰："汉孰与我大？"及夜郎侯亦然。以道不通故，各自以为一州主，不知汉广大。使者还，因盛言滇大国，足事亲附。天子注意焉。

① 《史记》卷一一六《西南夷列传》，中华书局1959年版，第2993页。
② 《史记》卷一一六《西南夷列传》，中华书局1959年版，第2993页。

上使王然于以越破及诛南夷兵威风喻滇王入朝。滇王者，其众数万人，其旁东北有劳浸、靡莫，皆同姓相扶，未肯听。劳浸、靡莫数侵犯使者吏卒。元封二年，天子发巴蜀兵击灭劳浸、靡莫，以兵临滇。滇王始首善，以故弗诛。滇王离难西南夷，举国降，请置吏入朝。于是以为益州郡，赐滇王王印，复长其民。①

上述史料是汉武帝打通蜀身毒道与经营西南夷的全过程。表明张骞出使西域返国上书建议求通"蜀身毒道"，因为张骞出使看到了蜀地商人辗转运输到大夏贩卖的蜀布和筇竹杖，得知有一条道路从蜀地南的邛往西大约两千里可达身毒国，故"以骞度之，大夏去汉万二千里，居西南。今身毒又居大夏东南数千里，有蜀物，此其去蜀不远矣。今使大夏，从羌中，险，羌人恶之；少北，则为匈奴所得，从蜀，宜径，又无寇"②。武帝决心打通蜀身毒道，开拓和控制一条通往大夏的道路，不仅可实现南北两道遏制匈奴的目的，还完成对西南夷的经略，开疆拓土。于是汉武帝"复事西南夷"，于元狩元年（前122年），汉武帝命张骞、王然于、柏始昌、吕越人等从蜀四道并出，"四道并出：出駹、出冉、出徙、出邛、僰"③"指求身毒国"④，然"其北闭氐、筰，南方闭巂、昆明"⑤，寻求并力图打通通往身毒的道路。然而探路行动并非一帆风顺，因为前往身毒道路沿线的西南夷尚未归附西汉王朝，西汉使者"为求道西十余辈。岁余，皆闭昆明，莫能通身毒国"⑥。于是汉武帝继续采取"通道置吏"的战略，"于是汉以求大夏道始通滇国"⑦，以招抚或征服古滇王国（在今昆明地

---

① 《史记》卷一一六《西南夷列传》，中华书局1959年版，第2997页。
② 《汉书》卷六一《张骞传》，中华书局1962年版，第2689—2690页。
③ 《史记》卷一二三《大宛列传》，中华书局1959年版，第3166页。
④ 《史记》卷一一六《西南夷列传》，中华书局1959年版，第2996页。
⑤ 《史记》卷一二三《大宛列传》，中华书局1959年版，第3166页。
⑥ 《史记》卷一一六《西南夷列传》，中华书局1959年版，第2996页。
⑦ 《史记》卷一二三《大宛列传》，中华书局1959年版，第3166页。

区）为重点，元封二年（前 109 年），汉武帝调发巴蜀兵力大举征讨蜀身毒道沿线的西南夷部落，先后讨灭今云南东部的劳浸、靡莫部落，以兵临西南夷最大的部落王国滇（在今云南省中部昆明市、玉溪市地区），在大兵重压下，古滇王国举国降汉，归附西汉王朝，汉武帝以古滇王国地区为中心设置益州郡，下辖 24 县①，并赐滇王印，使今云南大部成为西汉王朝的版图。接着元封六年（前 105 年），汉兵又收复昆明夷（在今大理一带）及其以西的部族，设置数县，属益州郡。西汉所设巂唐、不韦都在澜沧江以西，巂唐是今保山，不韦为今施甸。至此，武帝凭借打通蜀身毒道的决心，依仗强大的统一王朝的力量，开疆拓土，声威远播，使从蜀至博南山道均在西汉王朝的控制之下。同时得知博南山以西前往身毒的道路上还有古哀牢国，地域广阔，在这个过程中，西汉使臣"然闻其西可千余里有乘象国，名曰滇越，而蜀贾奸出物者或至焉"②。从而得知"乘象国"滇越（今云南腾冲）是西南夷西部极边之地，是蜀身毒道上重要的商贸重镇，要打通蜀身毒道还必须征服古哀牢国并控制蜀身毒道上商贸集散地滇越（今腾冲）。可这一任务直至东汉才得以完成。总之，西汉以通道为目的经略西南夷取得了重大进展，控制了哀牢（今云南保山市）以东的蜀身毒道。随后，通道事业以打通永昌道为目的，继续向纵深拓展。

第三阶段，东汉在西汉基础上，进一步向西打通出境道路。先前蜀身

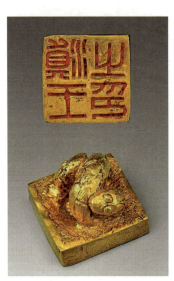

滇王金印（西汉·晋宁石寨山）

---

① 《汉书》卷二八上《地理志》，中华书局 1962 年版，第 1601 页。

② 《史记》卷一二三《大宛列传》，中华书局 1959 年版，第 3166 页。

毒道所经的哀牢夷地"绝域荒外，山川阻深，生人以来，未尝交通中国"[1]，汉武帝打通博南山道后，商贾往来日益频繁，与内地保持了更加紧密的经济联系，对哀牢部族产生影响。东汉永平十二年（69年）哀牢王柳貌遣子率种人内属，哀牢之地在西南，距离东汉都城洛阳七千里，汉明帝便以归附后的哀牢地设置哀牢、博南两个县，又将原属益州郡西部都尉下属的六个县划归永昌郡。永昌郡是汉晋时期西南地区最边远的郡，地域广阔，包括今云南的保山市、德宏州、临沧市、西双版纳州广大地区[2]。永昌郡所处的滇西地区，正是蜀身毒道西出缅甸的必经孔道，因而永昌郡的设置使统一王朝全面打通并控制南方丝绸之路干线"蜀身毒道"，因为蜀身毒道最险要阻碍得以"始通博南山，度兰仓水，行者苦之"[3]，博南山在今云南省永平县，山势陡峭，是蜀身毒道上比较难走的一段山路；"兰仓水"即今澜沧江，河谷深幽，降水湍急，因而过往"行者苦之"，东汉永昌郡设置后，依靠朝廷的力量修整博南山道，在澜沧江上架桥设渡，极大改善了交通条件，故时人"歌曰：'汉德广，开不宾。度博南，越兰津。度兰仓，为它人'"[4]。

永昌郡的设置，标志着历经三朝，历时300余年的"通道""置吏"取得决定性胜利，统一王朝对西南夷的统治扩大到了与缅甸接壤的西部边疆，南方丝绸之路的

博南古道遗迹

---

① 《后汉书》卷八六《西南夷传》，中华书局1965年版，第2848页。
② 方国瑜主编：《云南郡县两千年》，云南广播电视大学印。
③ 《后汉书》卷八六《西南夷传》，中华书局1965年版，第2849页。
④ 《后汉书》卷八六《西南夷传》，中华书局1965年版，第2849页。

境内区段成为统一王朝控制下的商贸官道。

南方丝绸之路虽然开辟于公元前 4 世纪的战国时期，但经历秦、西汉、东汉三朝统一王朝对西南夷地区"通道""置吏"的不懈经营，伴随着我国统一多民族国家的西南边疆基本形成，南方丝绸之路也全面打通，与北方丝绸之路一起成为统一王朝管理下承担中西交通重任的重要商贸官道，在这个过程中，南方丝绸之路发展成由中国西南边疆出境走向世界的由多条道路组成的道路体系。对秦汉统一王朝经营西南夷打通蜀身毒道的丰功伟业，后人赞美道："巍巍博南，屏蔽西藩。远承昆仑，近接磨盘（高黎贡山的别名）。西通印缅，东达黔川。羊肠剑阁，鸟道巫山。嶙峋千仞，重镇极边。西陲通衢，驿使往来。"[①]

第三节

汉晋时期南方丝绸之路主干线
——蜀身毒道

在汉晋时期南方丝绸之路道路体系主要有两条道路，一是从成都出发经由今云南西出缅甸至今印度的"蜀身毒道"；二是从成都出发至滇（今昆明市）继续南下，沿云南至越南的跨国红河水道至今越南北方的"进桑麋泠道"，而以"蜀身毒道"为干线，最为

---

① 李厚杰：《博南山铭》，见李根源辑，杨文虎、陆卫先等校注：《永昌府文征·文录》卷二八，云南美术出版社 2001 年版，第 2992 页。

著名。蜀身毒道以蜀（成都）为起点，分别由西线和东线出邛、僰至滇，往西至滇越（云南腾冲）出境，经缅甸曼尼坡等地进入身毒（印度）。故从道路角度说，蜀身毒道是从蜀南下由"僰青衣五尺道"或"灵关道"两路进入云南，并在今云南境内的大理地区会合，然后向西连接"永昌道"①至腾越（云南腾冲）出境，再经今天缅甸北部的掸邦高地的曼尼坡进入印度的"缅印道"②等区段道路共同构成，形成贯穿云南，与内地四川、关中相连和境外的缅甸、印度相接的国际大通道。

一、蜀至云南东线——僰青衣五尺道

"僰青衣五尺道"是"蜀身毒道"从蜀进入云南的东线走法，细分的话，又由蜀至僰道③的"僰青衣道"和由僰道（今四川宜宾）至云南中部滇池地区（今昆明市）的"五尺道"两段道路组成。

"僰青衣道"是蜀与云南之间早已存在的重要商道，秦孝王时期，李冰为蜀郡太守，就组织蜀郡民力开辟从蜀（今四川成都）至僰（今四川宜宾）的道路。秦汉之际吸引巴蜀商人到西南夷的一项重要贸易是"僰僮"贩卖，"僰僮"出自僰，汉置僰道县，即今四川宜宾，蜀贾贩卖"僰僮"到内地尤为著名。从蜀到僰先经过青衣（今四川雅安），沿着青衣江水而下，经过夹江至乐山，又循岷江至僰道（宜宾）。青衣道至宜宾后分途：一为南夷道，即从僰道（宜宾）继续南行至夜郎（今贵州安顺）地区，再往南可至今广东南海。汉

---

① 蜀身毒道的大理至腾冲区段称"永昌道"，因为经过区域主要为东汉设置的永昌郡地。

② 蜀身毒道从云南出境后至印度区段，历史文献上无具体名称，笔者根据该路必然经过今缅甸北部进入印度的走法，姑且以"缅印道"指称。

③ "僰道"非一条道路的名称，"道"在西汉行政区划体系中是设置于汉夷杂居地区与县同级的行政区。《汉书·地理志》载"犍为郡，武帝建元六年开。莽曰西顺。属益州。户十万九千四百一十九，口四十八万九千四百八十六。县十二：僰道，莽曰僰治。"说明"僰道"是汉武帝建元六年（前135年）设置的县级政区，属犍为郡。在今四川省宜宾一带。

武帝经营西南夷，特别重视打通僰青衣道和南夷道，"武帝初，欲开南中，令蜀通僰青衣道，（建元）元年，僰道令通之，费功无成，百姓愁怨。司马相如讽谕之。使者唐蒙将南入，以道不通，执令，将斩之，令叹曰：'忝官益土，恨不见成都市！'蒙即令送成都市而杀之。蒙乃斩石通阁道"①。这是汉武帝时打通僰青衣道的真实记录，建元元年（前140年）武帝令地方官僰道令（即僰道县令）负责打通僰青衣道，但工程险阻，耗费劳力，久修不成，导致百姓怨声载道，此时唐蒙将兵深入南夷的行动也因道路不通受阻，唐蒙怒捕僰道县令欲斩之，僰道令叹曰虽在益州刺史部（今四川、云南等地）为官，却未去过成都，于是唐蒙遂将僰道令送至成都斩之。"后蒙为都尉，治南夷道"②，唐蒙遂将兵"斩石通阁道"，大约于武帝元光五年（前130年）唐蒙打通僰青衣道。由此可见，僰青衣道是"南夷道"的组成部分，打通僰青衣道历尽艰辛，历时10年，僰青衣道的打通实现"东接江阳（今四川泸州市），南接朱提（今云南昭通市），北接蜀郡（今四川成都市），西接广汉（今四川广汉）"③的交通格局，构建西南地区主干交通线，是汉武帝时代官方组织修筑开辟西南地区交通的伟大成就。

僰青衣道段的走法是由蜀出发，沿着青衣江水而下，经过夹江，至乐山，又循岷江而下至僰道（今四川宜宾）。青衣是今四川雅安，有青衣水（沫水）经夹江县至乐山入岷江。由于需过三条江河，即今沫水、夹江和岷江，道路艰险，需架桥梁，设津渡，故自汉武帝打通仍年年修缮，"去成都百五十里，渡大江。昔人作大桥，曰汉安桥，广一里半。每秋夏水盛，断绝。岁岁修理，百姓苦之。建安二十一年，太守南阳李严乃凿天（柱）山，寻江通车

① [晋] 常璩撰，刘琳校注：《华阳国志校注》，巴蜀书社1984年版，第271页。
② [晋] 常璩撰，刘琳校注：《华阳国志校注》，巴蜀书社1984年版，第271页。
③ [晋] 常璩撰，刘琳校注：《华阳国志校注》，巴蜀书社1984年版，第273页。

道，省桥梁，（渡）三津，吏民悦之"①。东汉末，建安二十一年（216 年）建成能通车的大道。

"五尺道"段是接续"僰青衣道"从僰道（今四川宜宾）前往滇（今云南昆明）的道路。秦修筑深入西南夷地区道路，因地势险恶，修路难度极大，只能降低标准，将内地六尺官道改为五尺的道路，故称"五尺道"。五尺道是第一条由蜀（成都）进入西南夷地区（今云南）的官道，在秦、两汉时期均由僰道（四川宜宾）经朱提（今云南昭通）、味县（今云南曲靖）到滇（西汉益州郡，郡治滇池县，今昆明市晋宁区）。此路在东汉三国时期均进行过扩建修整，"凿石开阁，以通南中，迄于建宁，二千余里，山道广丈余，深三四

汉晋时期"五尺道"遗迹

丈"②。所谓"凿石开阁"即凿通石门关，即今云南盐津县豆沙关，所以后世又称"五尺道"为石门关道。建宁郡是蜀汉建兴二年（224 年）分益州郡后设置的，先治滇池县（今云南昆明市晋宁区），后移治味县（今云南曲靖）。故五尺道由僰道（宜宾）南下，

"五尺道"遗迹：石刻"毒水"

过石门（今云南盐津豆沙关）到朱提（今云南昭通），然后经由味县（今云南曲靖）到达滇池地区（今云南昆明）。

说明：秦修五尺道经今云南省曲靖市沾益区。三国时诸葛亮平定

①［晋］常璩撰，刘琳校注：《华阳国志校注》，巴蜀书社 1984 年版，第 277 页。
②［北魏］郦道元著，陈桥驿校证：《水经注校证》，中华书局 2007 年版，第 770 页。

南中，在沾益城北九龙山深沟五尺道外一山石上刻"毒水"二字。

五尺道所经地区，山高水险，道路十分艰险。《华阳国志·南中志》称："自僰道至朱提有水、步道。水道有黑水及羊官水，至险，难行；步道度三津，亦艰阻。故行人为语曰：'犹溪、赤水，盘蛇七曲；盘羊、乌栊，气与天通，看都濩泚，住柱呼尹。庲降贾子，左儋七里。'又有牛叩头、马搏颊坂，其险如此。"[①] 又《水经注·若水注》中说："（朱提）郡西南二百里得所绾堂琅县，西北行，上高山，羊肠绳屈八十余里，或攀木而升，或绳索相牵而上，缘陟者若将阶天。"[②] 这些史料描述的是汉晋时期道路已经经过修筑开凿以后的情况，仍然是道路艰险，人畜难行，虽然已经修筑了水、步道，但涉水、渡津，极险难行，进入朱提郡（今云南省昭通市）后居然有一段 40 公里的鸟道羊肠的道路，翻越能使"牛叩头""马搏颊"的陡坡，只能依靠绳索攀援或相牵而上，如登天之阶梯。秦汉以前其路之险，可想而知。因此，从路况看，由蜀经僰道至滇池的道路，虽然在战国时期已经存在，但它的交通作用可能是很有限的，只有当汉晋大力整修开凿之后，其作用才显著起来。[③]

二、蜀至云南的西线——灵关道

灵关道是从蜀经过邛都等西夷地区南下渡金沙江到达云南洱海地区的道路，也是一条早已存在的古商道，自战国以来就成为沟通川蜀与云南的重要交通线。秦汉之际，蜀卓氏、程郑曾在临邛（今四川邛崃）"即铁山鼓铸，运筹策，倾滇、蜀之民"[④]。这条贩运

① [晋]常璩撰，刘琳校注：《华阳国志校注》，巴蜀书社 1984 年版，第 420—421 页。
② [北魏]郦道元著，陈桥驿校证：《水经注校证》，中华书局 2007 年版，第 826 页。
③ 林超民：《蜀身毒道浅探》，载《研究集刊》第 2 集。
④ 《史记》卷一二九《货殖列传》，中华书局 1959 年版，第 3277 页。

铁器的商道，就是灵关道，是沟通川蜀与云南的重要交通线。

汉武帝时大力经略西南夷，唐蒙略通夜郎，打通南夷道后，武帝即接受司马相如的建议，经营西夷，打通灵关道，汉武帝"拜相如为中郎将，建节往使。副使王然于、壶充国、吕越人驰四乘之传，因巴蜀吏币物以赂西夷"。随后，司马相如为"通灵关道""略定西夷，邛、笮、冉、駹、斯榆之君皆请为内臣。除边关，关益斥，西至沫、若水，南至牂柯为徼，通零关道，桥孙水以通邛都"[1]，该史料描述了在西汉司马相如主持下打通灵关道以及灵关道所经地区的地理、民族情况，司马相如采用"通道""置吏"的方略，通过招抚略定西夷邛、笮、冉、駹、斯榆等部落，使西汉控制了道路沿线的族群部落，接着设置边

灵关道所经地区景象

关，整治道路，架桥于孙水，实现了打通灵关道的目的。灵关道是从蜀（今成都）出发，向西南经邛、笮、冉、駹西夷部落地区，该区域属于川西高原山地，有著名的大相岭等重山阻隔，所以道路基本上是沿山间的三条河流即沫水、若水和孙水南下云南。据考证，沫水发源于松潘，向南流经泸定而后折而东入岷江的大渡河；若水，发源甘孜以北，流经西昌，在会理与金沙江合流的雅砻江；孙水发源于冕宁，向南流经西昌汇入雅砻江的安宁河。所以道路沿着三条水形成的山间河谷南下，进入云南，抵达斯榆（又称叶榆，今云南大理），即灵关道的终点。据此可知灵关道是大约从蜀（今成都）出发向西经今双流、新津、邛崃到雅安，而后折向南经汉源、

---

[1]《史记》卷一一七《司马相如列传》，中华书局 1959 年版，第 3047 页。

西昌等，在三绛（今四川会理西南）渡金沙江，过青蛉（今云南大姚县）、弄栋（今云南姚安）、云南①（今云南祥云）到达叶榆（今云南大理）②。总之，灵关道是从蜀（今成都）出发，西南经邛、笮，南下洱海地区，可称为蜀身毒道上段的西线。

云南驿

说明：元封二年（前109年），汉武帝"通道""置吏"，打通南方丝绸之路，在今云南省大理市祥云县云南驿镇设云南县，为南方丝绸之路重要交通站口。一说因汉武帝梦见"彩云南现"，因此该地取名为云南县。此后历经2000多年，该地均为南方丝绸之路的重要驿站。

三、博南山道与永昌道

从大理往西经博南至保山的道路又被称为博南道③，该段道路是蜀身毒道上的咽喉要塞，因为从大理往西有险峻的博南山和汹涌的漾濞江、澜沧江阻隔，是向西开拓和开辟永昌道的关键，可见西汉武帝打通博南道成为流芳千古的丰功伟业。

博南古道遗迹"万马归槽"

① 青蛉、弄栋、云南均为西汉所设的县，属益州郡。青蛉在今云南大姚县，弄栋在今云南姚安县，西汉所设云南县即今云南祥云县。
② 林超民：《蜀身毒道浅探》，载《研究集刊》第2集。
③ 西汉设博南县，属益州郡，为今云南永平县。

永昌道东段的博南山道，是由今漾濞县过顺濞桥，进入今永平县的黄连铺，登叫狗山，经老北斗铺、万松巷、杉松哨、梅花铺至永平县城，然后从西南方向行进，到桃源铺，上博南山，经铁厂、花桥，过永国寺梁子，下杉阳镇，再由西山寺、湾子，上江顶寺，过雾虹桥进入保山县。博南山道由东到西横贯永平县境，全长 100 公里，叫狗山和博南山两段现存有石砌路面约 30 公里，路宽 2～2.5 米，土路面宽 3～4 米不等，石路面有深达 15 厘米的马蹄踏印。博南山海拔 2704 米，山高林密，箐深路陡，是古道上最难通行的一段，也是工程浩大的一段。博南山道沿途还有永国寺、金浪巅神祠、土堆古墓群、凤鸣桥、江顶寺门楼等遗址，均与古道列为永平县重点文物保护范围。

说明：博南山碑立于云南省永平县博南山永国寺大殿旁，是研究永平博南古道历史文化的重要实物。此碑立于民国元年，为青石质地，高 132 厘米，宽 70 厘米，厚 10 厘米，额呈半圆，中高 58 厘米，宽 100 厘米，无纹饰。碑文从额内写起，共 10 行，每行 3 至 22 字，为直行楷书。由剑川赵藩撰文，欧阳榘书写。

"博南山"碑

碑文如下：《水经注》：汉明帝时，通博南山道，行者苦之，歌曰"汉德广，开不宾，度博南，越兰津，渡澜沧，为他人"即此山也。一名金浪巅，俗呼为叮当山，杨升庵所云方言之讹是已。明李晋王李定国与清兵曾战于此山上，永国寺犹奉永历帝君臣栗主。晋王所题宁西禅寺木榜四字，犹悬殿楣，惟石榜"庐宝座"四字，则仅中二字存矣。中华民国光复之元年正月，腾越李师长印泉与余有事西南，道经山中，考图经，游旧刹，发思古之幽情，题名立石以念来者。

西汉打通博南道，为东汉继续向西经营和完全开辟打通南方丝绸之路创造了条件。东汉初统一王朝全力打通和控制的永昌道，是蜀身毒道在中国境内的最西段。从叶榆（今大理）西进，沿汉武帝时竭力打通的博南山道，至巂唐（今云南保山），再经由滇越（今云南腾冲）出缅甸，这就是永昌道。道路所经永昌（今云南保山市）是蜀身毒道上通往缅甸和印度的重要门户，为汉晋时期中、印、缅经济文化交流的主要站口，这里中外交往十分频繁。故有"汉置永昌郡，西通大秦"之说。由永昌（保山）继续西行到滇越（腾冲）即可出境至今缅甸北部。滇越（腾冲）地处高黎贡山地区，永昌西去滇越，必经高耸的怒山、汹涌的怒江和陡峭险峻的高黎贡山，道路之险，无与伦比，但此路往印度为径，滇越（腾冲）也很早就发展成为蜀身毒道上中国出境门户和极西重镇。而且秦汉时期就有蜀地和身毒国的商人长途贩卖，来到滇越进行商品交换，使滇越发展成为云南最早的对外贸易中转站和西南门户。

四、缅印道

蜀身毒道从滇越（云南腾冲）出中国国境后，经过缅甸东北高地丛林，到达印度，我们姑且把这一段经缅甸到印度的路线称为蜀身毒道上的缅印道。

在地理上，缅甸正介于印度与中国之间，特别是其北部，相挟于印度东北与中国西南的云南，所以在公元前后兴起的中国与印度间交通线上，它同云南一样，是蜀身毒道重要走廊。故缅甸波巴信著的《缅甸史》说："上缅甸约在一千七百年以前，由于它位于西方的罗马和东方的中国互相往来的陆上通衢之间，就成为中国和印度之间的陆上枢纽。"[1]

缅甸与云南西部边境接壤的地区是一片山林高地，称掸高地。高地内海拔900～1200米，山峦密布，地面切割剧烈，起伏巨大，相对高差可达1000米左右。地势以西部边缘最高，向东南逐渐降低。掸高地内山脉多南北走向，但分布零乱。高地的西北部为伊洛瓦底江的南都河及龙川江等支流流域。掸高地与云南接壤的西北地带，明清时期称为"野人山"，属于缅甸阿拉干山脉的一部分，它们由东北向西南延伸，形成一道东西交通的屏障。但是紧靠蜀身毒道出境地腾越的尖高山以西，并无高山大河阻隔，自古交通便利，民族迁徙频仍。且在若干地方山体中断或凹陷，造成显著的山口，自然成为东西交通及古代民族迁徙的主要通道。由此可以进入印度的阿萨姆平原，从阿萨姆（今印度的阿萨姆邦）平原，往西可到达印度各地，乃至中亚西亚一带；往南能够直下孟加拉湾，改由海路进入波斯湾，或者穿过西亚，与地中海的罗马大秦等国发生联系。第二次世界大战，中印公路即为此道。虽然，蜀身毒道的缅印段路线走向，史书没有明确的记载，但是根据中缅印边区的山川地理形势看，尽管这个交界地区的掸高地山峦起伏，地势复杂，但是那些通向印度阿萨姆平原的一个个山口，为开通中缅印之间的蜀身毒道提供了地理上的可能；生活在这一地区的各部族不断发展壮大，逐渐形成国家，为这条通道奠定了社会文化基础，通过他们的接力传递，使这条通道得以长期延续、发展兴盛。因此，蜀身毒道的缅印段的走向，很可能是由滇越出境后，经过掸高地的各个山口，特别是曼尼坡高地一带，穿越帕脱开山和阿拉干山脉之间的盆地，直接进入阿萨姆地

---

[1] [缅]波巴信著，陈炎译：《缅甸史》，商务印书馆1965年版，第14页。

区，到身毒（印度）。

秦两汉统一王朝对蜀身毒道的经营活动历时 300 余年，成就辉煌，意义重大。通道与置吏并举，奠定了云南从此成为统一多民族国家不可分割的一部分的基础，也使中央王朝全面控制蜀身毒道，使之同西域道一样，是一条官方经营的对外交通线，对中国与缅印乃至中亚、欧洲各国的政治经济文化交往和交流，起到了极其重要的作用。

第四节

汉晋时期南方丝绸之路支线
——进桑麊泠道

汉晋时期，南方丝绸之路除了主干线"蜀身毒道"外，还有一条支线通往今越南北方沿海港口的道路，也是西南地区第一条出海道路——进桑麊泠道。今与云南交界的越南北方地区古称交趾，秦统一后设象郡，两汉为交趾郡，三国至魏晋南北朝中国统一王朝一直对交趾地区实施有效的治理，分别由吴、晋、东晋及南朝的宋、齐、梁、陈等政权所设交州统辖，治所在红河出海口附近，约在今天越南河内海防一带，称交州港，或交趾。汉晋时期的交州港与广州港齐名，是我国当时最重要的海港之一，"处近海，多犀、象、毒冒、珠玑、银、铜、果、布之凑，中国往商贾者多取富焉"①。三国时，交州港外贸仍然繁盛，"贵致远珍名珠、香药、象牙、犀角、玳瑁、珊瑚、琉璃、鹦鹉、翡翠、孔雀、奇物，充备宝玩，不必仰其赋入，以益中国也"②。交州与云南地理亲缘，一水相连，两地很早就开辟了交通线，通过云南连接西南地区经济文化发达的蜀，成为南方丝绸之路的支线，与蜀身毒道一起构成南方丝绸之路道路体系。

在滇池以南，今天云南的南部红河、文山地区早有较发达的部落，即句町和进桑。句町在白河（盘龙河）上游，大约今天云南的文山地区；进桑在红河③（富良江）上游，汉晋时期统一王朝设进桑县（今云南河口县），属牂柯郡，是与交趾（今越南北方）分界处，该处设关，称进桑关，《水经注·叶榆水》称："进桑县，牂柯之南部都尉治也。水上有关，故曰进桑关也。"④ 所谓"水上有关"指红河云南与越南分界处设有关。沿红河直接往东南行可到达今越南北部交趾的红河出海口地区，史称交州港。汉晋时期交趾地区属于汉晋统一王朝版图，汉晋曾设交趾郡，下有红河岸边的麋泠县（今地不详），交趾地区的红河也称麋泠水⑤，因此，云南与交趾地理亲缘，一水相连。自云南与越南交界的河口出境沿红河南下，到达出海口，仅四五百公里，是云南最近的出海路线，滇国与这些地区很早就有经济文化往来，它们之间的道路很早就开通了。汉晋时期由云南往交州港的道路称为进桑麋泠道，

---

① 《汉书》卷二八下《地理志》，中华书局 1962 年版，第 1670 页。
② 《三国志》卷五三《吴书·薛综传》，中华书局 1975 年版，第 1252 页。
③ 红河（越南语：Sông Hồng 或 Hồng Hà）为中国云南省—越南跨境水系，也是越南北部最大河流；由于流域多红色沙页岩地层，水呈红色，故称"红河"。红河呈西北—东南流向。红河源头位于大理州巍山县永建镇红河源村密驴摩彝族村北面，流经中国云南的大理、楚雄、玉溪、红河四个地市州的 17 个县市和越南北部的 12 个省，全长 1280 公里，其中云南境内 695 公里，越南 585 公里。在中国境内有干流红河（元江）及其最大支流李仙江（把边江），二江在越南境内越池汇合后流经越南北部，约在今越南海防入海。
④ ［北魏］郦道元著，陈桥驿校证：《水经注校证》，中华书局 2007 年版，第 859 页。
⑤ 《汉书》卷二八上《地理志》，中华书局 1962 年版，第 1601 页。

是南方丝绸之路的支线。

云南至交趾的交通道路，古已有之。从文献记载看，西周时交趾以南有名叫越裳的国家，周成王时，越裳王曾派使者"重九译"朝周，并献白雉。越裳贡周，贡道由交趾至滇中，而后经蜀至周，可能这时滇与交趾的道路已通行。战国末年，大约周赧王五十八年（前 257 年）时，后蜀王子泮曾率兵三万南下征讨交趾地区的雒王，灭了文郎国，自己取而代之，号称"安阳王"①。从考古资料看，在滇池地区与交趾地区出土的青铜器有很多相似之处，如一种鞭形铜钺，这种器物极富地方特色，目前仅在云南的晋宁石寨山、江川李家山，广西的恭城、平乐银山岭，广东西南的德庆、广宁以及越南北部的红河下游出土过。还有羊角钮铜铃，这类器物目前也只在云南、广东、广西和越南北部发现过，具体的出土地点是云南楚雄万家坝、晋宁石寨山，广西西林普驮屯、浦北大岭脚、容县龙井化，广东广州，以及越南北部红河下游。这些都说明，很早以前，滇池地区就与红河下游的交趾有文

云南河口县与越南交界处的红河

---

① 《史记》卷一一三《南越列传》索引注引《广州记》，中华书局 1959 年版，第 2969—2970 页。

化交往，两地人民依靠红河水道及其相连的部族得以沟通是极有可能的。

说明："进桑麋泠道"所经"进桑关"在今云南省河口县，是云南与越南边界重要的贸易口岸。云南河口县，公元前111年，西汉设进桑县，属牂柯郡。2000多年来均为南方丝绸之路上与越南进行经济贸易的重要口岸。

今云南河口口岸

两汉时期，进桑麋泠道得到较大发展。西汉末年，汉王朝派文齐为益州太守（治滇池）。此时公孙述割据于蜀，招降文齐，文齐拒绝不附。后文齐听说光武帝刘秀建立了东汉王朝，遂派使者前往东汉都城洛阳报命。由于北方道路不通，其所派使者只能从滇往交趾，从交趾转道洛阳，这件事在《华阳国志》卷十中有记载。东汉建武十六年（40年），交趾地区爆发了征侧、征贰领导的反抗。次年，东汉王朝派伏波将军马援率长沙、桂阳、苍梧兵万余人前往征讨。建武十九年（43年），马援平定叛乱，他在交趾期间，曾向朝廷上书："从麋泠水道出进桑王国，至益州贲古县，转输通利，盖兵车资运所由矣。自西随至交趾，崇山接险，水路三千里。"[1] 又说："从麋泠出贲古，击益州……愚以为行兵此道最便，盖承藉水利，用为神捷也。"[2] 说明东汉时期进桑麋泠道已经是可通行大军和"兵车资运"水陆兼行的大道，同时是西南地区重要的出海通道。三国时吴将陶璜率三十万众击交趾，将其地重新收复。吴亡（280年），陶璜继续领交州太守，他曾向朝廷进言："宁州接兴古，接

---

① [北魏] 郦道元著，陈桥驿校证：《水经注校证》，中华书局2007年版，第859—860页。
② [北魏] 郦道元著，陈桥驿校证：《水经注校证》，中华书局2007年版，第859页。

据上流，去交州郡千六百里，水陆并通。"①陶璜明确指出宁州（今昆明）经兴古（今云南红河州地区）与交州（今越南北方）之间有一条水陆兼行的交通道路。

根据马援的上书，进桑麊泠道是交趾与滇间的交通线，由交趾的麊泠水（汉晋时期对今越南境内红河的称呼），经进桑、贲古或西随至益州郡治。麊泠（今越南永富省富寿地区）、进桑（今云南河口县）、西随（今云南屏边县）、贲古（今云南蒙自）同在云南与越南间国际河流红河沿线。所以汉晋时期南方丝绸之路的支线进桑麊泠道是从益州郡治（今云南昆明市晋宁区）陆路南下经今通海、蒙自、屏边南下至进桑（今云南河口县）改由水路顺红河东南行，经交趾的麊泠（今越南永富省富寿地区）、交趾郡治（今越南河内）至红河出海口交州港。按马援所说，所谓麊泠进桑道有两种走法，一是"从麊泠水道出进桑王国至益州贲古"，即从交趾沿红河河道逆水航行经麊泠（今越南永富省富寿地区）往北，抵达进桑关（今云南河口）登岸，自进桑关转而陆行，经过贲古（今蒙自、个旧）至益州（滇池地区）；二是"自西随至交趾，崇山接险，水路三千里"②，这是沿红河河道顺水航行，是下水的走法，从益州（今昆明市晋宁区）经贲古（蒙自）、西随（今云南屏边县）至进桑（今云南河口），转而由红河水道至出海口，尽是水路，约3000里，充分利用了红河水道的便利。因为西随至进桑关一段水道，流经山谷，上溯艰难，顺流较易。故汉晋时期称从交趾至益州，可沿红河至进桑关转陆行经贲古至益州（昆明）。而由益州至交趾，从西随即可行"水路三千里"抵达交趾。这就是汉晋时期云南与交趾的重要交通道路进桑麊泠道。

综上所述，有一点非常值得注意，以往人们认为南方丝绸之

① 《晋书》卷五七《陶璜传》，中华书局1974年版，第1560页。
② ［北魏］郦道元著，陈桥驿校证：《水经注校证》，中华书局2007年版，第859页。

路与西域道不同，从公元前 4 世纪末开辟以来，它一直是民间商业通道，统一王朝几乎没有进行控制和经营。但实际从我们上述考证看，自秦建立统一的多民族国家以来，就开始重视打通南方丝绸之路，秦开"五尺道"；西汉经营西南夷，汉武帝为"指求身毒国"，采用"通道""置吏"方略，命唐蒙开僰青衣路与五尺道相连，令司马相如打通灵关道，统一王朝的统治深入云南腹地滇池和洱海地区的同时，实现"开不宾，度博南，越兰津，渡澜沧"，打通蜀身毒道上最险要的博南道；随后东汉治理哀牢，哀牢内附，设郡永昌，统治区域到达滇越之境，遂通好掸国，赐印绶，掸国为之臣属。由此可见，中央王朝对蜀身毒道的经营活动历时 300 余年，成就辉煌，意义重大。首先，秦汉之际，中央王朝在蜀身毒道沿线，通道与置吏并举，在西南夷地区全面设置郡县。置吏成功，终于使西南夷地区成为统一多民族国家不可分割的一部分，奠定了云南从此成为统一多民族国家不可分割的一部分的基础。其次，中央王朝全面控制蜀身毒道，在国境之内，道路沿线均已设治，通道由官方控制管理；出国境以外的缅印区段，也因赐印绶，使道路所经的掸国臣属，建立政治上的隶属关系，中央王朝对境外道路实现了羁縻控制。与此同时，进桑麋泠道虽早已存在，但到东汉以后，作用才显著起来，成为战时的行军大道，平时是商旅使臣过往甚频的交通干线。这条道路的兴起和繁盛，几乎与交州港的兴起同步。而且进桑麋泠道的开通发展是自发的，少有政府开拓的因素。进桑麋泠道的形成和发展，是南方丝绸之路开辟的最便捷的出海通道。交州港的兴起与进桑麋泠道开通，相辅相成，沟通了交州与四川、云南乃至中原内地交通联系，使交州这个对外贸易港口获得了西南地区的广阔贸易市场，勾连了南方丝绸之路与海上丝绸之路。所以，南方丝绸之路道路体系与北方丝绸之路一样，是秦至汉晋统一王朝官方经营的对外交通线，对中国与缅、印乃至中亚、欧洲各国的政治经济文化交往和交流，起到了极其重要的作用。

第二章

先秦至汉晋时期南方丝绸之路的
作用及影响

早期中国对外交通中南方丝绸之路的作用

　　先秦至汉晋我国三条主要的丝绸之路均已开通，即北方丝绸之路、南方丝绸之路和海上丝绸之路，三条丝路共同承担起当时对外交通的重任，使中国的对外联系范围扩大到了中亚、西亚、南亚、东南亚乃至罗马、希腊等地，实现了中国与欧亚大陆大部分地区的交往。但是，由于三条丝路所经地区地理条件、社会发展程度以及交通工具等条件的差异，导致各条丝路在当时我国对外交通的总体格局中所发挥的作用不尽相同，形成了相辅相成、互相补充的时代特征。

　　秦汉统一王朝建立后，秦定都咸阳，西汉以长安（今西安）为都城，东汉、魏、晋基本上均定鼎洛阳，长安、洛阳的关中与中原一带是汉晋时期社会经济文化最为发达的地区，同时也是汉晋中西经济文化交流的中心，故而中西交通最重要的通道——北方丝绸之路由张骞"凿空"的，从长安出发，经过西域前往西方的道路是最便捷的中西交通线。但是，西域道必须经过人烟罕见、水草稀少的沙漠大碛，除了恶劣的自然条件外，更主要的是道路所经地区，有强悍的匈奴民族时常阻断交通，使西域道常处于威胁之中，时断时通。

与此同时，南部经过云南到印度及其沿海的南方丝绸之路——干线"蜀身毒道"，它所经过的西南夷及缅印交界地区，虽然自汉武帝经营西南夷，通道置吏，遍设郡县，以及东汉哀牢归附后，中央王朝基本控制了这条对外通道，但是终因道路所经地区地形复杂、山川阻隔、瘴疠肆虐，加上西南与中原内地相对僻远，当地各部族社会发展程度较低，交通的利用受到极大限制。

南海航线，《汉书·地理志》所记："自日南障塞、徐闻、合浦船行可五月，有都元国；又船行可四月，有邑卢没国；又船行可二十余日，有谌离国；步行可十余日，有夫甘都卢国。自夫甘都卢国船行可二月余，有黄支国，民俗略与珠厓相类。其州广大，户口多，多异物，自武帝以来皆献见。有译长，属黄门，与应募者俱入海市明珠、璧流离、奇石异物，赍黄金杂缯而往。所至国皆禀食为耦，蛮夷贾船，转送致之。亦利交易，剽杀人。又苦逢风波溺死，不者数年来还。大珠至围二寸以下。平帝元始中，王莽辅政，欲耀威德，厚遗黄支王，令遣使献生犀牛。自黄支船行可八月，到皮宗；船行可二月，到日南、象林界云。黄支之南，有已程不国，汉之译使自此还矣。"[1] 这是我国文献第一次明确记录西汉时期开辟海上丝绸之路的情况，这条史料表明尽管西汉已开辟这条航线，但是航海技术尚不发达的汉晋，其在对外交通作用究竟有多大是值得怀疑的。第一，武帝时期开辟的海上通道可以到达印度，但它甚至还不是完全意义上的海上直航航线，它的整个航线都是沿海岸而行，需要靠"所至国皆禀食为耦，蛮夷贾船，转送致之"[2]，是由分段航线、沿岸各部族"转送"的方法进行的。第二，它是一条海陆兼行的航线，必须经过一段陆路，才能通达。第三，当时这条航线的航行耗时惊人，仅汉译使

① 《汉书》卷二八下《地理志下》，中华书局 1962 年版，第 1671 页。
② 《汉书》卷二八下《地理志下》，中华书局 1962 年版，第 1671 页。

者由海路至印度的往返，整整花费了 20 个月的时间。即使在两晋南北朝，我国的航海技术有了长足发展，海路依然是十分危险的，史书对航行在这条航线的商船、贡使和往印度取经朝圣者遭遇风暴、船覆人溺的记载比比皆是。所以汉晋时期，海上丝绸之路尚不具备安全航海的条件。

正是这些因素的相互制约和影响，使汉晋时期中西交往的三条丝路中，任何一条都很难独立地承担秦汉统一国家对外交通的重任，三条丝路相互补充、相互联系、共同发展，一同承担着中国对外交通的重任。当然，秦汉时期的三条丝路中，最为重要的是北方丝绸之路，因为它起始于秦汉统一王朝的政治、经济、文化中心长安，各种外贸商品以长安为集散地，中国各地商品汇集长安，再由此销往西方世界；同时长安还是中国文化最发达的地方，文人荟萃，中国文人或文化随商队沿丝绸之路远播西域乃至印度和罗马帝国。西方罗马文化、印度文化也经由丝绸之路便捷地东来，进入中原地区，与传统的中国文化融合，深刻影响着汉晋以来我国宗教、文化的发展。但是正如前所述，丝绸之路所经西域地区道路险恶，民族部落纷杂，常常因匈奴等的骚扰、国际政治势力的干扰及自然环境中风沙雨雪造成道路中断，商旅绝迹。例如西汉末年，国力衰退，王莽篡汉建立新朝，执行了一系列错误的民族政策，导致西域各邦国和部落反叛，东汉初，国力尚未恢复，无力经营西域，未能在西域设置都护，西域地区遂大部分为北匈奴控制，北匈奴屡犯边疆，直至永平十六年（73 年），汉军分四道北攻北匈奴，其中奉车都尉窦固率军出酒泉塞，攻击北匈奴王庭所在的天山，使丝绸之路上必经的河西走廊回到东汉的控制下。而班超在东汉北击匈奴时随军远征，进攻伊吾（今新疆哈密西四堡），战于蒲类海（今新疆巴里昆湖），斩获甚多，赢得窦固的赏识，于是派他和从事郭恂一起出使西域，班超在出使西域的过程先后降服鄯善，威服于阗，平定疏勒，重置都护。班超任西域都护，使中断了近百年的丝绸之路西域段回到了东汉统一王朝的控制下，但西域各邦国部落时叛时附，班超任西域都护三十余年，始终为稳定西域和再次打通丝绸之路不懈努力，东汉和帝永元六年（94年），西域都护班超率兵复击破焉耆，使西域"五十余国悉纳质内属"[1]，取得了打通丝绸之路的决定性胜利，于是和帝永元九年（97年），西域都护班超遣甘英出使大秦（汉晋时期对罗马帝国的称呼），抵达波斯湾北部的条支国，来到波斯湾"临大海欲度，而安息西界船人谓英曰：'海水广大，往来者逢善风三月乃得度，若遇迟风，亦有二岁者，故入海人皆赍三岁粮。海中善使人思土恋慕，数有死亡者。'英闻之乃止。十三年，安息王满屈复献师子及条支大鸟，时谓之安息雀"[2]。这里的安息国就是世界史上帕提亚王国，在今伊朗，而所谓的甘英出使"临大海欲度"的海，就是波斯湾。此后"其条支、安息诸国至于海濒四万里外，皆重译贡献"[3]。虽然东汉班超经营西域三十年，甘英出使安息（今伊朗），丝绸之路在东汉再度畅通，但是自班超因老病离开西域后，继任都护的不甚称职，引起"西域背畔"。永初元年（107年）"朝廷以其险远，难相应赴，诏罢都护。自此遂弃西域。北匈奴即复收属诸国，共为边寇十余岁"[4]，虽然其后延光二年（123年），敦煌太守张珰、尚书陈忠建议重开西域，以"震怖匈奴"。班超幼子班勇为"西域长史"，屯驻"柳中"（高昌壁东南），东汉与西域中断了的统辖关系得以恢复，但乌孙和葱岭以西的大宛已不再属于汉了，丝绸之路的畅通很难得到保障，东汉至魏晋时期北方的丝绸之路已无力独自担当起中西交通的

---

[1]《后汉书》卷八八《西域传》，中华书局1965年版，第2909页。
[2]《后汉书》卷八八《西域传》，中华书局1965年版，第2918页。
[3]《后汉书》卷八八《西域传》，中华书局1965年版，第2910页。
[4]《后汉书》卷八八《西域传》，中华书局1965年版，第2911页。

重任。

就在东汉至魏晋难以保障北方丝绸之路完全畅通的历史时刻，南方丝绸之路于永平十二年（69年）全面打通，成为汉晋时期中西交通在北方丝绸之路阻碍和断绝情况下的新选择和重要的互补通道。我们看到《后汉书》连续出现了永昌徼外及西域、大秦等西方国家经由干线"蜀身毒道"和南海道前来进贡和文化交往的记载：

永元六年（94年）正月，"永昌徼外敦忍乙王莫延慕义，遣使译献犀牛、大象"[1]。

永元九年（97年）正月，"永昌徼外蛮夷及掸国重译奉贡"[2]，"徼外蛮及掸国王雍由调遣重译奉国珍宝，和帝赐金印紫绶，小君长皆加印绶、钱帛"[3]。

永初元年（107年）三月，"徼外僬侥种夷陆类等三千余口举种内附，献象牙、水牛、封牛。永宁元年，掸国王雍由调复遣使者诣阙朝贺，献乐及幻人，能变化吐火，自支解，易牛马头。又善跳丸，数乃至千。自言我海西人。海西即大秦也，掸国西南通大秦。明年元会，安帝作乐于庭，封雍由调为汉大都尉，赐印绶、金银、彩缯各有差也"[4]。

永宁元年（120年）十二月，"永昌徼外掸国遣使贡献"[5]。

据考证，上述史料记载的永昌郡徼外"敦忍乙"在今缅甸南部。"掸国"一般学者认为在今缅甸境内掸邦地区，但缅甸学者陈孺性和云南大学著名东南亚史专家何平教授认为可能在今叙利亚。"僬侥"也在今缅甸。"海西"或"大秦"都是汉晋时期对罗马

① 《后汉书》卷八六《西南夷传》，中华书局1965年版，第2851页。
② 《后汉书》卷四《和帝纪》，中华书局1965年版，第183页。
③ 《后汉书》卷八六《西南夷传》，中华书局1965年版，第2851页。
④ 《后汉书》卷八六《西南夷传》，中华书局1965年版，第2851页。
⑤ 《后汉书》卷五《孝安帝纪》，中华书局1965年版，第231页。

帝国的称呼。由此可见，在东汉北方丝绸之路受阻之时，地处东南亚的缅甸的"永昌徼外敦忍乙""僬侥"等国或部落则通过南方丝绸之路干线"蜀身毒道"内附于东汉王朝，并"重译来贡"，甚至西方远至罗马帝国的海西大秦经会同掸国（今缅甸掸邦地区）一同经由南方丝绸之路经今云南、四川等地前往东汉都城洛阳向东汉王朝朝贡，故《后汉书·西南夷传·哀牢传》说："永元六年（94年），（永昌）郡徼外敦忍乙王莫延慕义，遣使译献犀牛、大象。九年，徼外蛮及掸国王雍由调遣重译奉国珍宝，和帝赐金印紫绶，小君长皆加印绶、钱帛。"[1] 这充分说明了南方丝绸之路在东汉已经承担起中西交通的重任，特别是北方丝绸之路受阻的情况下，远及欧洲的罗马帝国也只能通过南方丝绸之路与中原东汉王朝进行联系，由此可断定南方丝绸之路达到身毒（今印度）后即与北方丝绸之路会合，当北方丝绸之路畅通时，中亚、西亚乃至欧洲罗马等地区和国家直接走丝绸之路至洛阳，一旦北方丝绸之路受阻，这些国家的商旅、使臣就可在印度南折，选取南方丝绸之路同中国继续交往。所以南方丝绸之路与北方丝绸之路相辅相成，共同承担中西交通重任，通过南方丝绸之路，海西大秦（罗马帝国）的使者到东汉都城洛阳朝贺的同时，还向东汉"献乐及幻人，能变化吐火，自支解，易牛马头。又善跳丸，数乃至千"[2]，说明通过南方丝绸之路，不仅西方的音乐、杂技传入中国，而且伴随朝贡使团而来的相关艺人数量众多，"数乃至千"，相当可观，说明汉晋时期西方国家有大量的商旅、使团在北方丝绸之路闭塞时转而通过南方丝绸之路干线"蜀身毒道"与汉晋王朝保持政治经济文化交往。

除了南方丝绸之路的干线"蜀身毒道"外，其支线"进桑糜泠

---

① 《后汉书》卷八六《西南夷传》，中华书局1965年版，第2851页。
② 《后汉书》卷八六《西南夷传》，中华书局1965年版，第2851页。

道"同样承担起汉晋时期中外交通的重任。今东南亚的越南首先利用南方丝绸之路支线"进桑糜泠道"与中原内地交往密切起来，如东汉初建武十三年（37年）"九月，日南徼外蛮夷献白雉、白兔"[①]，"元和元年（85年）春正月……日南徼外蛮夷献生犀、白雉"[②]。更重要的是，东南亚自西汉后期开辟海上丝绸之路后，交州港（今越南北部红河入海口的港口）就与广州港并驾齐驱，成为我国对外交往和贸易的重要港口。但是，汉晋时期由于造船与航海技术的限制，海上丝绸之路的海上航行危险、费时，商旅、使团往往采用沿海航行，通常选择与陆路交通相连的最近港口登陆行至中原内地，加上汉晋时期今越南仍属汉晋统一王朝的版图，在统一王朝的管控下，是海上交通与陆上交通的重要交汇点。若从当时兴盛的交州港和广州港的相对陆行便捷程度而论，交州港连通南方丝绸之路支线"进桑糜泠道"的海陆交通较为便利，所以很多从西方国家或印度等地向东航行的商旅使团往往从海上航行至日南或交州港，转而陆行前往中原内地。这类情况在东汉十分盛行，永建六年（131年）"十二月，日南徼外叶调国、掸国遣使贡献"[③]，熹平二年（173年）、光和六年（183年）分别两次由"日南徼外国重译贡献"[④]。日南郡，西汉所设，东汉至魏晋承袭，在今越南中部地区，所谓"日南徼外"前往东汉贡献的国家和地区，基本上都是先由海上航行，至日南或交州港登陆，转而经"进桑糜泠道"前往东汉都城洛阳朝贡的。海上丝绸之路与南方丝绸之路支线"进桑糜泠道"海陆接续贸易成为汉晋时期的又一重要交通贸易方式，冲破了北方丝绸之路的阻碍而发展起来。

成书于公元1世纪的《厄立特里亚海周航记》（*Peripius of the*

---

① 《后汉书》卷一《光武帝纪下》，中华书局1965年版，第62页。
② 《后汉书》卷三《章帝纪》，中华书局1965年版，第145页。
③ 《后汉书》卷六《顺帝纪》，中华书局1965年版，第258页。
④ 《后汉书》卷八《灵帝纪》，中华书局1965年版，第335、347页。

Erythraean sea）中说："过克利斯国（Chryse），抵秦国（Thinae）后海乃止，有大城曰秦尼（Thinae），在其国内部，远处北方。由此城生丝、丝线及所织成之绸缎经陆道过拔克脱利亚（大夏），而至巴利格柴（今印度孟买附近之巴罗赫港）；另一方面又由恒河水道而至李米里斯（Limyrice）。"[1] 秦国当指中国，大城秦尼似为当时中国的都城长安。其中"抵秦国后海"往"秦尼"的路线，显然是条海上航线，秦国的后海，应为交州、日南一带，从交州往"其国内部，远处北方"的秦尼城，有可能是经由云南、四川的路线；由秦尼城将中国的丝织品运经大夏（拔克脱利亚）抵达印度的路线，是西域道，这是中国丝绸出口的主要商道。另一条由恒河水道之李米里斯的中印交通路线，有可能指的就是从云南经缅甸至印度的道路，这条道路至印度后，可沿布拉马普特拉河与恒河水路相连，深入印度内地。然而汉晋时期，中原战乱不断，五胡十六国少数民族政权相继建立，北方长期处于分裂割据状况。西域道路失去了中央王朝强大的保护和经营，道路时断时续，难以保障畅通。除了西域道以外，通往印度的道路还有两条，它们都经过南方丝绸之路，在中印交通中发挥着极为重要的作用。

南方丝绸之路研究丛书 历史地理卷

---

[1] 张星烺编注，朱杰勤校注：《中西交通史料汇编》第1册，中华书局1977年版，第22页。

第二节

先秦至汉晋时期南方丝绸之路与中外经济文化交往

从经济贸易交往的角度看，南方丝绸之路的干线"蜀身毒道"和支线"进桑糜泠道"都发挥了极其重要的作用，但又各有特点。首先，南方丝绸之路的干线"蜀身毒道"的目的地身毒（今印度）与我国的经济联系更加密切。身毒（今印度）是中西经济贸易的重要中转枢纽地，往西可与大秦罗马交易，东来则与东汉进行贸易，贸易品种繁多。印度是当时发达的文明古国，中国同印度经济文化交往十分频繁，《后汉书·西域传》记载"天竺国一名身毒，在月氏之东南数千里。俗与月氏同，而卑湿暑热。其国临大水。乘象以战"[①]，中国丝产品这个时候已经传到了印度。古印度乔底厘耶（Kautiliya）著的《治国安邦术》（又译作《实利论》《利论》《政事论》）说："出产于支那的成捆的丝，贾人常贩至印度。"成捆的丝梵文写作：Cinapatta。这个字用 Cina（即支那）与 patta（意即带、条）两个部分组成，合起来就是"中国成捆的丝"的意思，所以印度人一想到中国就想到丝，一想到丝就想到

---

① 《后汉书》卷八八《西域传》，中华书局 1965 年版，第 2921 页。

中国。^①特别是在《治国安邦术》中提到了印度与中国之间的丝贸易，就是指印度的阿萨姆地区早在公元前 4 世纪时即是印度丝的生产中心，桑蚕业和丝织业由南方丝绸之路沿线的藏缅语系的居民所掌握，随着南方丝绸之路的交通贸易，就由藏缅语系的居民由中国西南部向阿萨姆地区移民时带过去^②。还有公元 95 年至 130 年之间成书的希腊古籍《厄立特里亚海周航记》（*Periplus of the Erythraean Sea*）中，也提到中国边境附近的民族每年都会到印度做肉桂（malabathron）贸易，由此可见古代中印之间通过南方丝绸之路所进行的商业贸易品种相当丰富，丝帛、竹杖、肉桂乃至桑蚕纺织技术都包含其中。

相应的印度商品也传入中国，学者一般认为中国最早的"琉璃"就是从印度传入的。身毒之地"土出象、犀、玳瑁、金、银、铜、铁、铅、锡，西与大秦通，有大秦珍物。又有细布、好毾𣰆、诸香、石蜜、胡椒、姜、黑盐"^③。有身毒本地所产象、犀、玳瑁等特产，又有金、银、铜、铁、铅、锡等矿产，还有产自南亚、中东等地的细布、好毾𣰆、诸香、石蜜、胡椒、姜、黑盐等，通过身毒传入中国，逐渐成为汉晋时期人民生活必需品。但是这些原本通过北方丝绸之路与汉晋贸易的商旅使团，在东汉后期常常苦于西域道上邦国部落反叛，遮断道路，阻塞交通，不得不转而南下经南方丝绸之路与中国交往，东汉"和帝时，数遣使贡献，后西域反畔，乃绝。至桓帝延熹二年、四年，频从日南徼外来献"^④，这说明北方丝绸之路、南方丝绸之路和海上丝绸之路三道均可到达印度，而北方丝绸之路与南方丝绸之路的干线"蜀

① 季羡林：《中国蚕丝输入印度问题的初步研究》，载《中印文化关系史论丛》，人民出版社 1957 年版。
② 童恩正：《试谈古代四川与东南亚文明的关系》，载《文物》1983 年第 9 期。
③《后汉书》卷八八《西域传》，中华书局 1965 年版，第 2921 页。
④《后汉书》卷八八《西域传》，中华书局 1965 年版，第 2922 页。

身毒道"和支线"进桑糜泠道"相比，北方丝绸之路常常受西域叛乱的困扰，路绝闭塞，阻碍交往，南方丝绸之路则少有沿路国家和部落叛乱，所以东汉后期更多地选择南方丝绸之路与印度进行经济贸易，特别是两条经过云南地区的对外通道，在魏晋北方战乱时期，曾一度充当了中印交通最重要的纽带。

南方丝绸之路途经的缅甸与中国经济交往更加密切起来，缅甸盛产的翡翠，从新石器时代就是制作玉器的主要原料之一。缅甸翡翠产地就在南方丝绸之路途经的今缅甸密支那、孟拱一带，离现在的中国云南边境仅 150 公里。根据方国瑜先生的考证，东汉永平十二年（69 年）哀牢内附，东汉设置永昌郡，版图的西界已达今缅甸之伊洛瓦底江流域，翡翠更容易流传到云南地区，故《华阳国志·南中志》记永昌郡产翡翠，实际上很多翡翠都是靠南方丝绸之路的商贸往来进入云南的。

东汉后期，因北方丝绸之路闭塞，通过海上航行接续"进桑糜泠道"往洛阳的贸易日益昌盛，"以金银为钱，银钱十当金钱一。与安息、天竺交市于海中，利有十倍。其人质直，市无二价。谷食常贱，国用富饶。邻国使到其界首者，乘驿诣王都，至则给以金钱。其王常欲通使于汉，而安息欲以汉缯彩与之交市，故遮阂不得自达。至桓帝延熹九年（166 年），大秦王安敦遣使自日南徼外献象牙、犀角、玳瑁，始乃一通焉"①。可见经由日南徼外与东汉进行贸易的是因为"故遮阂不得自达"，转而走"进桑糜泠道"北上洛阳。何方川、万明在《古代中西文化交流史话》中对发生在东汉桓帝延熹九年（166 年）这次重要的中西交往进行了全球史视野下的世界交通体系、中西交通贸易的深入解析："罗马人从海上前来中国，就成为很方便的事情了。汉桓帝延熹九年

---

① 《后汉书》卷八八《西域传》，中华书局 1965 年版，第 2920 页。

（166 年），一位自称是大秦王安敦派来的使者，在越南中部的日南登陆，到洛阳谒见中国皇帝，并献上象牙、犀角、玳瑁。大秦王安敦，就是罗马皇帝马可·奥里略·安敦尼（161—180 在位）。从大秦使者所献礼物看，全部是东北非索马里一带的特产，表明这些礼物可能是在埃及（当时正控制着红海贸易）置办的。再据《后汉书》记载，这位使者抵达洛阳的时间是在 9 月。看来使船抵达交州日南当在六七月间。因而使者很可能是乘 3 月开始的西南季风，从红海海口漂洋而来。显然，无论使团是官方所派、还是商人假冒，它都是从埃及或经由埃及来中国的，这是有文字记载的西方同中国的首次直接接触。从此次通使以后，罗马人来华经商逐渐活跃起来。他们大都步安敦使者的后尘，乘船从海路抵达扶南（今柬埔寨）、交趾（今越南北部）。孙权黄武五年（226 年），有位名叫秦论的罗马商人到达交趾，被辗转送去谒见孙权，并比较详细地回答了孙权提出的许多关于罗马帝国风土人情的问题。孙权对直接与罗马通好也有兴趣，所以特派刘咸送秦论回国。可惜，刘咸在途中病故，失去了中国历史上西访罗马帝国第一人的荣誉”①。

《越史要》也记载：“支那（指中国）艺业，首在蚕丝，故所纺织极为精巧。亚力山大王希腊辟达土，罗马得此绢而珍惜之，以转贩多，价日陡贵；大海罗马帝得领土在亚细亚之西，渐欲与支那通，迫取波斯，航路始便，一百七十九年为汉桓帝延熹九年，大秦（即罗马）帝安敦遣使跨印度洋，进我东京（今越南河内），直抵支那。其后罗马商人秦论复至交州，由太守吴邈以谒孙权，时值三百二十七吴帝权黄武之五年也。当是时也，罗马商船已抵支那，支那商船亦渐有锡兰东西二海一线相通，寔以我交州为往

① 何方川、万明：《古代中西文化交流史话》，商务印书馆 1998 年版，第 30—31 页。

来之中心点。自晋以后，支那日衰，其官于我者，只知后敛，以掠吾民，一切外交制而不问，而商路始断绝矣。"[①]从海路而来，所谓行船从日南徼外登陆，进贡东汉王廷，由"东京直抵支那"的，按当时我国对外交通的大势分析，从海路至交州再经红河水道，由益州（云南地区）直上蜀，然后经蜀与关中相连的褒斜道[②]，抵达两汉政治经济文化中心，是相当可行的。由此观之，西出的三条交通干线，是互相贯通而互补的。这三条道路中有两条经过云南地区，从交州港沿红河水道北上的外国使臣或商人，到达滇池地区后，即与从永昌道进入的使臣、商人合为一条道路，或经五尺道，抑或经灵关道，由蜀直抵关中。

从文化交流的角度看，南方丝绸之路发挥着极其重要的作用[③]。发展程度很高的印度古国，它所代表的印度文明，对中国具有强烈的吸引力。印度佛教传入中国后，东汉两晋南北朝乃至隋唐，印度佛教在中国大力传播，在中国对外交通史上出现了中印两国宗教文化交流的高潮，并带动经济的交往，成为汉晋中西交通史上的一大特征。据方豪统计，在中国史书上有记载的东汉至南北朝期间，印度东游传法或中国西去求经的僧人共227人[④]。梁启超研究汉晋南北朝至唐代中国前往印度求法僧人分别由六条道路西去印度，第一条"海路"中有从"安南放洋"航海至天竺（今印度），即经由南方丝绸之路的支线进桑糜泠道从交州港航海到印度，第六条则为"滇缅路"，即南方丝绸之路"蜀身毒道"，梁启超进一步指出"《求法高僧传》所记古代唐僧二十许人遵此路。《求法传》言五百年前有僧二十许人从蜀川牂柯道而出，

---

① [越]黄高启：《越史要》卷一，维新甲寅（1914年）刻本，第33页。
② 《史记》卷一二九《货殖列传》，中华书局1959年版，第3261—3262页。
③ 李昆声：《中国云南与东南亚南亚的经济文化交流——自远古至战国秦汉时期》，载《广西民族大学学报（自然科学版）》2011年第1期。
④ 方豪：《中西交通史》，岳麓书社1987年版，第210—212页。

注云'蜀川至此五百余驿'，计当时由云南经缅甸入印也。《慧叡传》称'叡由蜀西界至南天竺'，所遵当即此路，果而则此为东晋一孔道矣"[1]。梁启超的研究充分说明了汉晋至唐初，无论是南方丝绸之路干线"蜀身毒道"抑或支线"进桑糜泠道"，都是汉晋至唐初中印文化交往的重要通道。著名地理学家赵松乔依据梁启超的研究进行分类统计，认为汉晋至唐代中印间的求法僧人至少有九分之一是经过云南、缅甸至印度的道路往返[2]。义净《大唐西域求法高僧传》亦记："支那寺，古老相传曰'是昔室利笈多（四至五世纪）大王为支那国僧所造，于时有唐僧二十许人在蜀川牂柯道出向莫诃菩提礼拜，王见敬重，遂施此地，以供停息'。"这里所说的蜀川牂柯道应是四川、云南通缅甸至印度的永昌道。

当时很多僧侣和商人因北方道路不通，从交州登陆经南方丝绸之路的支线"进桑糜泠道"北上中原内地。据《高僧传》所记，在 3 至 6 世纪，大约凡由海上丝绸之路乘商船来华的 13 个传道僧人，就有 3 个是乘船来到交州港登陆，然后经进桑糜泠道辗转前往中原内地。甚至部分西域商贾也往往从海上丝绸之路乘船泛海经过印度洋至交趾登陆，直接在西南地区进行贸易。从中国返航的商贾也同样有一部分经进桑糜泠道南下交州港，再从交州港转海路返国。《高僧传》卷二《佛驮跋陀罗传》记生活在北天竺（在今印度境内）的佛驮跋陀罗经由罽宾（西域国名）来中国游方传法，来时走北方丝绸之路，"既度葱岭，路经六国"路途劳顿，十分辛苦。当他在中国游方传法需返国时，则选择了南方丝绸之路"进桑糜泠道"南下"至交趾乃附舶，循海而行"，在海上遭风浪遇险，几经周折，终"遇外国舶至"而得救，询问知晓，"果是天

---

① 梁启超：《饮冰室专集》之五十七《中国印度之交通（亦题为千五百年前中国之留学生）》，中华书局 1989 年版，第 30—31 页。
② 赵松乔：《缅甸地理》，科学出版社 1958 年版，第 91 页。

竺五舶"，才乘天竺（汉唐时期对印度的称谓）海船返回印度①。这充分说明魏晋南北朝时期从印度到中国传法的佛教僧侣既可以从北方丝绸之路由陆路来到中原传法，也可以选择南方丝绸之路陆海相接的走法返回印度。而从南方丝绸之路经"进桑糜泠道"陆行到交州港后即可换乘海船通过海上航行返回印度，甚为便利，佛驮跋陀罗就是这样做的，从而更说明南方丝绸之路海陆接续式交通架起了中西经济文化交流的便捷通道。海陆接续经南方丝绸之路到中国进行文化交流和经商贸易的交通方式在魏晋南北朝时期十分盛行。有学者认为早在西汉时代，流传在四川的黄老之术就可能通过南方丝绸之路传播和影响到今云南及与云南紧密相接的上缅甸地区各民族的巫术发展，随后又向西传播到印度的迦摩缕波地区，与印度佛教融合，从而促进了佛教密宗的形成②。

汉晋时期的交通形势，或者说蜀身毒道和南海道在中国整体对外交通中的作用，《宋书》卷九七《夷蛮传》的一段话可以概括："晋氏南移，河、陇夐隔，戎夷梗路，外域天断。若夫大秦、天竺，迥出西溟，二汉衔役，特艰斯路，而高货所资，或出交部，泛海陵波，因风远至。又重峻参差，氏众非一，殊名诡号，种别类殊，山琛水宝，由兹自出，通犀翠羽之珍，蛇珠火布之异，千名万品，并世祖之所虚心，故舟舶继路，商使交属。"③这段资料指出：汉晋时，特别是东晋，北方西域路为之梗阻，与西方世界的交往主要凭借两条道路，一是海道，"出交部，泛海陵波"，利用季风而远航而至；另一条是陆路，它提到沿途"重峻参差，氏众非一，殊名诡号，种别类殊，山琛水宝，由兹自出，通犀翠羽之珍，蛇珠火布之异，千名万品"，道路所经地区，山川险恶，

---

① [梁] 释慧皎撰，汤用彤校注，汤一玄整理：《高僧传》卷二《佛驮跋陀罗传》，中华书局 1992 年版，第 69—71 页。
② 汶江：《试论道教对印度的影响》，载《南亚与东南亚资料》1952 年第 2 辑，第 113—123 页。
③《宋书》卷九七《夷蛮传》，中华书局 1974 年版，第 2399 页。

民族众多，珍宝异物并出，显然是蜀身毒道。由此我们可以认为汉晋时期，蜀身毒道和南海道一直保持畅通，为中印交通要路。这两条道路，必经云南地区才能到达印度，一条"舟舶继路，商使交属"，交州登陆后，需由陆路才能进入内地，而此时云南之交州的红河水道是最便利的交通线，很多从交州到达中国的僧侣，途经云南北上，或转达内地。此时的南方丝绸之路是当之无愧的中西交通大陆桥。

蚀花石髓珠

说明：东汉时期蚀花石髓珠，云南江川李家山 69 号墓出土，通长 6.1 厘米，径 2.2～2.3 厘米。云南李家山青铜博物馆藏。此石珠称为肉红石髓，表面弦纹经化学腐蚀而成，即蚀花工艺，最早出现在西亚和南亚一带。李家山出土的蚀花石髓珠器型和钻孔工艺与同时出土的其他质料管状珠明显不同，可能经古代的"蜀身毒道"来自西亚南亚一带①。

---

① 云南李家山青铜博物馆编：《滇国铜魂：云南李家山古滇文物集萃》，云南人民出版社 2015 年版，第 153 页。

先秦汉晋时期南方丝绸之路对
西南地区社会经济发展的影响

　　先秦至汉晋时期是南方丝绸之路发展的重要时期，这一时期，西南地区各民族先民历经千百年的艰苦奋斗，筚路蓝缕，开辟了交通道路，形成了南方丝绸之路道路体系骨干架构和基本格局。南方丝绸之路对西南地区的经济文化发展产生深刻影响。

　　首先，南方丝绸之路的起始地，西南地区的中心和经济文化较为发达的四川，通过交通带来的交往便利，对西南地区的经济文化发展做出了重要贡献。张骞出使西域，曾在大夏见筇竹杖和蜀布，进而得知生产于巴蜀地区的筇竹杖和蜀布均是由南方丝绸之路运销到身毒（今印度）然后辗转到大夏（今阿富汗）的。由于南方丝绸之路山高路远，艰险难行，所以"蜀布"绝不可能是价值低廉的一般纺织品，应该就是当时仅产于巴蜀地区的蜀锦。据研究，巴蜀地区是我国古代最早、最重要的养蚕、治丝、织锦的中心之一。蜀锦被称为"中国织锦之母"，最为特殊的是，从南北朝到隋乃至唐初长达 600 余年的时间里，在全国范围内能提供织锦作为贸易商品的只有蜀锦，所以蜀锦在四川历史上具有重要的军事、政治、经济和贸易地位。蜀锦在中国丝绸之路上的贸易开始于先秦，迄今已经 2000 多年，是中国丝绸之路开通后最早进入贸易的商品之一①，蜀锦不仅在中国内地传播，名扬天下，而且成为四川丝绸文化的代表，是中华文明的重要组成部分，南方丝绸之路由蜀为起点，与先秦汉晋四川丝织业最为发达，蜀锦成为南方丝绸之路最重要的外销商品有密切的关系，"四川输往外国的产品中，数量最大、影响最深的当推丝织品，而其中尤以蜀锦为第一"②。当然由于气候原因，丝绸很难在湿热的东南亚、南亚地区长期保存，所以南方丝绸之路沿线的考古中几乎没有先秦汉晋时期外销的蜀锦等实物留存，但从我国古代文献与印度古代文献和传说中可看到，蜀锦在南方丝绸之路上的传播主要是蜀锦技艺。蜀锦不仅代表着古代四川丝绸文化的繁盛，也对丝绸之路的繁荣做出了独特的贡献③。

其次是青铜器和铁器从四川经由南方丝绸之路经云南传到东南亚等地。童恩正认为，"在中国西南地区，巴蜀文化发展最高，历史最悠久，形成了南方一个古文明的中心。中国与中南半岛各国边境接界最长的是云南省，所以各国学者注意的焦点，往往也就集中在云南一隅。从石器时代到青铜时代，云南的确有很多文化因素与东南亚的考古发现有相似之处，反映出这两个相邻的地区在古代的关系异常密切。不过我们在全面审查此种关系的来龙去脉时，却发现东南亚古文化中明显受到中国文化影响的某些因素（不是全部），其发源地或表现得很集中的地区，并不是云南，而是四川。换句话说，在古代中国南方与东南亚的某些文化交流中，云南并不是传播的起点，而是传播的通道，起点应在四川"④。因为从战国以至西汉，云南以至中南半岛各族使用的青铜器和铁器，很大部分来源于巴蜀，当然从今天出土的云南古

① 唐林：《蜀锦与丝绸之路》，载《中华文化论坛》2017年第3期。
② 冯一下：《略谈古代四川与国外的经济文化交流》，《四川师院学报》1980年第3期。
③ 唐林：《蜀锦与丝绸之路》，载《中华文化论坛》2017年第3期。
④ 童恩正：《试谈古代四川与东南亚文明的关系》，载《文物》1983年第9期。

滇国青铜器看，是否源于巴蜀或者是否与巴蜀青铜器有内在的传承关系还有待考证，但传入云南古滇国和东南亚的铁器铸造技术则一定是经由南方丝绸之路实现的。自春秋战国巴蜀就进入铁器时代，极大地提高了劳动生产力，西汉实行盐铁专卖，禁止私人铸铁贩铁，严令"敢私铸铁器煮盐者，钛左趾"[①]。战国西汉时期"巴蜀亦沃野，地饶卮、姜、丹沙、石、铜、铁、竹、木之器。南御滇僰，僰僮。西近邛笮，笮马、旄牛。然四塞，栈道千里，无所不通"[②]，巴蜀正是依靠"无所不通"的南方丝绸之路，将盛产的铜、铁、竹、木之器销售于滇即东南亚地区，特别是南方丝绸之路途经的"邛都出铜，临邛出铁"[③]，成为四川铜铁器生产的重地，为了不让先进的铁器制造技术外传，西汉曾经封锁巴蜀南部和西部的边徼，禁止铁器从巴蜀传入东南亚地区。但是由于南方丝绸之路的通达，朝廷禁令难以真正落实，"巴蜀民或窃出商贾"[④]，巴蜀商人通过走私的方式，沿南方丝绸之路向东南亚传播。最典型的就是卓文君的先人卓氏，原是赵国人，靠冶铁业致富。在秦统一战争中，赵国灭，卓氏遭掳掠，被迫南迁，一般人都选择就近迁徙，但卓氏得知成都以南南方丝绸之路所经的"汶山之下，沃野，下有蹲鸱，至死不饥。民工于市，易贾。乃求远迁。致之临邛，大喜，即铁山鼓铸，运筹策，倾滇蜀之民"[⑤]。卓氏为铁器向滇传播做出了重要贡献。现在一般认为，东南亚是在中国的影响下进入早期铁器时代的。今越南北部传入了中国的冶铁技术，随后传到越南中部，并向周围的地区扩散，中国的铁器、农耕和水利技术也不断传到越南。无可否认，铁器正是通过

---

① 《史记》卷三十《平准书》，中华书局 1959 年版，第 1429 页。
② 《史记》卷一二九《货殖列传》，中华书局 1959 版，第 3261 页。
③ 《史记》卷一二九《货殖列传》《集解》注，中华书局 1959 年版，第 3262 页。
④ 《史记》卷一一六《西南夷列传》，中华书局 1959 年版，第 2993 页。
⑤ 《史记》卷一二九《货殖列传》，中华书局 1959 年版，第 3277 页。

南方丝绸之路从四川运销并传播到云南和东南亚地区的。

再次,南方丝绸之路对西南边疆云南的社会经济发展的影响更为广泛和深远。先秦至汉晋在南方丝绸之路开辟和发展的带动下,云南交通达到了这样的程度:云南内部各民族之间、各部落之间的道路已经发展起来,形成了交通网络,通过相互连接的道路,各民族和部落之间的人员往来促成的政治、经济、文化联系十分频繁。除了云南内部交通网的形成外,道路还因云南先民与外界联系的扩大而不断延伸,逐渐形成了对内对外联系的交通干线,构成云南交通的基本骨架。这些交通干线主要由云南内部的永昌道和与中原内地交通相连接的"五尺道""灵关道",以及对外交通的缅印道、"进桑麋泠道"构成,归结起来则为"蜀身毒道"和"进桑麋泠道"两条著名国际交通线,形成了北上川、陕,直入中央王朝政治、经济、文化中心的关中;东进中华文明的腹地中原;西出缅甸,连接南亚文化发祥地印度的交通格局。对内与对外交通同时兴起,这是云南交通发展的重要特征,并促使云南的对外联系达到了相当宽广的程度,必然对云南内部的社会政治、经济、文化产生巨大的影响。

在政治上,由于秦汉中央王朝对云南的经营始终遵循"通道""置吏"并行的方针,以打通交通为先导,以派驻官吏为手段,秦汉中央王朝势力随着"蜀身毒道"的打通,以及"五尺道""灵关道"和"永昌道"的开辟逐步深入云南,控制并经营云南的主要交通干线。通过这些道路,中央王朝不断地向云南派官置吏,设置郡县;遣使传命,推行政令;调兵移民,屯田戍守;颁行铸钱,兴办儒学,云南与中央王朝的政治联系日益紧密,最终确立了中央王朝在云南的大一统统治,确保了云南成为中国不可分割的一部分,成为云南历史上的重要转折点。

在经济、文化上,云南对内对外交通道路开辟和发展的最大动因是其自身社会经济发展。南方丝绸之路最初是民间商贸往来的商道，中央王朝开辟和经营主要交通方向后，确保了道路的安全畅通，云南与外界的经济交往更加频繁，一时之间蜀商滇贾，熙来攘往，相望于道，云南的"滇马""僰僮"等土产畅销于内地；中原的丝绸、临邛的铁器、蜀之竹杖贩运滇云，远销缅印和越南。特别值得注意的是南方丝绸之路在云南的重要枢纽地——今昆明晋宁石寨山古墓群遗址，不仅出土了代表南方丝绸之路打通后西汉封赐古滇国的"滇王之印"，说明通过丝路，云南被纳入西汉统一王朝版图，而且在古滇王国辖境的晋宁石寨山和江川李家山出土了青铜器典型代表"贮贝器"、牛虎铜案等，还出土了数量巨大的贝。在云南出土贝的地方集中于南方丝绸之路沿线的印缅进入云南的最西端城镇腾冲及其以东沿线的洱海、滇池地区，以古滇王国区域出土的贝最多，晋宁石寨山发现 149000 枚，江川李家山发现 112000 枚，合计 261000 枚，占云南全部出土贝的 90% 以上。从墓葬形制和"贮贝器"及贝出土的情况看，大量来自印度洋沿海或太平洋沿海的海贝传入滇国地区，甚至成为滇国重要的等价物——货币。外来货币进入云南，必然要依靠交通线。只有道路已经开辟，交通发展带动了地区的经济文化交流，外来货币才有可能进入。出土贝的地区都是云南开发较早、对外交往开始较早和对外交通发达的地区。滇池地区自战国以来，就有便捷的道路与红河水道相连，直接抵达交趾沿海。交趾产海贝，三国时期，士燮每年都向孙吴进献"明珠、大贝、流离、翡翠、玳瑁、犀、象之珍"[1] 等海产品，这些海产品，包括海贝沿红河水道进入滇池地区是十分容易的。但是在滇池通往红河水道的交通沿途，迄今为止还没有发现贝的出土和古代遗存，这是值得注意

---

[1]《三国志》卷四九《吴书·士燮传》，中华书局 1975 年版，第 1193 页。

的。同时贝也可以通过印度沿海，经过缅甸、永昌道进入云南腹地，如洱海地区和滇池地区。"随着'南丝路'的形成和对东南亚诸国贸易与对外交流的日益扩大，从主要产贝之地的印度沿岸，把海贝运入洱海、滇池地域是顺理成章之事。换言之，当时滇池地区的海贝应分别来自我国南方和印度沿岸产贝区"①。

诅盟场面青铜贮贝器

说明：西汉时期青铜器，于1955年至1960年在云南晋宁石寨山出土，高53厘米、器盖直径32厘米。贮贝器是滇国特有的贮放贝币的青铜器。此器出土时器内贮贝300余枚，上铸圆雕立体人物127人（残缺者未计入），以干栏式建筑上的人物活动为中心，表现了杀祭诅盟的典礼场面。

七牛虎耳青铜贮贝器

说明：西汉时期青铜器，于1955年至1960年在云南普宁石寨山出土。现藏中国历史博物馆藏，通高44厘米、口径16.7厘米，底径21.6厘米。口沿处有一方形凹入榫槽，盖内侧有一凸方形榫槽，器身两侧有对称虎形耳，平底。底足四个，作爪形。盖中央立一铜鼓，其上立一牛，作昂首鸣叫状，环周有六牛，大角长尾，肩瘤突起，状极生动。贮贝器的西汉时期滇人中的统治者贮存贝币的用具。

---

① 刘世旭：《"南方丝绸之路"出土海贝与贝币浅论》，载《中国钱币》1995年第1期。

交通的兴起对西南地区社会经济的影响是多方面和深远的，汉晋时期最突出的表现是促使南方丝绸之路上商贸重镇永昌的兴起。永昌（今云南省保山市隆阳区）位于横断山脉南段，是东亚大陆经过云南通往南亚大陆重要道路"蜀身毒道"上的交通枢纽。沿着永昌道，西进滇越（即乘象国，今云南腾冲），取道缅甸北部的掸国至身毒和大秦；从永昌向东、向北，由灵关道、五尺道，又能与中国内地蜀川及中原联系起来；往南，借助

云南石寨山出土的海贝（西汉·晋宁石寨山 6 号墓出土）

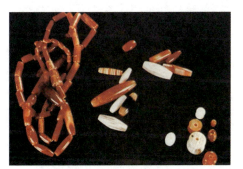

来自印度的蚀花肉红石髓珠（西汉·晋宁石寨山）

红河水道——"进桑麋泠道"，南下太平洋的出海口交趾。在这样的交通形势影响下，永昌作为太平洋经济区与印度洋经济区在云南的纽结，迅速地发展成一个商贸重镇。《后汉书》记载"出铜、铁、铅、锡、金、银、光珠、水精、瑠璃、轲虫、蚌珠、孔雀、翡翠、犀、象、猩猩、貊兽"[1]。晋·常璩在《华阳国志·南中志》中说永昌在"益州西部金银宝货之地，居其官者皆富及十世"。又说永昌"土地沃腴，有黄金、光珠、琥珀、翡翠、孔雀、犀、象、蚕桑、锦绢、采帛、文绣……又有阑旄、帛叠、水精、琉璃、轲虫、蚌珠。宜五谷，出铜锡"[2]。2012 年 10 月至 2013

①《后汉书》卷八六《西南夷传》，中华书局 1965 年版，第 2849 页。
②［晋］常璩撰，刘琳校注：《华阳国志校注》，巴蜀书社 1984 年版，第 430—431 页。

年 3 月，经国家文物局批准，云南省文物考古研究所联合保山市博物馆、保山市文物管理所、昌宁县文物管理所等单位，对位于云南保山市昌宁县田园镇龙泉村委会漆树坡小组东南侧的大甸山墓地进行抢救性考古发掘。2013 年度全国十大考古新发现初评结果揭晓，在 25 项的终评名单中昌宁县大甸山墓地入围，是云南乃至全国范围的重大考古发现，也是东周秦汉考古的重大发现。最值得重视的是，该墓葬出土器物按质地可分为青铜器、石器、陶器、铜铁合制品、铁器、琥珀、海贝、麻织品、竹藤等[1]。该墓葬出土的物品几乎完全印证了《后汉书》《华阳国志》等文献对汉晋时期云南保山地区（东汉永昌郡）对外贸易物品流通的记载。可见汉晋时期永昌郡地处南方丝绸之路交通枢纽和商贸集散地的重要位置，各国商人往来频繁，若对上述史料记载的永昌郡物产产地进行分析，所谓金银、黄金文绣等类，为永昌本地或中国内地出产：黄金，自古永昌及其以西以产黄金著称；光珠、琥珀等，是产自今缅甸北部；孔雀、犀、象等，出产于古哀牢地的热带亚热带地区；蚕桑、锦绢、采帛、文绣等，自战国以来，因永昌与蜀川有了密切交往后，蜀锦引进永昌地区，并发展为当地重要手工业，或部分经云南至蜀川间的交通道路，为商贾贩运至永昌。而另一类物产则有明显的外来成分：如罽旄、帛叠，为今云南西部和缅甸北部所产，《后汉书》记哀牢布说："（哀牢夷）知染采文绣，罽氍帛叠，兰干细布，织成文章如绫锦，有梧木华绩以为布，广五尺。"[2] 这说明东汉打通南方丝绸之路，设永昌郡后交通便利，四川蜀锦纺织技术随之传播到西南最边远的永昌郡，极大地提升了当地纺织业水平。同时今缅甸等地的"梧木华绩以为布"纺织技术也在地理条件相近的永昌郡流传开来，郭义恭的《广

南方丝绸之路研究丛书　历史地理卷

---

① 马宏、张云峰：《昌宁大甸山墓地入围全国十大考古终评》，载《保山日报》2014 年 3 月 25 日。
② 《后汉书》卷八六《西南夷传》，中华书局 1965 年版，第 2849 页。

志》说："梧桐有白者，剽国有桐木，其华有白氄，取其氄淹渍，缉织以为布也。"①它们所说的似乎都是一种物产，即帛叠，所以，它既可能是当地所产，也可能为外来；水精、琉璃、轲虫、蚌珠，为外来物，不产于永昌，特别是轲虫（海贝）、琉璃，自古都是从印度及其沿海经缅印道流入永昌。当然这些海产品，也可能来自交趾沿海。三国时，曾任交趾太守的士燮曾常常以交州的明珠、大贝、琉璃、玳瑁、犀、象等珍物，贡献孙权。②

　　同样，这些海外产品，通过红河水道，转接永昌道进入永昌是很容易的。故永昌除了它当地丰富的物产外，凭借贯通太平洋和印度洋的大陆桥交通线，成为汉晋时期珍奇荟萃的"多异物"之地，是有其重要原因的。通达的交通使永昌珍奇荟萃，同时也使永昌人物辐辏，商贸繁盛。当时永昌为东汉边郡，地域、人口在全国郡国中几乎位居第一，这不能不让人想到汉晋时期，通连两大洋的交通线，横穿永昌，给这一地区带来的发展机遇和繁荣。随着永昌成为对外通商城市，缅甸、身毒各地的商人前来贸易，甚至定居下来。《华阳国志·南中志》记"永昌郡……有闽、濮、鸠獠、僄越、裸濮、身毒之民"③。没有交通提供的方便，没有外来客商的往来，没有较为发达的商贸条件，在一千多年前，一个地区形成如此众多的民族杂居现象，几乎是不可能的，特别是这些民族种类中，有一些分明就是当时的缅甸、印度人。如身毒，汉晋时对印度的专称，故身毒人为印度人无疑；僄人当是缅甸骠国人。汉代以前，我国西南尚没有发现骠人居住过的历史记载和遗迹，因此，这里所说的骠人和身毒之民应是当时经商而来的缅印侨民。永昌的特殊地理位置，交汇东西，控驭交趾，是中

---

① 《后汉书》卷八六《西南夷传》注，中华书局 1965 年版，第 2850 页。
② 《三国志》卷四九《吴书·士燮传》，中华书局 1975 年版，第 1193 页。
③ [晋]常璩撰，刘琳校注：《华阳国志校注》，巴蜀书社 1984 年版，第 430 页。

国大陆及其沿海与东南亚、南亚商业交通的一个重要中转站，四方商贾云集，八方民族杂处，逐渐发展为汉晋时期的一个国际商业都市。

第 三 章

南方丝绸之路与海上
丝绸之路的联通

第一节

唐时期世界地缘政治与
商业贸易格局的变化

统一多民族国家唐朝，全盛时在政治、经济、文化、外交等方面均取得了很高的成就，是当时世界的强国之一。特别是"安史之乱"前的唐朝，社会、经济处于上升阶段，文化先进，对外开放政策鲜明，成为我国对外关系大发展的重要时期。据成书于盛唐开元二十六年（738 年）的《唐六典》记载，开元时期前来朝贡的蕃国数多达 70 余国，遍布于东亚、东南亚、南亚、中亚、西亚、欧洲、非洲等国家和地区，对外交往的扩大必然得益于对外交通的发展。唐前期，我国北方丝绸之路、南方丝绸之路发展均跃上了新高度，成为支撑盛唐辉煌对外关系发展的重要因素。但是，大约公元 8 世纪中叶，唐朝自身以及世界地缘政治发生了重大变化，从而深刻影响了唐时期对外交通发展趋势。

第一，阿拉伯帝国兴起，截断亚欧陆上商道，阿拉伯的穆斯林商人积极从事海上贸易活动，成为中国主要贸易伙伴，促使海上交通兴起；公元 8 世纪初，阿拉伯帝国势力达到了鼎盛期，其疆域东起印度河流域，西临大西洋，成为一个横跨亚、非、欧三洲的大帝国。中国史书将其称为大食帝国。751 年，阿拉伯帝国向东扩张，与唐朝高仙芝率领的军队在怛罗斯发生一次战争，即著名的"怛罗斯之役"，唐朝军队战败，不仅使唐朝逐渐失去对西域安西四镇的控制，而且阻断了亚欧陆上丝绸之路，使亚欧陆上贸易急剧衰落。

阿拉伯的文化传统、地理位置、商人的社会地位和商业的巨大收益，使阿拉伯帝国出现了与当时东西方封建文明不尽相同的工商业繁荣局面。很多穆斯林商人活跃于亚欧非三大洲，从事以中介贸易为主的商业活动。中国的丝绸、瓷器，印度和马来群岛的香料、矿物、染料、蔗糖，中亚的宝石，东非的象牙、金砂，北欧的蜂蜜、黄蜡、毛皮和木材等都是阿拉伯穆斯林商人经营的商品。大规模的海上贸易促进了中国海上丝绸之路的兴起发展。

第二，印度古国分裂，佛教向中南半岛沿海东南亚国家传播，8世纪以后唐朝与印度的经济文化交往逐渐衰退。汉晋时期与我国有最重要的经济文化交往的印度古国在8世纪进入列国纷争和古代印度的末期（学术界认为古代印度为公元前600年至公元800年）。今印度东北为波罗王朝，中部为天竺国，中北部为普腊蒂哈腊王朝，南部为朱罗国，今斯里兰卡为狮子国等，形成诸国并立的局面。阿拉伯人开始入侵印度，印度与波斯及拜占庭的丝绸贸易中止，对中国及东南亚的贸易利益又多被中间商阿拉伯掌控，伊斯兰文化渗透印度，佛教在印度消退，婆罗门教（印度教）成为印度国内主要宗教。印度在中西交通上的重要作用受到削弱。

第三，公元8世纪中叶，中国的政治经济文化重心和交通格局发生了巨大变化。唐代中叶，吐蕃势力兴起，与唐王朝争夺西域地区，兵威河西走廊和唐朝统治中心的关中附近，时常遮断唐朝与西方各国的主要陆路交通；接着"安史之乱"兵火突起，遍及北方各地，对社会经济造成严重破坏。国内国际因素导致陆上丝绸之路阻塞，唐宋经济重心南移，造船与航海技术发展，更重要的是瓷器成为中国外销主要商品，促成了海上丝绸之路的发展和兴盛。唐玄宗天宝十载（755 年）爆发了"安史之乱"，历时 10 年的战乱导致唐朝无力维护汉唐最繁荣的丝绸之路，逐渐放弃了控扼丝绸之路要塞的"安西四镇"（龟兹、于阗、焉耆、疏勒），北方陆上丝绸之路受阻。安史之乱的战场均在北方，从而导致北方经济残破，加速了国内经济重心南移，南方安定，社会经济发展较快，经济实力超过北方。

更重要的是在这个过程中，制瓷技术的发展，瓷器成为中国最重要的出口外销商品，外销瓷器的生产地集中于我国沿海的山东淄博，福建泉州、漳州，广东的佛山、梅县等①，均在我国沿海的著名港口。宋代在山东青州，浙江杭州、明州（今宁波），福建泉州，广东广州设置市舶司，即海关，管理海上贸易。南宋前期通过市舶司征收的海上贸易关税占朝廷税收的四分之一。海上丝绸之路在汉代初步开辟，但是汉代船小，只能沿海岸线断续航行。经过魏晋和唐代前期的发展，我国的造船技术、航海技术都有长足进步。正是唐代造船技术与外销瓷器结合，促成了海上丝路可以进行深海远洋，因为我国南海海域航线海况复杂，小型船只和载重较轻的船只无法抵御南海风浪，至唐代我国已经能够建造大型远洋木船，但传统的外销丝绸珍贵且体积小，重量轻。而唐代前期"唐三彩"生产地在关中内地，主要作为艺术品通过陆上丝路出口。直到唐中叶与阿拉伯帝国贸易发展，阿拉伯商人需求较大的是日用品瓷器，生产地集中在沿海港口地区，这样外销瓷器正好成为远洋木船的压舱物品，装在大型木船的底部，上层为

---

① 宋代（960—1279 年）发明了白中泛青的蓝白釉瓷器（青白瓷，俗称影青），青白瓷不仅出口，还供应国内市场和皇室御用。元（1271—1368 年）明（1368—1644 年）两代，青白瓷风靡世界，景德瓷的名声由此确立。唐宋时出口东亚、东南亚和西亚的陶器，也专指为国外市场生产的瓷器，如元代时为穆斯林市场生产的大型"食盘"，以及 18 世纪根据指定欧洲式样和图案特制的瓷器。

丝绸等贵重外销商品和船员生活区，由此解决了航行南海航线上的船只稳定性要求较高的问题，促使唐宋海上丝路兴盛发展，因此海上丝绸之路又被称为"瓷器之路"。

南海一号打捞的宋代外销生活瓷器

第四，从南方丝绸之路视角看，云南地方性、民族性政权南诏的兴起对南方丝绸之路的发展产生重大影响。公元8世纪，青藏高原崛起了吐蕃政权，在亚洲大陆上与中原的唐王朝形成了相互对峙的两大帝国。唐王朝为了增强对抗吐蕃的力量，扶持南诏统一了洱海周围的各民族部落，建立了南诏政权。天宝年间，南诏与唐王朝交恶，爆发了激烈的西洱河之战，又称天宝战争。战后，唐朝势力基本退出云南，南诏凭借胜利的形势，不仅统一了云南，还四处出击，开疆拓土，形成了"东距爨，东南属交趾，西摩伽陀，西北与吐蕃接，南女王，西南骠，北抵益州，东北际黔、巫"[①]的强大政权，也就是说，这时南诏以洱海地区为中心，东包贵州西部，北至四川西南，西有伊洛瓦底江以东地区，西北与吐蕃为邻的广大领土。势力的强盛，疆域的开拓，必然导致南诏联系面的扩大，对内对外道路迅速拓展和延伸。在南诏周围的国际形势也发生巨大变化：在今天缅甸境内的伊洛瓦底江中上游，兴起了骠国；今天缅甸南部萨尔温江入海口附近毛淡棉一

① 《新唐书》卷二二二上《南蛮传上·南诏传》，中华书局1975年版，第6267页。

带，出现了白古国；从汉晋以来，一直与云南保持频繁政治经济文化交往的印度，当时称五天竺，依然是南诏大理对外交往的主要对象；云南南部的安南，唐代仍统属中国中央王朝，唐王朝设立了安南都护府，其交州港依然是唐代海外交通的重要港口，在唐朝初期，几乎与广州港齐名；今天的老挝，唐宋称文单国，或陆真腊，通过海陆两道与唐朝和云南保持交往。但是，到了五代十国以后，中央王朝衰微，无力控制安南地区，五代末，安南独立，并与南诏大理政权交恶，南诏大理难以再利用交州港作为自己最便捷的出海港口。

中国经济重心不断南移，南方沿海港口勃然兴起，加上航海技术的飞跃发展，从唐代后期开始，中国海上交通异军突起，海外贸易迅猛发展，打破了汉晋时期的对外交通格局，海上交通取代了北方陆路交通，成为中国与西方世界交往的最主要交通方式。对外陆路交通退居次位，冲击着云南原有的国际交通干线。

联通太平洋与印度洋的大陆桥：
唐时期南方丝绸之路主干
"安南通天竺道"

虽然汉代就开辟了海上丝绸之路，但是两汉魏晋隋及唐中期以前（前 2 世纪—9 世纪），我国的经济重心主要在北方，因此对外交通和对外贸易主要依靠陆上丝绸之路进行，成为亚欧贸易最繁盛的通道，南方陆上丝绸之路则作为重要的商道，在云南与印度的经济文化交流中发挥重要作用，共同承担着两汉魏晋隋及唐中期对外交往和对外贸易的重任。这一时期，由于航海技术、造船技术和南方沿海经济发展落后于北方等原因，海上丝绸之路虽有发展，但仅是两条陆上丝路的补充，作用有限。

但是从公元 9 世纪开始，中西交通发生重大变迁，海上贸易发展迅猛，海上丝路异军突起，成为我国对外交通的主要方式。在我国海上丝绸之路兴盛发展的唐宋时期，云南处于地方性、民族性政权南诏、大理国统治时期。南方丝绸之路受国际形势变化和国内政治、经济和对外交通变迁的影响，也与中国对外交通发展趋势一致，发生重要的转型，探寻了多条经东南亚国家至出海口的道路，目的就是使地处内陆的云南能够通过跨国交通，打通通往印度洋和太平洋的出海通道，实现与唐朝正在兴起的海上丝绸之路的联通。

在《新唐书·地理志》的尾页，收录唐朝中叶著名宰相贾耽的《皇华四达记》，记载了唐朝通"边州及四夷道"七条，其中"六曰安南通天竺道，七曰广州通海夷道"[①]。"安南通天竺道"是以唐朝安南都护府红河汇入太平洋北部湾入海口附近交趾太平港（也称交州港，大约为今越南海防市）为起点，北上经由云南再西出缅甸、印度至印度洋沿海的大陆桥，形成唐朝贯通太平洋与印度洋陆路交通干线；"广州通海夷道"就是唐代兴起的海上丝绸之路，从广州经越南、马来半岛、苏门答腊、跨越印度洋，至印度、斯里兰卡，直到波斯湾沿岸各国的航线、航程，以及沿途几十个国家和地区的方位、名称、岛礁、山川、民俗等内容的记

①《新唐书》卷四三《地理志下》，中华书局 1975 年版，第 1153 页。

载①。《新唐书·地理志》中两条道路并举，一方面凸显了唐代中西交通从陆路交通为主向海上交通为主转型，唐时期的海洋认识和交通发展共同特征是形成太平洋与印度洋联通态势；另一方面说明唐时期我国整个南方对外交通由横贯云南的南方陆上丝绸之路"安南通天竺道"与海上丝绸之路"广州通海夷道"共同构成，它们在唐朝的对外交通格局中具有同等重要的意义，南方丝绸之路是唐朝对外交通的重要组成部分。

《新唐书·地理志》记"安南通天竺道"说：

安南经交趾太平，百余里至峰州。又经南田，百三十里至恩楼县，乃水行四十里至忠城州。又二百里至多利州，又三百里至朱贵州，又四百里至丹棠州，皆生獠也。又四百五十里至古涌步，水路距安南凡千五百五十里。又百八十里经浮动山、天井山，山上夹道皆天井，间不容躇者三十里。二日行，至汤泉州。又五十里至禄索州，又十五里至龙武州，皆爨蛮安南境也。又八十三里至傥迟顿，又经八平城，八十里至洞澡水，又经南亭，百六十里至曲江，剑南地也。又经通海镇，百六十里渡海河、利水至绛县。又八十里至晋宁驿，戎州地也。又八十里至柘东城，又八十里至安宁故城，又四百八十里至云南城，又八十里至白崖城，又七十里至蒙舍城，又八十里至龙尾城，又十里至大和城，又二十五里至羊苴咩城。

自羊苴咩城西至永昌故郡三百里。又西渡怒江至诸葛亮城二百里。又南至乐城二百里。又入骠国境，经万公等八部落，至悉利城七百里。又经突旻城至骠国千里。又自骠国西度黑山，至东天竺迦摩波国千六百里。又西北渡迦罗都河至奔那伐檀那国六百里。又西南至中天竺国东境恒河南岸羯朱温罗国四百里。又

①《新唐书·地理志》记载的唐代"广州通海夷道"，为海上丝绸之路的路线，见《新唐书》卷四三《地理志下》，中华书局 1975 年版，第 1153—1154 页。

西至摩羯陀国六百里。

一路自诸葛亮城西去腾充城二百里，又西至弥城百里。又西过山，二百里至丽水城。乃西渡丽水、龙泉水，二百里至安西城。乃西渡弥诺江水，千里至大秦婆罗门国。又西渡大岭，三百里至东天竺北界箇没卢国。又西南千二百里至中天竺国东北境之奔那伐檀那国，与骠国往婆罗门路合。[①]

通过《新唐书·地理志》"安南通天竺道"的记载，我们得知这条延绵 2000 多公里的连通太平洋与印度洋的大陆桥通道，可分为南段"安南通南诏道"和西段"南诏通天竺道"两段道路，它们均以南诏王都羊苴咩城（今云南大理）为交通枢纽而构成。以下分别论述之：

一、安南通天竺道的南段"安南通南诏道"

"安南通天竺道"是东南起太平洋畔的安南都护府交趾太平港（约为今越南海防港），北上云南，再从云南西出天竺至印度洋的陆上交通，成为中国南方贯通太平洋与印度洋的国际陆路交通大动脉，是唐宋时期南方丝绸之路的基干。"安南通天竺道"在《新唐书·地理志》和樊绰《云南志·云南界内途程》中都有记载，《新唐书·地理志》以里程记载，樊绰《云南志》按日程记，说明唐王朝和云南地方政权南诏都非常重视这条道路。除上引《新唐书·地理志》外，樊绰《云南志》卷一《云南界内途程》说：

从安南府城至蛮王见坐苴咩城水陆五十二日程，只计日，无里数。从安南上水至峰州两日，至登州两日，至忠诚州三日，至多利州两日，至奇富州两日，至甘棠州两日，至下步三日，至黎武贲栅

① 《新唐书》卷四三《地理志下》，中华书局 1975 年版，第 1152—1153 页。

四日，至贾勇步五日。已上二十五日程，并是水路。大中初悉属安南管系，其刺史并委首领勾当。大中八年，经略使苛暴，川洞离心，疆内首领，旋被蛮贼诱引，数处陷在贼中。从贾勇步登陆至矣符馆一日。从矣符馆至曲乌馆一日，至思下馆一日，至沙只馆一日，至南场馆一日，至曲江馆一日，至通海城一日，至江川县一日，至晋宁馆一日，至鄯阐柘东城一日。从柘东节度城至安宁馆一日，安宁馆本是汉建宁郡城也。从安宁城至龙和馆一日，至沙雌馆一日，至曲馆一日，至沙却馆一日。至求赠馆一日，至云南驿一日，至波大驿一日，至白岩驿一日，至龙尾城一日。李谧伐蛮于龙尾城误陷军众二十万，今为万人冢。至阳苴咩城一日。[①]

昆明东、西寺塔

　　说明：唐代南方丝绸之路"安南通天竺道"交通枢纽拓东城遗迹东、西寺塔。拓东城，唐广德二年（764年）南诏置，为南诏别都、东京、拓东节度驻地，在今云南昆明市。南诏后期称善阐城，是南方丝绸之路的重要交通枢纽。

① ［唐］樊绰撰，向达原注，木芹补注：《云南志补注》，云南人民出版社1995年版，第3—4页。

　　"安南通南诏道"，为安南（今越南北部河内一带）经南诏拓东城（今昆明市）至南诏王城阳苴咩（今云南大理），是汉晋时期的"进桑麋泠道"发展起来的，唐代成为重要国际交通线。安南至南诏的主干走法均为水陆兼行，水路主要在今越南境内，利用红河河道通航；陆路则主要在今云南境内，云南境内多山，红河在云南境内水流湍急，不利行船，故"夷人不解舟船，多取通海城路贾勇步入真、登州林西原，取峰州路行"①。樊绰《云南志》所记该路登陆地为贾（gǔ）勇步，《新唐书·地理志》记登陆码头为古涌步，实为异写同音，一个地名。伯希和在《交广印度两道考》中把古涌步（贾勇步）与步头混为一谈，考订为蛮耗②是错误的。步，乃"埠"也，码头之意。古涌步在唐代，是一个至关重要的地名，既是安南通南诏的通海城路水路的止航地，又是陆路至南诏的起始处，即水陆码头；同时还是唐朝安南都护府与南诏的分界地，其北是南诏，其南为唐朝安南都护府管辖。方国瑜考为今云南河口地区③。由此得知，该路从唐朝的安南都护府驻地（约为今越南河内）出发，沿红河河道航行，沿唐朝安南都护府管辖的红河沿岸的峰州、忠诚州、多利州、朱贵州、奇富州、甘棠州等羁縻州，到古涌步水陆码头登岸，转为陆路，经由唐初和南诏时期已经修建起的驿站——矣符馆、曲乌馆、思下馆、沙只馆、南场馆、拓东城（今昆明市）、安宁馆、波大驿、白崖驿等至南诏王城阳苴咩城（"阳"通"羊"，今大理古城）。简言之，大约从唐朝安南都护府的交州港（红河入海处的港口，今越南海防）起程，走红河水路至今云南河口登岸陆行，经今屏边、蒙自、建水、通海、江川、晋宁、昆明、安宁、禄丰、楚雄、祥云至南诏王城羊苴咩（今大理古城）。其中昆明是最重要的交通枢纽。

①［唐］樊绰撰，向达原注，木芹补注：《云南志补注·云南城镇第六》，云南人民出版社1995年版，第83页。
②伯希和著，冯承钧译：《交广印度两道考》，中华书局1955年版，第10页。
③方国瑜：《古涌步之位置》，载《滇史论丛》，上海人民出版社1982年版，第176—185页。

今云南大理古城

说明：云南大理为南诏王城羊苴咩所在地，是唐宋时期南方丝绸之路内联外达的交通中心。

说明：南诏太和城位于大理市下关镇太和村西的鹤顶峰麓，距大理古城南7.5公里，是一座建在山坡上的城市，为南诏前期都城，南、北城墙相距约500米，城内立有著名的《南诏德化碑》。

南诏太和城遗址

说明：大理五华楼最早修建于唐代，是南诏宴请贵宾的地方。五华楼历经千年沧桑，多次被焚毁和重建，最后遗存的是明代初年的五华楼。

云南大理五华楼

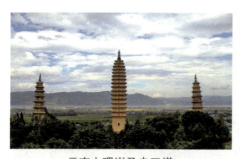

云南大理崇圣寺三塔

说明：崇圣寺三塔始建于南诏劝丰祐时期（824—859），明代徐霞客到大理见崇圣寺"三塔鼎立，诺四旁皆高松参天。其西由山门而入，有钟楼与三塔相对，势极雄壮"，楼后为正殿，正殿后为"雨珠观音殿，乃立像，铸铜而成者，高三丈"（《徐霞客游记·滇游日记八》）。

二、安南至南诏段支线——步头路

步头路是唐代中期打通的一条比较多的利用红河水道沟通云南与安南的道路。云南通安南的道路，早在汉晋时期已经开通，即云南至交趾的"进桑麋泠道"。汉晋时期的进桑麋泠道史书上没有确切的路线记载，但到了唐宋时期，随着云南地区与交趾地区

唐代步头路红河水路终点今云南元江县红河景观

即唐朝安南都护府所管辖地区，政治、军事、经济、文化交往的增加，史书对这两个地区间的交通道路的记载，明显多了起来。但是唐初云南与安南的交通主要利用的是通海城路，前已述及，这是一条以陆路为主的道路。而天宝战争前夕，唐朝为了加强其在西南的战略基地姚州都督府、戎州都督府与安南都护府的联系，于是调集军队，派出筑城使，修筑安宁城，企图以此为枢纽，往南直趋红河最近的码头——步头，经水道与安南相接，打通一条充分利用红河水道，便于通达军情、调兵遣将的道路，遏制南诏势力的发展。这条道路打通后，在天宝战争中，唐朝三次利用步头路，采取南北夹击、水陆并进的战略，试图一举击败南诏。然而，南诏识破唐朝企图，与唐朝激烈争夺步头路的重要站口——安宁城，最终因占领安宁，控制步头路，多次挫败唐军攻势，奠定了天宝战争胜利的基本条件。天宝战争之后，南诏控制步头路，充分发挥步头的军事、交通区位优势，使之成为南部交通枢纽，促进了南诏对外交通的发展，步头路也成为南诏与安南交往的一条重要道路。由此可见，步头路应是南诏与安南之间最便捷的道路。

唐朝开拓的步头路，是一条有别于汉晋云南与交趾间"进桑麋泠道"的道路。樊绰《云南志·云南城镇》卷六说："通海城南十四日程至步头，从步头船行沿江三十五日出南蛮。夷人不解舟船，多取通海城路贾勇步入真、登州林西原，取峰州路行。"[①]由此看来，南诏通安南道有两种走法，即步头路和通海城路。两路均利用红河水道，但登岸地点不同，步头路在步头上岸，通海城路在贾勇步上岸。登岸地名皆有"步"字，步与埠同音，有码头之意。所以两路的区别在于利用红河水路的多寡，是在步头上

---

① ［唐］樊绰撰，向达原注，木芹补注：《云南志补注·云南城镇第六》，云南人民出版社1995 年版，第 83 页。

岸陆行呢，还是在贾勇步登岸陆行。唐朝筑安宁城与开步头路并举，南诏与安南间的步头路必定经过安宁。通海城路也经过安宁城，细而论之，两路的真正差别是在于从步头至安宁，还是从贾勇步经通海至安宁这一段路程上。因此确定步头的位置，至关重要。关于步头的方位，以往的史学家多有论述。而方国瑜先生的考订更加具有说服力，他在《中国西南历史地理考释》中的《步头之方位》做了详细考订："从地理情况及历史实际，当考订步头在今元江。"[①]因为红河在云南境内从元江至河口一段虽然可以通航，但流经崇山峻岭，多险滩激流，操舟不易，故唐南诏时期"夷人不解舟船，多取通海城路"[②]，就是避免河口至元江，即贾勇步至步头这一段较难航行的水路。而红河从河口出境，在越南境内至入海口的河段，海拔落差仅100米，加上在云南河口有南溪河的汇入，水量大增，两岸平衍，利于航行，所以红河越南境内河段通航条件较好。

南诏与安南间步头路的走法因无详细记载，难以明确其具体行程，但我们基本可知，从安南沿红河水道船行约1000公里，至步头（元江）登陆，然后陆行，直驱安宁城，与通海路汇合，继续往西至南诏王城阳苴咩（大理）。步头路虽是南诏与安南之间利用水路最充分、最为便捷的通道，但因步头与贾勇步（河口）间的航道，较难操舟，南诏所属各部族多为山地民族，善行山路而不

唐代"安南通天竺道"交通重镇通海城今貌（云南省通海县城）

---

① 方国瑜：《中国西南历史地理考释》上册，中华书局1987年版，第570—571页。
② ［唐］樊绰撰，向达原注，木芹补注：《云南志补注·云南城镇第六》，云南人民出版社1995年版，第83页。

习水性，故"多取通海城路"，南诏时期与安南交通利用较多的不是步头路，而是通海城路。所以《新唐书·地理志》、樊绰《云南志》所记贾耽"安南通天竺道"中对安南与南诏间交通路线的详细记载，都是通海城路，而非步头路，这就好理解了。

三、安南通天竺道西段"南诏通天竺道"

据前录《新唐书·地理志》所记安南通天竺道西段是从南诏王都羊苴咩城（今大理）至天竺的道路，"自羊苴咩城西至永昌故郡三百里。又西渡怒江至诸葛亮城二百里。又南至乐城二百里。又入骠国境，经万公等八部落，至悉利城七百里。又经突文城至骠国千里。又自骠国西度黑山至东天竺迦摩波国千六百里。又西北渡迦罗都河至奔那伐檀那国六百里。又西南至中天竺国东境恒河南岸羯朱温罗国四百里。又西至摩羯陀国六百里。一路自诸葛亮城西去腾充城二百里，又西至弥城百里。又西过山二百里至丽水城。乃西渡丽水、龙泉水二百里至安西城。乃西渡弥诺江水千里至大秦婆罗门国。又西渡大岭三百里至东天竺北界固没卢国。又西南千二百里至中天竺国东北境之奔那伐檀那国，与骠国往婆罗门路合"[1]。故可称为"南诏通天竺道"。《新唐书·地理志》实际记录了南诏至天竺的两种走法：南诏经骠国通天竺道；南诏西出腾充通天竺道。分别考述如下：

南诏经骠国通天竺道：自羊苴咩（今云南大理）出发，经永昌故郡（今保山）自诸葛亮城（今云南龙陵）分途，然后经过乐城（或称些乐城、磨些乐城，在今云南德宏傣族景颇族自治州境内，今瑞丽），然后进入骠国境内。在骠国境内，首先经过万公等八部

---

① 《新唐书》卷四三《地理志下》，中华书局1975年版，第1152页。

落，万公即太公城。万公等八部落地区为缅甸太公城及其周围地区，为今瑞丽江与伊洛瓦底江汇合处下游一带。从万公部落往南经悉利城（今缅甸曼德勒）、突文城到达骠国国都室利差旦罗城（今卑谬大约 8 公里处）。从骠国（卑谬）向西翻越黑山至东天竺迦摩波国（今印度曼尼坡）。黑山即阿拉干（Arakan）大山，自普罗姆向西北至东天竺。再往西北渡过迦罗都河到达奔那伐檀那国（应在今布拉马普特拉河中游），再向西南至中天竺国东境恒河南岸的羯朱温罗国（今孟加拉），或又向西至摩羯陀国。简言之，这种走法是相对绕行的，长达 5600 里，它从南诏乐城（今云南瑞丽市）出境，基本上沿伊洛瓦底江南行至骠国都城卑谬，然后再西北行，翻越黑山到达天竺。如果仅以天竺为目的地的话，这无疑是一条迂绕费时的路线。南路的走法以往不见记录，很可能是一条新辟道路。汉晋时期的蜀身毒道，只经过伊洛瓦底江的上游地区，直接往西抵达身毒国，并没有往南绕道缅甸南部再西入身毒。这条道路于唐代始见于中国史书记载，这时骠国兴起，国力最强盛，国都室利差旦罗城，曾是当时东南亚地区的文化、宗教重镇，深受印度佛教的影响，也是骠国政治、宗教中心。南路的

唐代南方丝绸之路"安南通天竺道"交通枢纽永昌城（今云南保山市隆阳区景观）

出现与骠国兴盛几乎同时，这两者必然有密切的联系，故南路更重要的作用并非仅是与天竺交通，还在于沟通云南或南诏与骠国的联系。

四、南诏西出腾冲通天竺道

据《新唐书·地理志》所述中路同南路一样，从羊苴咩城（今大理）出发，经永昌（今保山），至诸葛亮城（今龙陵）分途，继续向西，经弥城（今腾冲盏西），再往西至丽水城（在今伊洛瓦底江东岸的达罗基），然后西渡丽水（伊洛瓦底江）、龙泉水（勐拱河）至安西城（今缅甸猛拱，密支那西南三十六公里处），再西渡弥诺水（钦敦江）至大秦婆罗门国（今印度阿萨姆东北），又西过大岭（印缅交界的那加山脉）抵达东天竺北界的固没卢国，又西南行即至东天竺国东北境的奔那伐檀那国（在今布拉马普特拉河中下游）便与经骠国的南路相汇合，共同前往婆罗门（印度的中心地区），与婆罗门路汇合后，继续往西就可到达印度洋东岸港口。此路走法不南绕，由南诏王城阳苴咩（今大理）一直往西，经永昌（今保山市隆阳区）、诸葛亮城（今保山市龙陵县）、弥城（今腾冲盏西）出境，然后由今缅甸西北折，直接抵达天竺中心，故其路程仅1600公里，较之南路的2800公里，要少1200公里，如果仅就往天竺而言，比南路近了五分之二的路程，这是南诏直达天竺的捷径，也是南诏至天竺道的主干线，从而与《新唐书·地理志》记载的"广州通海夷道"上的印度洋港口在"婆罗门西境。又十日行，经天竺西境小国五"[①]相接，实现南方丝绸之路与海上丝绸之路的联通。

---

① 《新唐书》卷四三《地理志下》，中华书局1975年版，第1154页。

南诏西出腾冲通天竺道的走法与汉晋时期的蜀身毒道十分相似，是延续汉晋时期开辟"蜀身毒道"发展起来的。唐宋时期这条经云南到达印度的道路成为中西交通的干线，沟通着中国与印度的经济、文化交往。如玄奘（602—664）于627年秋由长安出发，经西域道到达印度，约在631年入摩羯陀国那烂陀寺研究佛经，642年，他应东印度迦摩缕波国（今阿萨姆东北境）拘摩罗王的邀请前往会见。玄奘在《大唐西域记》里叙述印度摩羯陀国至迦摩缕波国的陆路交通里程：从摩羯陀国境内"东入大山林中，行二百余里，至伊烂拿钵伐多国"，再"从此顺克河（恒河）南岸东行三百余里至瞻波国"，"自此东行四百余里至羯朱温只罗国"，"自此东渡克伽河行六百余里，至奔那伐弹那国"，"自此东行九百余里，渡大河，至迦摩缕波国"，"此国东山阜连接，无大国都，境接西南夷，故其人类蛮獠矣。详问土俗，可两月行，入蜀西南之境，然山川险阻，嶂气氛沴，毒蛇毒草，为害滋甚"[①]。玄奘所记述的路线是一直往东，绝无南折，故可判断是贾耽所记的中

《张胜温画卷·利贞皇帝礼佛图》（宋·大理国时期）

---

① [唐]玄奘撰，季羡林校注：《大唐西域记》，中华书局1985年版，第776、786、788、790、793、799页。

路。义净曾于671年从广州乘船出发，由水路到达印度，经25年游历30余国，于695年回到洛阳。他在《南海寄归内法传》卷一记载"从那烂陀东行五百驿，皆名东裔，乃至尽穷有大黑山，计当吐蕃南畔，传曰蜀川南行可一月余便达斯岭"①。义净所述的时代，南诏尚未兴起，而吐蕃势力强盛，深入云南西北地区。故义净称从蜀川往南，经过"吐蕃南畔"，实则云南西部，仅需"一月余"就能到达大黑山，翻越大黑山入天竺。

南诏通天竺道还承担起唐宋时期中国文化与印度文化交流的重任。"唐咸通中，有天竺三藏僧经过成都……以北天竺与云南接界，欲假途而还，蜀察事者识之，系之于成都府"②。说明南诏西通天竺道在五代、宋时仍为显路。南诏利用这条道路与天竺保持密切联系，樊绰《云南志》卷十记载："大秦婆罗门国界永昌北，与弥诺国江西正东安西城楼接界。东去蛮阳苴咩城四十日程。蛮王善之，街来其国。"③樊绰所述南诏去大秦婆罗门国（印度曼尼普尔邦）的道路与贾耽所记基本一致。中原和南诏的各方人士、商旅、僧客以及南诏信使官员，在这条道路上常来常往，如通衢街路一般。但是此道必须翻越怒山、高黎贡山及缅北掸邦野人山，渡过澜沧江、怒江及伊洛瓦底江等大江，高山峡谷横亘途中。所以这条道路既是云南与天竺交通的捷径，也是一条非常艰险难行的道路。

说明：唐南诏佛教从印度传入云南洱海地区后，与当地原始宗教相融合，形成了具有地方特色的"滇密"阿吒力佛教。大理国建立后，阿吒力佛教的主神阿嵯耶观音仍然是王室崇敬信仰的主要神祇。此观音体态纤细修长，上身裸露，赤脚，头戴莲花宝

---

① ［唐］义净著，王邦维校注：《南海寄归内法传》，中华书局1995年版，第12页。
② ［宋］孙光宪：《北梦琐言》，文渊阁四库全书本。
③ ［唐］樊绰撰，向达原注，木芹补注：《云南志补注》，云南人民出版社1995年版，第130页。

冠，冠正中还嵌有一尊结跏趺坐的阿弥陀佛像，没有明确的性别特征，俗称为"细腰观音"。是南诏大理国佛教造像的典型代表，具有浓郁的地方和民族特色，为云南古代佛教艺术的象征物。

南诏通天竺道承袭汉晋时期的发展，是唐宋时期云南与南亚、东南亚经济贸易往来的主要通道，唐南诏时期称南诏核心地区今大理的商贩为"河赕贾客"，他们前往天竺（今印度）进行商贸活动都是经过"南诏通天竺道"往返的。商人到印度贸易后，返回时常常在今缅甸境内伊洛瓦底江畔的寻传一带歇脚休整，为翻越高耸的高黎贡山做准备，故而留下了著名的《高黎贡山谣》："冬时欲归来，高黎共上雪。秋夏欲归来，无那穹赕热。春时欲归来，囊中络赂绝。"[①]《高黎贡山谣》中提到的主要地名：穹赕，为潞江坝（又称"怒江坝"），典型的干热河谷，夏天酷热难当，多有瘴疠之气；越赕即今云南极西第一边城腾冲；寻传，为今缅甸境内伊洛瓦底江东岸的打洛。这首歌谣生动地再现了当年沿着古商道从事长途国际贩运贸易的商人经营艰辛，苦苦思乡，不得而归的沉重心情。无数商旅贾客在这条漫长的国际贸易线上写下了壮丽诗篇。一方面反映了道路的艰险；另一方面折射出这条道路商贸的繁荣。所以，南诏西通天竺道是南诏时期最主要的滇印缅交通干线。

铜鎏金阿嵯耶观音立像（大理国·崇圣寺塔出土）

南方丝绸之路研究丛书 历史地理卷

---

① ［唐］樊绰撰，向达原注，木芹补注：《云南志补注》，云南人民出版社1995年版，第21页。按：原文为"平中囊中络赂绝"，木芹补注称"此处'平中囊中络赂'句中平字难解，《云南备征志》本作'囊'，是也"，今从。

今怒江坝怒江特大桥

说明：怒江坝在云南保山市，位于怒江大峡谷中段，又称潞江坝，傣语称"勐赫"，由横断山脉纵谷（怒江大峡谷）中的低海拔台地构成，其西为高黎贡山，中间为怒江，东为怒山，故有"一山"（高黎贡山）、"一江"（怒江）、"一坝"之说，是历代南方丝绸之路必经之地，由此往西经缅甸，可抵达印度和西亚。

怒江坝的木棉花

南方丝绸之路必经之地高黎贡山冬景

说明：矗立在潞江坝西侧的高黎贡山与潞江坝唇齿相依，站在热气腾腾的潞江坝眺望高黎贡山的山头，满眼都是皑皑白雪。高黎贡山海拔 4000 余米，具有显著的立体性气候，有"一山有四季，十里不同天"之说。高黎贡山是国家级动植物保护区，1992 年被 WWF（世界野生生物基金会）列为世界 A 级生物保护区。

南方丝绸之路研究丛书 历史地理卷

高黎贡山夏景

根据樊绰《云南志》和其他史籍的分散记载，我们还知道，南诏还有一条北经大雪山通往天竺的道路。樊绰《云南志》卷十《南蛮疆界接连诸蕃夷国名》称："小婆罗门国与骠国及弥臣国接界，在永昌北七十四日程，俗不食牛肉，予知身后事。出贝齿、白蝎、越诺。共大耳国往来。蛮夷善之，信通其国。"① 南诏与之"信通"的小婆罗门国和贾耽所记的大秦婆罗门国相同，均在今印度阿萨姆东北境。

---

① ［唐］樊绰撰，向达原注，木芹补注：《云南志补注》，云南人民出版社 1995 年版，第 130—131 页。

说明：唐代南方丝绸之路"安南通天竺道"所经"大秦婆罗门"在今印度曼尼普尔一带，或以为今阿萨姆北部以西以至于恒河流域。《新唐书·地理志》：安南通天竺道，"弥诺江水，千里至大秦婆罗门国"。唐·樊绰《云南志》卷十记载："大秦婆罗门国界永昌北，与弥诺国江西正东安西城楼接界。"

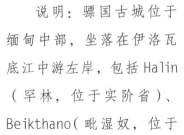

南方丝绸之路到达的缅甸骠国古城遗迹

说明：骠国古城位于缅甸中部，坐落在伊洛瓦底江中游左岸，包括 Halin（罕林，位于实阶省）、Beikthano（毗湿奴，位于马圭省）和 Sri Ksetra（室利差旦罗，位于勃固省）三座用砖石建造、外围被城墙和护城河环绕的古城。2014 年联合国教科文组织将其列入世界文化遗产名录。

综上所述，唐宋时期，由充当大陆桥而形成的贯通太平洋与印度洋的国际交通线，实际由南诏通安南的两条道路即通海城路和步头路与南诏通天竺的三条道路（即南路骠国道、中路西通天竺道和北路大雪山道）相连而成。这些道路，不仅构成了唐宋时期云南境内交通的骨架，还拓展了南方丝绸之路对外交往的范围。通过安南通南诏道，南诏与安南都护府所属地区政治经济交往密切，南诏与安南之间以马牛易海盐的贸易，关系两地国计民生，互补性极强，成为南诏与沿海地区最重要的贸易之一。南诏通天竺道的畅通，使南诏与印度东部国家的往来甚为方便。樊绰《云南志》卷十记载："大秦婆罗门国界永昌北，与弥诺国江西正东安西城楼接界。东去蛮阳苴咩城四十日程。蛮王善之，街来其国。"①大秦婆罗门国就是玄奘所记的迦摩缕波国，和贾耽所记的大秦婆罗门国相同，在今阿萨姆东北境。小婆罗门国在印度曼尼普尔伊姆法尔以南。这些处于南诏通天竺道上的国家，沟通中印经济、文化交往。仅据樊绰《云南志》卷十《南蛮疆界接连诸蕃夷国名》统计，唐南诏时期通过南方丝绸之路与唐朝和南诏政权进行交往的南亚、东南亚的国家和地区有：今缅甸北部的夜半国（缅甸打洛一带），中部的骠国（缅甸中部），缅甸南部沿海的弥诺国、弥臣国、昆仑国（缅甸勃固、毛淡棉一带）；今东南亚老挝的女王国（约为今老挝桑怒省）、陆真腊、文单国（均在今老挝万象一带）；今柬埔寨的水真腊国；今越南北部的安南、越南中部的欢州（今越南义净省）、越南南部的占城等。"安南通天竺道"还到达今印度东北部的大秦婆罗门国（今印度曼尼普尔邦）、小婆罗门国（今印度阿萨姆邦）、印度中部的中天竺国等乃至今印度加尔各答港和孟加拉国的达卡一带②等近20个国家和地区，穿越了太平洋交州港到印度洋婆罗门，实现了南方丝绸之路与海上丝绸之路的联通。此外，樊绰《云南志·云南城镇第六》记"安南通天竺道"的分路"银生城（今云南景东）在扑赕之南，去龙尾城（今云南大理下关）十日程。东南有通镫川，又南直通河普川，又

---

① [唐]樊绰撰，向达原注，木芹补注：《云南志补注》，云南人民出版社1995年版，第130页。
② [唐]樊绰撰，向达原注，木芹补注：《云南志补注》，云南人民出版社1995年版，第127—146页。

正南通羌浪川（今老挝莱州地区）；却是边海无人之境。东至送江川（今云南临沧），南至邛鹅川（今云南澜沧县），又南至林记川（今缅甸景栋），又东南至大银孔（今泰国景迈），又南有婆罗门、波斯、阇婆、勃泥、昆仑数种外道。交易之处，多诸珍宝，以黄金麝香为贵货"[①]。说明"安南通天竺道"的分路是一条从云南经缅甸沿澜沧江—湄南河至泰国沿海港口与海上丝绸之路汇合，与婆罗门（今印度）、波斯（今伊朗）、阇婆（大约位于今印度尼西亚爪哇岛或苏门答腊岛）、勃泥（东南亚加里曼丹岛北部地区，即今日文莱达鲁萨兰国）等进行海上贸易，通过南方丝绸之路，中国西南地区已经与南亚、东南亚内陆及其沿海发生了联系，进行了国际贸易。

《张胜温画卷·十六大国诸众朝觐图》（宋·大理国时期）

说明：《张胜温画卷》是大理国时期描工张胜温绘制的一幅以佛教故事为主的名画。画卷题材以反映佛教故事为主，兼以反映大理国外事活动。内容大致为蛮王礼佛国、四金刚护法、八大龙

①［唐］樊绰撰，向达原注，木芹补注：《云南志补注》，云南人民出版社1995年版，第89页。古今地考证参见方国瑜著：《中国西南历史地理考释》上册，中华书局1987年版，第486—492页。

王、十六观世音菩萨、五佛会图、维摩经变等，反映了佛教在南诏、大理国（唐宋时期）十分兴盛的历史。

第 四 章

唐宋时期南方丝绸之路的内联与外贸

第一节

南方丝绸之路内联驿道

　　唐代和北宋时期，西南地区与中央王朝和青藏高原联系的主要道路是清溪关道、石门道和铁桥道，它们都是汉晋时期已经开辟的古道，发展到唐宋时期，它们肩负着唐朝、南诏、吐蕃、安南等地区政治、军事、经济、文化、商贸交往的重任，在唐朝、南诏与吐蕃之间错综复杂的矛盾中，这些道路既是联系各方的纽带，又是各政权争夺的焦点。古道上上演着一幕幕交兵、通好、出使、纳贡、商贸、游学及生死离别的悲喜剧，是这一时期历史风云的见证。为了适应政治形势和国内国际交通格局的变化，南诏必须谋求新的出海口，拓展新的道路。天宝战争后，南诏四处出兵，修筑道路，建筑城邑，开辟新的交通线；并且争夺通道，抢占要隘，控制干线，建立其以洱海地区为中心的交通网络，达到巩固统治的目的。天宝战争前夕，南诏与唐朝争夺安宁城，开通步头路，控制南下安南的交通。唐至德二年（757 年），南诏与吐蕃合兵夺取嶲州一带，进据清溪关（今四川越西县北部海棠镇），控制了唐代西南地区与中央王朝和中原内地联系的最重要的道路，并由此路多次直逼川西。宝应元年（762 年），南诏王阁罗凤亲率大军西开寻传，"刊木通道，造舟为梁"，到达伊洛瓦底江流域，收降裸形蛮，控制了西出缅甸到达印度的主要道路。次年，置安南城监，大力发展与贵州、宜宾一带的商贸联系。永泰二年（765年）阁罗凤以其子凤伽异为"二诏"（副国王），居拓东城（今昆明），"路通安南"。随后又在其南部置银生节度，统理今景东以南至缅甸、老挝北部，开通三条出海通道。南诏还专门设置了"禾爽"官吏管理内外贸易。不仅与今四川、贵州、广西、西藏等有密切的贸易网络，还与东南亚、南亚有大量的商品交易。在南诏境内阳苴咩（今大理古城）、大厘（今大理喜洲）、拓东（今昆明）、永昌（今保山市）、铁桥（今丽江塔城乡）、银生府（今景东）都是较大的贸易集散地和交通枢纽，形成了四通八达、内外相联、商贸繁盛的交通形势，促进南方丝绸之路不断扩展，交往不断扩大，交通格局发生重大变化。

一、清溪关道

清溪关道是从汉晋时期的灵关道发展起来的，自汉晋至隋唐，一直是南方丝绸之路上云南与四川乃至中央王朝之间的主要交通干线。这条古道，在汉代就曾置为邮路，东汉建武年间又曾修整过这条古道，被称为牦牛道。三国时，建兴三年（225年）诸葛亮南征所行的大体也是这条道路，他从沐川道至安上（屏山新市镇）由水路到越嶲，而后经清溪关道入云南。但是这条道路"既险且远"，故在建兴十四年（236年）蜀汉命越嶲太守张嶷与当地牦牛族一起"开通旧道，千里肃清，复古亭驿"[1]，致使古道又畅通起来。进入隋唐以后，这条"黎州清溪关出邛部，过会通至云南，谓之南路"[2]，因其古道上有重关清溪关，被称为"清溪关道"。它是南方丝绸之路通过四川和内地进行经济文化交往的

① 《三国志》卷四三《蜀书·张嶷传》，中华书局1975年版，第1053页。
② ［唐］樊绰撰，向达原注，木芹补注：《云南志补注》，云南人民出版社1995年版，第11页。

重要商道，又是经由四川与中央王朝政治、经济、文化联系和往来的主道，在唐朝、南诏和吐蕃的矛盾斗争中，这条道路被三方激烈争夺，军旅辎重、访臣贡使交错于道，甚至刀光剑影，兵戎相见。所以唐王朝和南诏都曾投入人力、物力对这条道路多次整修，使之成为路通道畅、亭堡林立、驿馆齐备的重要官道。对此樊绰《云南志》和《新唐书·地理志》都有详细记载，使对这条道路的走向、站口驿馆的了解更加清晰。樊绰《云南志》卷一《云南界内途程》详细记载了清溪关道的走法和驿站设施：

自西川成都府至云南蛮王府，州、县、馆、驿、江、岭、关、塞，并里数计二千七百二十里。从府城至双流县二江驿四十里，至蜀州新津县三江驿四十里，至延贡驿四十里，至临邛驿四十里，至顺城驿五十里，至雅州百丈驿四十里，至名山县顺阳驿四十里，至严道县延化驿四十里。从延化驿六十里至管长贲关。从奉义驿至雅州界荣经县南道驿七十五里，至汉昌六十里，属雅州，地名葛店。至皮店三十里，到黎州潘仓驿五十里，到黎武城六十里，至白土驿三十五里（过汉源县十里），至通望县木笼驿四十里（去大渡河十里）。至望星驿四十五里，至清溪关五十里，至大定城六十里，至达士驿五十里（黎、巂二州分界），至新安城三十里，至菁口驿六十里，至荣水驿八十里，至初里驿三十五里，至台登城平乐驿四十里（古县今废），至苏祈驿四十里（古县），至巂州三阜城四十里（州城在三阜山上）。至沙也城八十里（故巂州，大和年移在台登）。至俭浪驿八十里，至俄淮岭七十里。下此岭入云南界。以上三十二驿计一千八百八十里。并属西川管，差官人军将专知驿务。

云南蛮界：从巂州俄淮岭七十里至菁口驿，三十里至芘驿，六十里至会川镇，差蛮三人充镇。五十里至目集馆，七十里至会川，有蛮充刺史，称会川都督。从目集驿至河子镇七十里，泸江乘皮船渡泸水，从河子镇至末栅馆五十里，至伽毗馆七十里，至清渠铺八十里，渡绳桥。至藏傍馆七十四里，至阳褒馆六十里，过大岭险峻极。从阳褒至弄栋城七十里，本是姚州，旧属西川。天宝九载，为姚州都督张乾陀附蛮所陷。从弄栋城至外弥荡八十里，从外弥荡至求赠馆（案：此句下有脱文），至云南城七十里，至波大驿四十里，至渠蓝赵馆四十里，至龙尾城三十里。从龙尾城至阳苴咩城五十里。以上一十九驿，计一千五十四里。[①]

以上就是清溪关道的全程路线，共计2720里，分为两段，第一段由剑南道西川节度管理，从成都府至俄准岭（今四川会理县甸沙关，当时唐与南诏即"云南蛮界"的分界处），约1880里，设32驿站，由唐朝西川节度派出官员或将军专理驿务，足见唐朝对此路的重视。第二段从俄准岭开始进入南诏境内，至南诏王城阳苴咩共设19馆（驿），共计1054里，当时南诏疆域达到今四川会理县境，南诏管辖内的道路主要设置馆（驿馆），名称虽与西川境内驿站有差异，但职能基本相同，并且由南诏王派出道路镇戍的"差蛮"或"刺史"充镇护卫，反映了南诏地方性、民族性政权对清溪关道的重视。由此可见，清溪关道上合计51驿，2934里，是南方丝绸之路经由云南经成都与唐王朝中央联系的干线道路。

据考证，清溪关道的大体走向是：从成都出发，往西经雅安，渡过大渡河，南下经由西昌，渡过金沙江，进入云南，然后取道姚安，往西至大理地区。其具体驿、馆站口为：成都（四川成都）、双流二江驿（四川双流县治）、新穿口（双流花园场）、延贡驿（四川邛崃延贡镇）、临邛驿（四川临邛县治）、顺政驿（邛崃大塘）、雅州百丈驿（四川名山百丈镇）、名山顺阳驿（四川名

① ［唐］樊绰撰，向达原注，木芹补注：《云南志补注》，云南人民出版社1995年版，第6—9页。括号内文字为樊绰原注。

山县治）、严道延化驿（四川雅安市西）、奉义驿（四川雅安县南飞龙关）、荣经南道驿（四川荣经县治）、汉昌驿（四川荣经郑家坝）、皮店（皇泥塘）、邛崃关（大关）、潘昌驿、山口城、黎武城（四川汉源清溪区）、汉源场（四川汉源九襄镇）、白土驿、通望木苠驿（四川汉源县治）、望星驿（晒经山）、清溪关（今四川汉源甘洛交界之深沟）、大定城（今四川甘洛县海棠镇）、达士驿（甘洛县寮坪）、新安城（四川越西县保安）、菁口驿（越西县治）、永安城（越西县南菁）、木瓜岭、北谷（泸沽峡）、台登平乐驿（四川冕宁泸沽镇）、苏祈驿（四川西昌礼州北）、嶲州三阜城（西昌青柯山）、沙野城（西昌西打罗）、羌浪驿（四川德昌县治）、阳蓬岭（德昌东南安宁河谷注山）、俄准岭馆（四川会理县甸沙关附近）、菁口驿站（四川会理白果）、苹驿（会理益门）、会川镇（会理县治）、目集驿（唐和集县，会理凤营区）、河子镇（会理黎溪大海子）、泸津关（会理拉鲊渡口，渡金沙江）、末栅馆（渡口大龙潭）、伽毗馆（云南永仁县治）、渠桑驿（永仁县南蜻蛉河渡口处）、藏傍馆（云南大姚赵家店）、阳褒馆（大姚城东北）、弄栋城（云南姚安城北）、外弥荡馆（姚安西黑泥尺村）、求赠馆（又称佉龙驿，云南祥云县普淜镇）、云南驿（祥云云南驿古城村）、波大驿（祥云县治）、渠蓝赵馆（即白崖城，云南弥渡红岩）、龙尾关

唐宋清溪关道（邛崃骑龙山古驿道）

（云南大理市下关）、阳苴咩城（大理市古城）^①。清溪关道在南
诏王城阳苴咩便与安南通天竺道会合了，由此向西可到当时东南
亚，今缅甸地区的古国骠国，再南下至印度洋的安达曼湾于缅甸
南部弥臣国、弥诺国、昆仑国等沿海古国，或至经安南通天竺道
分路经缅甸沿澜沧江—湄南河至泰国沿海港口，或从阳苴咩南诏
至安南道到达红河入太平洋的重要港口交州港，从而实现与海上
丝绸之路会合，甚至可与婆罗门（今印度）、波斯（今伊朗）、阇
婆（大约位于今印度尼西亚爪哇岛或苏门答腊岛）、勃泥（东南亚
加里曼丹岛北部地区，即今日文莱达鲁萨兰国）等进行海上贸易。

汉代灵关道、唐代清溪关道上的马蹄窝

说明：清溪关，在唐
代黎州（今四川汉源）西南
一百三十五里，其地连山带
谷，夹涧临溪，倚险结关，
汉代称"灵关"或"零关"。
唐代南方丝绸之路上成都至
云南大理段称清溪关道。

从隋唐至北宋时期，清溪关道都是南方丝绸之路的重要区
段，唐代著名诗人高适曾说："剑南虽名东西两川，其实一道，
自邛关、黎、雅，界于南蛮也。"^②当时唐朝出使云南，南诏和
东南亚各国入贡中央王朝，多经此道，所以白居易在《蛮子朝》
一诗中称："泛皮船兮渡绳桥，来自巂州道路遥。入界先经蜀川
过，蜀将收功先表贺。臣闻云南六诏蛮，东连牂牁西连蕃。六诏
星居初琐碎，合为一诏渐强大。"^③这充分说明了南方丝绸之路
的清溪关道是云南南诏政权与内地四川和唐王朝中央联系的主要

① 蓝勇：《四川古代交通路线》，西南师范大学出版社1989年版，第82—84页。方国瑜：《中
国西南历史地理考释》上册，中华书局1987年版，第531—538页。
② 《旧唐书》卷一一一《高适传》，中华书局1975年版，第3329页。
③ 方国瑜主编：《云南史料丛刊》第二卷，云南大学出版社1998年版，第144页。

道路。武则天时，南诏王逻盛前往唐朝贡，走到姚州时，得闻其妻产子，大喜，以为此行甚吉，"逻盛至京师，赐锦袍金带归国"[1]。唐贞元年间，唐朝与南诏修好，双方使臣贡团来往频繁，为了便于南诏及西南少数民族朝贡，西川节度使韦皋特地组织力量，对清溪关道进行了一次大的修葺。南诏后期，南诏王骠信还遣人从西川入唐，与唐朝约为兄弟联盟。唐末云南与中央王朝

汉代灵关道、唐代清溪关道遗迹

和内地交往由于政治的原因而受阻，但南诏仍然不断"遣使款黎州修好"，五代时，云南使者赵和又在大渡河南建一房屋，"留信物十五笼并杂笺诗一卷"，希望由清溪关道转送中央朝廷。积贫积弱的北宋王朝无力经营云南，人为地阻断通过南方丝绸之路与云南地方民族政权大理国的政治交往，但是，大理国政权仍然再三遣使北宋，寻求通好，与中央王朝保持较密切的政治文化关系。故而无论在什么样的政治形势下，清溪关道都是隋唐至北宋时期西南与中央王朝和内地交往的强劲纽带。

清溪关道上除了通使交好之外，还有惨烈的征战，因为清溪关道的重要性，必然成为唐、蕃、南诏矛盾中的争夺重点，成为唐朝军旅入南诏和南诏北上攻战的要路。隋开皇十七年（597年），史万岁征南夷，从嶲州经蜻蛉河至弄栋入南中。唐贞观二十二年（648年），唐太宗派梁建方发巴蜀十三州兵"自嶲州道

---

① 《旧唐书》卷一九七《南蛮西南蛮传·南诏蛮传》，中华书局1975年版，第5280页。

千五百里"击松外蛮，遣使至西洱河。唐圣历元年（698年）开始，唐朝每年派五百卒从蜀州南下沿此道驻戍姚州；天宝战争中，鲜于仲通率兵攻南诏，兵分两路，大将军李晖率领一路大军从会同路进；其后主将李宓又率七万大军直下南诏，在西洱河战败，一去不返；接着南诏乘胜进攻，攻陷越巂会同军，占据清溪关。大历十四年（779年），吐蕃与南诏联手分三道攻打唐朝西川，一路出黎州攻邛崃关。贞元四年（788年），南诏与吐蕃再攻西川，屯兵清溪关北，唐朝与吐蕃大战清溪关外，破吐蕃军。贞元十三年（797年）、十七年（801年），唐军与吐蕃在清溪关道上激烈争战，遏制了吐蕃的势力。太和三年（829年），南诏取巂州道攻破成都，掠女子工技，经大渡河、清溪关、巂州而回。咸通二年（861年）、十年（869年）、十四年（873年）和乾符元年（874年），南诏多次从此道入巂州，攻西川，掠成都，清溪关道上狼烟四起，战火不断。

然而，最重要的是，清溪关道始终是唐宋时期西南地区各民族与内地人民进行经济、文化交往的通道，无论唐诏如何交恶，仍有商贾、游客、学子、官员等交错于道，进行着商业贸易、文化交流、宗教传播。在大多数时间里，唐诏交好，南诏每年都要派出王室后裔、贵族子弟由清溪关道北上成都和关中求学，民间行旅也多取此道。《太平广记》记载吴保安曾从蜀经巂州到云南姚州，赎姚州判官郭仲翔，便取此道。薛能曾作诗"越巂通游客，苴咩闹聚蚁"[1]，生动地再现了当年由于清溪关道的通达，古道上的热闹景象和南诏与外界交往的繁荣。五代以后至北宋，清溪关道逐渐闭塞，官方遣使交往逐渐减少，但是民间的商贸活动却异常活跃。云南地方民族政权大理与附近少数民族的交往多取此

---

[1] 方国瑜主编：《云南史料丛刊》第二卷，云南大学出版社1998年版，第120页。

道。当时黎州是清溪关道上的重要站口，又是北宋西川与大理交通古道的交界处，古黎州商业十分发达，史载："蕃人往来互市，仰食所求，悉出黎州。"而黎州之民，也通过与"蕃蛮"交易大获其利，专事商贾之业。熙宁七年（1074年），杨佐就是寻着蕃汉商人遗落于道上的麻子聚生的麻荏来到大理，可见当时商贸之盛。随后北宋以大理马补充国内战马之不足，清溪关道又成了当时著名的买马道，在这条道路上兴起了铜山寨、中镇寨等著名的市马场。同时，东南亚国家和地区通过南方丝绸之路，经清溪关道前往唐朝朝贡的使团络绎不绝，仅《全唐诗》《说郛》《太平广记》《乐府诗集》等所收的唐宋人表现外国使团经南方丝绸之路前往唐朝朝贡的诗文的有：佚名《高黎贡山谣》、元稹《骆口驿》《蛮子朝》《骠国乐》、韦应物《咏琥珀》、胡直钧《太常观阅骠国新乐》、唐次《骠国乐颂》、蔡袭《奏南诏逼近安南城事》等等，足见南方丝绸之路上商旅使团络绎不绝，与南亚东南亚国家地区交往频繁。

二、石门道

石门道与清溪关道一样，开辟于秦汉时期，它是从秦汉时的五尺道发展起来的，隋唐时期，这条古道发展成为通往南诏的重要道路，它与清溪关道一同担负着沟通与内地和中央王朝的交通，并称为南北路。樊绰《云南志·云南界内途程》卷一说："从

唐代石门关（今云南盐津县豆沙关）

石门关道上深深的马蹄窝

石门外出鲁望、昆州至云南，谓之北路；从黎州清溪关出邛部，过会通至云南，谓之南路。"① 是故石门道就是隋唐时期南方丝绸之路入四川和内地的北路。由于这条道路上必经石门，甚为险峻，"石门东崖石壁，直上万仞；下临朱提江流，又下入地中数百尺，惟闻水声，人不可到。西崖亦是石壁，傍崖亦有阁路；横阔一步，斜亘三十余里，半壁架空，欹危虚险，其安梁石孔，即隋朝所凿也"②。石门"上有隋初刊记处云：开皇五年十月二十五日，兼法曹黄荣领始、益二州石匠，凿石四孔，各深一丈，造偏梁桥阁，通越析、津州"③。说明，这条古道在秦汉就已开通，但是异常险峻，人畜难行，然而其在交通上的重要性又备受人们重视，所以隋朝曾经进行过大规模的整修。唐贞元十年（794年），南诏异牟寻决心与唐归好，唐原拟由清溪关道册封南诏，但因"邛部旧路方有兆吐蕃侵钞隔关"，为了便于使团前往南诏，贞元十年七月西川节度使韦皋特派监察御史马益"开石门路，置行馆"，进行了一次大规模修整，同时建立驿站亭馆，使石门道成为一条畅通的官道。随后唐朝特使袁滋由石门道顺利到达南诏王城阳苴咩（今云南大理古城），并刻石题字④，直到今天盐津县豆沙关石壁上还有唐袁滋的摩崖题记。豆沙关，唐时称石门关，位于云南省盐津县城西南22公里，是古时

①［唐］樊绰撰，向达原注，木芹补注：《云南志补注》，云南人民出版社1995年版，第11页。
②［唐］樊绰撰，向达原注，木芹补注：《云南志补注》，云南人民出版社1995年版，第12页。
③［唐］樊绰撰，向达原注，木芹补注：《云南志补注》，云南人民出版社1995年版，第11页。
④［唐］樊绰撰，向达原注，木芹补注：《云南志补注》，云南人民出版社1995年版，第11页。

石门关上袁滋题记摩崖石刻

由蜀入滇的第一道险关，现在云南盐津县豆沙古镇。

石门关处险峻异常，只有架空栈道可通行，"西崖亦是石壁，傍崖亦有阁路，横阔一步，斜亘三十余里，半壁架空，敧危虚险，其安梁石孔，即隋朝所凿也"①，今仍有古栈道遗迹。过石门阁道（即栈道）后，就要翻越磅礴的乌蒙山，"阁外至蒙夔岭（乌蒙山）七日程，直经朱提江，上下跻攀，伛身侧足"②。

樊绰《云南志·云南界内途程》还详记了袁滋册封南诏时，由成都行至石门关及其石门关至南诏王城阳苴咩（今云南大理古城）的道路情况、日程及沿途风土民情等③。综合文献记载，唐代石门道走向是从成都至宜宾，经由云南昭通、昆明至大理地区，重要站口具体如下：从西川戎州（今四川宜宾）出发，经开边县（云南水富县治）、石门（云南盐津县豆沙关）、邓枕关（云南大关县岔河北）、马鞍渡（大关县岔河渡口）、阿傍部（即靖州，大关县城）、蒙夔山（乌蒙山）、阿夔部（云南昭通北）、曲州（昭通）、

① ［唐］樊绰撰，向达原注，木芹补注：《云南志补注》，云南人民出版社1995年版，第12页。
② ［唐］樊绰撰，向达原注，木芹补注：《云南志补注》，云南人民出版社1995年版，第12页。
③ ［唐］樊绰撰，向达原注，木芹补注：《云南志补注》，云南人民出版社1995年版，第11—15页。

鲁望（云南鲁甸县治）、界江山（会泽北老尖山）、磨弥殿（东川附近）、汤麻顿（马龙县西）、拓东（昆明市）、安宁馆（安宁市）、龙和馆（禄丰县东南）、沙雌馆（楚雄舍资）、曲馆（楚雄市）、石鼓驿（楚雄吕合）、顺却馆（南华沙桥）、求赠馆（即伕龙驿，祥云县普淜镇）、波大驿（祥云云南驿）、白崖驿（祥云红岩）、龙尾城（大理市下关），至南诏王城阳苴咩（大理古城）①。

从隋朝历唐至北宋，石门道一直是云南与中央王朝和中原内地联系的重要通道，也是军旅征战取道较多的路线。隋开皇十七年（597年）史万岁取沐川道南征西爨后，沿石门道班师，作诗曰："石城门峻谁开辟，更鼓误闻风落石。界天白岭胜金汤，镇压西南天半壁。"②天宝十载（751年），鲜于仲通分兵攻南诏，曾亲率一路兵马从南溪戎州入，走的就是石门道。贞元九年（793年）五月，南诏欲与唐通好，异牟寻由三道遣使唐朝以示归顺，其中一道出戎州石门而北上成都。贞元十年（794年），袁滋、俱文珍等持节取道石门，入云南册封异牟寻，权德舆诗称："烟雨爨道深，麾幢汉仪盛。"③足见使团之规模。册封完毕，异牟寻又派人护送使团从此道归。贞元十七年（801年）剑南西川节度使韦皋与南诏会合，分道出击吐蕃，其中一路也取石门道。太和三年（829年）南诏军队在蜀卒引导下，取石门道攻陷戎州。北宋从戎州"西南取曲、协州并南宁州、安宁盐井路"④的石门道依然畅通，而且成为一条重要的买马道。北宋在这条道路沿线设置了一批买马场，如戎州（即叙州，宜宾）、泸州（四川泸州）、长宁军（四川珙县）等，专买来自大理的战马。通过此路云南与四川和中

---

① 蓝勇：《四川古代交通路线》，西南师范大学出版社1989年版，第117—119页。方国瑜：《中国西南历史地理考释》上册，中华书局1987年版，第539—543页。
② 方国瑜主编：《云南史料丛刊》第二卷，云南大学出版社1998年版，第195页。
③［唐］权德舆：《送袁中丞持节册南诏五韵》，载《全唐诗》卷三二三《权德舆》，中华书局1999年版，第3634页。
④《太平寰宇记》卷七十九《戎州》。

原内地的人民发生密切的经济交往，使这条道路成为当时重要的商道。石门关道形成北上内地成都甚至直达唐朝都城长安（今陕西西安）的内联交通干线，同样，在到达南诏王城阳苴咩后与安南通天竺道汇合，南下安南太平洋港口，西出缅甸印度洋港口与海上丝绸之路联通，并形成太平洋与印度洋的大陆桥，可陆行，可海上交通，成为唐南诏时期我国最重要的对外交通干线。

第二节

南方丝绸之路的延展"大理买马道"

大理国时期，南方丝绸之路的情况史书记载不多。但大理政权与南诏政权一脉相承，政治、经济、文化乃至交通都有明显的承袭性，所以，大理国时期的南方丝绸之路基本上是南诏交通的延续。北宋熙宁六年（1073 年），杨佐从四川进入云南议买马，来到云南驿（今祥云县云南驿），见"大云南驿前有《里堠题》：'东至戎州，西至身毒国，东南至交趾，东北至成都，北至大雪山，南至海上。悉著其道里之详"[1]。杨佐所记虽然简略，但是反映大理时期南方丝绸之路的走向和至到与南诏时期相差无几。该道路《里堠题》与《新唐书·南诏传》所表述的南诏交通干线为"东南属交趾，西摩伽陀（天竺），西北与吐蕃接，南女王（在陆

---

[1]［宋］杨佐：《大理买马记》，见方国瑜主编：《云南史料丛刊》第二卷，云南大学出版社 1998 年版，429 页。

真腊），西南骠，北抵益州，东北际黔、巫"①的走法基本一致。然作深入分析，这一时期南方丝绸之路实则发生了重大变化。首先，从国内看，宋代放弃了"关中本位"的传统，其政治、经济、文化中心开始离开汉唐中心关中地区，北宋国都东移汴京（今河南开封），南宋更偏安临安（今浙江杭州）。中央王朝政治中心的迁移，必然导致云南与中央王朝和内地联系的主要道路变更。同时宋王朝无力经略云南，采取了闭关防守的政策，在政治上阻碍大理国与中央王朝和内地的联系，北宋后期人为地闭塞西川清溪关道和石门道。所以从北宋起，云南传统的与中央王朝联系的干线清溪关道、石门道的作用不断衰减。其次，在宋王朝阻碍与大理国政治交往的同时，在经济上对云南则有更强的依赖，两宋时期大量购买大理马以补充战马之不足。宋朝在大理国交界地区设置了许多市马场，云南的马被成批地赶往市马场进行交易，这些买马路线有的是原有的交通干线，有的是这一时期才兴起的道路，成为这一时期云南与内地的通道。特别是南宋偏安江南一隅，需马更切，而至云南的交通则以经广西、贵州最为便捷，于是南宋通过设在广西的市马场大量购买大理马，大理各民族人民也赶着马，带着自己的土特产，来到市马场与内地人民交易。如此一来这些经贵州至广西的大理买马道逐渐取代了传统的对内交通线，成为云南与内地和中央王朝联系的主要道路。再次，大理国时期南方丝绸之路不再像唐朝那样较多地利用交州港出海，而是转而利用广西沿海地区的钦、廉港，借助邕州与交趾间的交通道路同安南和海外各国发生联系。在这些因素的影响下，大理国时期，南方丝绸之路格局发生了巨大变化。

两宋都曾向大理（即大理政权统治区的云南）大量买马，并

___

① 《新唐书》卷二二二上《南蛮传上·南诏传》，中华书局1975年版，第6267页。

在沿大理政权边界的地区设置了10余个市马场。如黎州（四川汉源）、雅州（四川雅安）、嘉州（四川乐山）铜山寨和中镇寨、戎州（今四川宜宾）、泸州（四川泸州）、长宁军（四川珙县）、广西邕州（广西南宁）、邕州横山寨（广西田东）、宜州（广西宜山县）等都设过市买场。北宋向大理市马的重点在四川，各民族每年都赶着大量的马，经由清溪关道和石门道，来到宋朝设在四川的各个市马场，将马卖给宋朝派出的市马官，然后换取自己所需的内地商品，如锦、布帛、麻织品等，大理贡使也常随市马队前往朝贡，市马成为宋朝与大理政权政治经济文化交往的重要组成部分。但是到了北宋后期，北方外族侵扰日益加剧，在北方金兵的重压下，国内武备日益空虚，宋朝统治者为自身安全考虑，一再强化对大理政权的隔绝政策。宋朝人为地阻断了大理政权通过四川与中央政权的政治联系，使四川市马规模剧减。邕州几乎成为宋朝政府与大理之间政治交往的唯一管道，市马活动也主要转向了广西。

宋王朝在靠近大理国的广南西路收购大理马，始于北宋，盛于南宋。宋人认为"大理马，为西南蕃之最"[1]，宋朝在广西邕州横山寨的市马场最为著名，时间最长，大约从北宋元丰年间（1078—1086）开始，直至蒙古军平定大理国，市马活动才被迫终止。广西市马的规模很大，朝廷每年以一千五百匹为定额，分三十纲至横山寨等博易场交易，有的年份多达三四千匹[2]。

简言之，宋代兴起的云南至广西市马道路就是人们通常说的邕州道，或宋代大理买马道。这条道路，可分为两段：一段是云南至邕州各博易场的道路；一段是自邕州出安南，或自钦州出海

---

[1]［宋］范成大撰，孔凡礼点校：《桂海虞衡志·志兽》，载《范成大笔记六种》，中华书局2002年版，第106页。

[2]［宋］周去非撰：《岭外代答》卷五《财计门·邕州横山寨博易场》，上海远东出版社1996年版，第103页。

道路。它同时构成了云南对内交通干线和出海的一条新的对外通道。从云南东南行，取邕州道至邕州后，由邕州东北陆行，可连接岭南、中原各驿站道路，直通南宋王朝的统治中心临安。从邕州西南行可由永平寨陆路到交趾，与安南地区发生联系。自邕州南行可下钦州，取道海路，要么往南航行，与海上丝绸之路连接起来，通达海外诸国；要么由钦州海行抵达广州乃至东南沿海各港口。在南宋，邕州道可谓是云南与国内外联系的交通命脉。

由云南至邕州的道路，按习惯称之为邕州道。其开辟于何时尚不清楚，但大约在唐代已经开通。《唐会要》卷九十九《南诏蛮》曾谈到邕州至善阐府（今昆明）水陆共 47 日程，再 11 日程可到羊苴咩。但是具体的路线或走法却缺乏记载。樊绰《云南志》卷一《云南界内途程》曾详细记叙了唐代云南出境的各条道路，也提到了邕州道，但是他说："从邕州路至蛮苴咩城，从黔州路至蛮苴咩城，两地途程，臣未谙委。"① 恐怕南诏时期邕州道尚不是云南的重要交通道路，利用较少，故不为人们熟悉。到了宋代，却有了"中国通道南蛮，必由邕州横山寨"之说，② 足见这条道路日益重要。所以宋代文献不乏对这条道路的记载，而最详细的恐怕是周去非《岭外代答》卷三《通道外夷》的记载：

中国通道南蛮，必由邕州横山寨。自横山一程至古天县，一程至归乐州，一程至唐兴州，一程至睢殿州，一程至七源州，一程至泗城州，一程至古那洞，一程至龙安州，一程至凤村山獠渡江，一程至上展，一程至博文岭，一程至罗扶，一程至自杞之境，名曰磨巨，又三程至自杞国，自杞国四程至古城郡，三程至大理国之境，名曰善阐府，六程至大理国矣。自大理国五程至蒲

① ［唐］樊绰撰，向达原注，木芹补注：《云南志补注》，云南人民出版社 1995 年版，第 10 页。
② ［宋］周去非撰：《岭外代答》卷三《外国门下·通道外夷》，上海远东出版社 1996 年版，第 68 页。

甘国，去西天竺不远，限以淤泥河不通，亦或可通，但绝险耳，凡三十二程。若欲至罗殿国，亦自横山寨如初行程，至七源州而分道，一程至马乐县，一程至恩化县，一程至罗夺州，一程至围慕州，一程至阿姝蛮，一程至硃砂蛮，一程至顺唐府，二程至罗殿国矣。凡十九程。若欲至特磨道，亦至横山，一程至上安县，一程至安德州，一程至罗博州，一程至阳县，一程至隘岸，一程至那郎，一程至西宁州，一程至富州，一程至罗拱县，一程至历水铺，一程至特磨道矣。自特磨一程至结也蛮，一程至大理界虚，一程至最宁府，六程至大理国矣。凡二十程。所谓大理欲以马至中国，而北阻自杞，南阻特磨者，其道里固相若也。闻自杞、特磨之间，有新路直指横山，不涉二国。今马既岁至，亦不必由他道也。[1]

　　周去非所记邕州道有三种走法，也就是三条道路，又其所记邕州道的站口、路线和走法记载具体而详细，已是宋代云南广西间交通显道。道路所涉及的各站地名，年久失考，难以一一确指。但是从已经考定的地名看，三道的大体路线仍清晰可辨：

　　第一道为邕州通大理国中线——自杞道，它由横山寨（广西田东）发足，向西北至泗城州（广西凌云县），然后渡南盘江，经自杞（今贵州兴义）进入云南罗平一带，再经石城（云南曲靖）、善阐府（今昆明）往西至大理中心地区，凡二十九程。

　　第二道为邕州通大理国北线——罗殿国道。这条道路也由横山寨出发，往北行至罗殿国（今贵州安顺一带），然后进入云南，凡十九程。而后继续往东，至善阐府后与第一道合至大理国。这条道路上的罗殿至大理国一段，实际就是唐代南诏黔州道的走法。

---

① [宋]周去非撰：《岭外代答》卷三《外国门下·道通外夷》，上海远东出版社1996年版，第68—69页。

第三道为邕州通大理国南线——特磨道，它也是起自横山寨，经安德、那坡，由隘岸（今广西剥隘）至特磨道（今云南广南），再经由云南的开远地区至大理国的中心地域。

邕州通大理国三道的兴起与宋代广西买马有密切的关系，这些道路开拓可能很早，但是最终形成或广为利用则因贩运大理马的需要。由于三道所经过地区罗殿、自杞、特磨商人从大理贩运大理马至邕州，人们误认为这些马是来自罗殿、自杞、特磨本地的马。实际上，"马产于大理国。大理去宜州十五程尔，中有险阻，不得而通，故自杞、罗殿皆贩马于大理，而转卖于我者也"①，罗殿、自杞、特磨的商人只起一个中转贩卖的作用。邕州通大理三道，有两条经过了贵州省的西南地区，因此，也是当时云南与贵州交通的干线。

值得注意的是周去非述邕州通大理国第一道时，特别指出这条道路至大理国并非终点，从大理国西行 5 程即蒲甘国（今缅甸），再行可至西天竺（今印度境内），这实际上是把邕州通大理道与云南至天竺达印度洋的道路连接起来了。两道贯通了人们常说的"南方丝绸之路"和"海上丝绸之路"，连接了印度洋与太平洋，云南与广西则是连接两大洋的大陆桥。宋人周去非《岭外代答》记载广西交通时，通过"道通外夷"与"航海外夷"两条概括地记载了当时广西对外交通的基本情况，前已引"通道外夷"反映了宋代广西与西南地区（今云南、贵州）交通的基本情况，而"航海外夷"条则记载了宋代广西的海外交通情况，郑天一据此分析认为，若从海外各国航海至广西口岸，以周去非的《岭外代答·航海外夷》条考证，有三条航线可达广西口岸，"一是从三佛齐出发，至中国之境；一是从阇婆出发，要稍西北行舟，过十二

---

① [宋] 周去非撰：《岭外代答》卷五《财计门·宜州买马》，上海远东出版社 1996 年版，第 101 页。

子石，与三佛齐至中国航线合；一是从大食出发，乘小舟南行，至故临国，易大舟而东行，到三佛齐，再至中国"①。

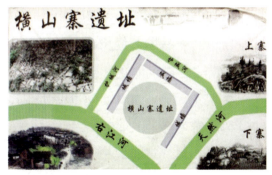

掩映在荒草中广西田东县境内的宋横山寨（百银古城）遗址示意图

宋代大理买马道是南方丝绸之路的重大发展，广西市马活动并非仅限于马的交易，市马场兼有博易场的性质，大理各民族人民在市马场同内地人民及海外客商进行广泛的商品交换。周去非记横山寨博易场说："邕州横山寨博易场：蛮马之来，他货亦至。蛮之所赍，麝香、胡羊、长鸣鸡、披毡、云南刀及诸药物。吾商贾所赍，锦缯、豹皮、文书及诸奇巧之物。于是译者平价交市……至开场之日，君商请货于官，依官所定价与蛮为市，不许减价先售，悉驱译者导蛮恣买。"② 这俨然是一个发育较完善，管理有序的互市场。买马加强了宋朝与大理国各民族的关系，成为宋代云南人民同内地进行经济交往、商品贸易主要交流方式，带动了宋朝内地与大理国各民族之间其他贸易的发展。所以，当大理马源源不断地输入内地的时候，随着"蛮马之来，他货亦至"。大理各民族在横山寨市马的同时，还把云南的特产带来交易。

如此，南宋与云南大理国政权在广西市马活动并非仅限于马的交易，兼及西南地区经济贸易交往的各个方面，北宋时期创建的市马场，成为西南地区各民族进行各种商贸活动的最重

① 郑天一：《从〈岭外代答〉解读宋代广西繁荣的商品贸易》，载《广西民族研究》2004年第3期。
② ［宋］周去非撰：《岭外代答》卷五《财计门·邕州横山寨博易场》，上海远东出版社1996年版，第103页。

要的场地。南宋时期，北宋的市马场发展成为了在广西沿边和沿海分布的博易场。经济活动远远超出"大理买马"的范畴，正所谓"蛮马之来，他货亦至"①，所以，各博易场的内外贸易根本无法截然而分，在广西各博易场内，大理国的贩马商人、巴蜀丝绸蜀锦商贩和广南西路各地盐商以及中原内地的商人既可通过横山寨博易场辗转于钦州港，又可通过横山寨博易场勾连于永平寨博易场，与来自交趾甚至更远地区的海外舶商进行交换和贸易。海商和交趾商人也能来到横山寨等博易场同内地商贾交易。贸易既然不能截然而分，博易场与海港间自然形成相互通连的内外贸大市场，而且逐渐发挥西南区域中心市场的作用，正是"朝廷南方马政专在邕，边方珍异，多聚邕矣"②。可以说参与这个大市场交易的人、民族、地区和国家，自觉或不自觉地参与了国内外贸易，卷入西南地区的贸易体系之中，广西博易场不仅成为西南的区域中心市场，而且具有内外贸兼容的开放性特征。

内地商品也是通过宋朝政府兴办的市马活动，在广西博易场与西南地区各民族实现贸易，内地商品的一部分为宋朝政府用以冲抵马资的各种内地商品；另一部分为内地商人专门带来的为西南各民族喜爱的内地物品，主要有缯、帛、锦、金、银、盐、茶等。例如，北宋熙宁年间，宋朝制定了凡向大理市马，"以锦绽、茶绢招市"易马③的规制。宋廷南渡后，需马孔急，曾命广西提举峒丁李域募人深入大理国招引卖马，他"厚界之盐彩，使至善阐府（今云南昆明）求市，大理王许之"④。此后宋朝在广西横山寨

① [宋]周去非撰：《岭外代答》卷五《财计门·邕州横山寨博易场》，上海远东出版社1996年版，第103页。
② [宋]周去非撰：《岭外代答》卷一《边帅门·邕州兼广西路安抚都监》，上海远东出版社1996年版，第24页。
③ 《宋史》卷一九八《兵志》，中华书局标点本第14册，第4950页。
④ [宋]李心传撰：《建炎以来系年要录》卷三三。

等博易场向大理大规模买马，所付马资常以金银计价，或以盐、锦、彩、缯折付。每当"群蛮与吾六校博易等量于庭下。朝廷岁拨本路上供钱、经制钱、盐钞钱及廉州石康盐、成都府锦付经略司，为市马之费。经司以诸色钱买银及回易他州金、锦、彩、帛，尽往博易。以马之高下，视银之重轻，盐、锦、彩、缯，以银定价，岁额一千五百匹，分为三十纲"①。淳熙年间，仅"横山寨山官私岁所市锦率数千定，他杂彩不胜计"②。纺织品既是宋朝用以折付马资的主要商品，也是广西博易场内与西南各民族贸易的最大一类商品。

《续文献通考》记载："乾道癸巳冬，忽有大理人李观音得、董六斤、张般若师等率以三字为名，凡二十三人至横山议市马，出一文书，字画略有法。大略所须《文选》《五臣注》《五经广注》《春秋后语》《三史加注》《都大本草广注》《五藏论》《大般若十六会序》及《初学记》《张孟押韵》《切韵》《玉篇》《集圣历》《百家书》之类及须浮量钢器并（疑为瓷）碗（原注：疑即饶州浮梁磁器，书'梁'作'量'）、琉璃碗壶及紫檀、沉香水、甘草、石决明、井泉石、蜜陀僧、香蛤、海蛤等药。"③这很像是大理卖马商人带到横山寨博易场的一张购物清单，也就是说当大理国（今云南地区）的商人将大量的马赶到横山寨博易场卖给宋朝官府以后，则需在横山寨博易场采购大理地区急需的各种物品回去。这张购物清单很有意思，物品可分三类：一为文化典籍，二为日用器物，三为海产品和各种香料药材。三大类均是当时大理国（今云南）需缺的物品，涉及文化、日常生活和奢侈品贸易，说

---

① [宋] 周去非撰：《岭外代答》卷五《财计门·经略司买马》，上海远东出版社1996年版，第100页。

② [宋] 吴儆撰：《竹洲集》卷十《邕州化外诸国土俗记》，景印文渊阁《四库全书》第1142册，第255页。

③ [元] 马端临撰：《文献通考》卷三二九《四裔考六》，中华书局1986年版，第2586页。

明南宋与大理的易马交易，并不仅仅局限于政权层面，而是涉及大理国社会生活的方方面面。若以产地来分，也可分三类，第一类为南宋内地所产的文化典籍、瓷器和内地特产的药材，文化典籍开列清楚，有儒家经典及相关的注疏本，有历史典籍、字书韵书、医药类书籍乃至大型类书。曾于南宋淳熙四年（1177年）春以邕州别驾的身份专程前往横山寨买马的吴儆也看到大理国"贾人至横山，多市《史记》《汉书》《三国志》《资治通鉴》《本草》《王叔和脉诀》《千金方》等书。国人奉佛慎谨，贾人有持青纸金书《金刚经》到横山"①。说明尽管当时云南和贵州的部分地区处于割据的大理政权统治下，政治上与南宋王朝交往隔绝，但未能阻隔当地各民族人民对中原文化的向往和渴求，他们借助易马和广西博易场的贸易体系来实现与内地的文化交流。第二类是琉璃器皿、沉香水、蜜陀僧、香料等海外舶来品。中国古代琉璃器的生产并不发达，琉璃器大多来自海外，滇黔地区的人民正是借助宋代广西港口的兴起和海外贸易的发展，开辟了新的对外贸易渠道，获得珍贵的舶来品。第三类无法确定产地，但从这些商品名称分析多为海产品，如香蛤、海蛤等，这些商品既可能产自海外，更可能产自广西沿海。

① ［宋］吴儆撰：《竹洲集》卷十《邕州化外诸国土俗记》，景印文渊阁《四库全书》第1142册，第256页。

第三节

宋代广西海上交通的兴起
与南方丝绸之路的联通

自唐中叶起，中国海上运输发展迅速，朝贡、漕运、贸易及战争很多都取海道，中国所造海船往来于东西航线上，海上丝绸之路逐渐兴盛起来。大食人伊宾拔都达（Ibn Batuta）曾记："去中国者，多乘中国船。中国船有三种：大者曰 Junk；次曰 Zao；小者曰 Kakam。大者张三帆，至十二幅，载水手千人，其中六百为篙师，四百为兵勇。且有小船三随行，为 Half, Third, Quarter, 兼以示其大小。其船皆制造于广州、泉州两处。"[①]唐代除了广州和泉州外，还有交州港（唐代红河入海口，约为今越南海防）是唐代海上丝绸之路的最重要港口，因为今越南在唐代仍统属中国中央王朝，唐王朝设立了安南都护府，交州港依然是唐代海外交通的重要港口，几乎与广州港齐名。唐代首创管理海外贸易的机构市舶司，最初就设置于广州港和交州港[②]。唐末五代安南独立，宋代中国指南针的发明和使用，东来蕃舶直航中国东部的广州、泉州、明州及青州等港口，与中国经济最发达的地区发生联系，交州港在中国海上交通中的中转和沿海停泊港口的作用逐渐丧

① 方豪：《中西交通史》，岳麓书社 1987 年版，第 243—244 页。
② 陆韧：《论市舶司性质和历史作用的变化》，载《海交史研究》1988 年第 1 期。

失。与此同时，广西沿海航道经过整治，通海能力大为提升，广西沿海口岸的钦州、廉州港逐渐取代交州港，成为海上丝绸之路上新兴的对外贸易港口。宋代海上丝绸之路广西口岸兴起，在交通与市场的作用下，广西"博易场"口岸[①]成为西南地区[②]陆上交通与海上丝绸之路互联互通的外贸口岸，云贵蛮马和土产东来，蜀锦南下，海外舶来品和香料北上，中原内地纺织品、手工业品、图书典籍和文化用品等大量齐聚，形成以广西为中心的内外贸兼容的贸易市场体系和西南地区的贸易联动格局，实现了西南地区乃至西南与内地和海外的商品大流通、贸易大发展，促进了经济互补和对外开放。

从地理位置看，广西沿海的钦、廉港口是西南地区最近、最方便的出海门户，可在宋代以前，广西沿海的港口几乎没有得到开发和利用。汉晋至唐代，广州与交州是中国最大的海外贸易港，并驾齐驱，分庭抗礼，两个港口都靠近广西，东西分置，距钦、廉不过几百里。而当时广西沿海航道不畅，在广西至广州的海道上，"钦廉海中有沙碛，长数百里，在钦境乌雷庙前，直入大海，形若象鼻，故以得名。是沙也，隐在波中，深不数尺，海舶遇之辄碎，去岸数里，其碛乃阔数丈，以通风帆。不然，钦殆不得而水运矣。尝闻之舶商曰'自广州而东，其海易行；自广州而西，其海难行；自钦、廉而西则尤为难行'"。[③]正是因为广西沿海复杂的地理条件限制，难以形成大的海外贸易市场，而交州港又有优越的区位和良好的港口条件，所以交州港开发较早，发展较快，海商或直驱广州贸易，或停泊交州港口，少至广西钦、

① [宋]周去非撰：《岭外代答》卷五《财计门》有"邕州横山寨博易场""邕州永平寨博易场""钦州博易场"。
② 在此指今云南、贵州、广西地区，宋代云南和贵州西部处于地方性、民族性政权大理国统治，广西为两宋王朝的广南西路。
③ [宋]周去非撰：《岭外代答》卷一《地理门·象鼻砂》，上海远东出版社1996年版，第20页。

廉港，致使广西沿海的钦州港、廉州港长期遭到冷落，这可能是汉晋时期广西沿海港口长期得不到充分发展的重要原因之一。宋代时，安南独立，交州港不再是中原王朝对外贸易港口。广西沿海口岸逐渐超越交州港的地位，并成为海上丝绸之路与西南地区陆上交通网络连接的贸易港口。正如黄纯艳所说："宋代在海上丝绸之路发展的历程中，除了贸易范围和贸易规模扩展、贸易路线更为便捷、技术条件更进步等以外，还有一点是应该要充分重视的，那就是在宋代对外贸易重心转移及海外贸易繁荣的推动下，南海贸易体系逐步形成了。"[1] 其突出表现是海上丝绸之路上的广西海陆贸易口岸的兴起。

广西口岸港口开发较晚，与广西海域复杂的地理形势和艰难的航海条件有关。历史文献记载广西沿海，"钦江南入海，凡七十二折。南人谓水一折为遥，故有七十二遥之名。七十二遥中有水分为二川，其一西南入交趾海，其一东南入琼廉海，名曰天分遥"[2]。由此可见，宋代广南西路的钦州、廉州一带内河入海地区的港湾曲折弯转，暗礁浅滩密布，有天威遥、天分遥、三合流、象鼻沙等艰险之处，"海有三险，巨石屹立，鲸波触之，昼夜震汹，漕运之舟，涉深海以避之，少为风引，遵崖而行，必瓦碎于三险下"，故"钦人舟楫少至焉"[3]。故唐代以前几乎不具备海上贸易的港口条件。唐中叶，西南地区南诏政权（今云南地区）势力强大，频繁征伐骚扰唐朝的安南都护府（今越南），严重威胁唐朝对安南的统治，安南地方势力乘机兴起，极大地削弱了唐朝南海地区第二大贸易港口交州港（今越南海防一带）的作用。于是唐朝咸通七年（866 年）派大将军高骈任静海军节度使，出

---

① 黄纯艳：《论宋代贸易港的布局与管理》，载《中州学刊》2000 年第 6 期。
② [宋]周去非撰：《岭外代答》卷一《地理门·天分遥》，上海远东出版社 1996 年版，第 19 页。
③ [宋]周去非撰：《岭外代答》卷一《地理门·天分遥》，上海远东出版社 1996 年版，第 19 页。

镇安南，整治安南到广州的江道，同时疏通广西沿海的海上运输通道，高骈整治南海海道"由安南至广州，江漕梗险，多巨石，骈募工劖治，由是舟济安行，储饷毕给。又使者岁至，乃凿道五所，置兵护送。其径青石者，或传马援所不能治。既攻之，有震碎其石，乃得通，因名道曰'天威'云"①，于是钦州"天威遥"海道始通，广西至安南的海路"自是舟运无险"。到了宋代，广西沿海的航道通过多年整治，通行能力大为提高。安南独立后，交州衰落，人们开始把注意力转向广西沿海，广西地区的开发加快，人们对广西海域地理情况认识也大大提高，钦州、廉州港湾的交通作用日益为人们所重视。加之两宋时期广西战略地位加强，特别是南宋时期，广西所谓的邕管地区，东可达于南宋统治中心江南；西接盛产战马的大理政权统治地区（今云南和贵州西部）；西南邻于安南；南部滨于海，可通海外各国。"邕境极广，管溪峒羁縻州县峒数十。右江直西南，其外则南诏也。左江直正南，其外则安南也。自邕稍东南曰钦州。钦之西南接境交趾。陆则限以七峒，水则舟楫可通。自钦稍东曰廉州，廉之海直通交趾。自廉东南渡海，曰琼州、万安、昌化、吉阳军，中有黎母山，环山有熟黎、生黎。若夫浮海而南，近则占城诸蕃，远则接于六合之外"②。邕州背靠宋朝内地，面对大理政权和安南，有左右江与之相通，与钦州、廉州深港相接，海道畅通，海运陆路四通八达，使这片沿海、沿边地区凭借地理区位的优势，逐渐打破自然经济的束缚，成为人物荟萃，商品齐集，国内贸易与海外贸易交织的大市场，兴起了邕州横山寨博易场、邕州永平寨博易场、钦州博易场等海上贸易口岸。

宋代海上丝绸之路发展中，广西口岸兴起迅速，承担并取代

---

① 《新唐书》卷二二四下《高骈传》，中华书局1975年版，第6392页。
② [宋]周去非撰：《岭外代答》卷一《地理门·并边》，上海远东出版社1996年版，第6页。

了交州港海上贸易作用，成为宋代南海西部的交通与外贸枢纽。广西口岸分别有航道与海外诸国相通，海商能够直航钦、廉港湾，同中国开展贸易。宋朝广西地区的造船技术大为发展，已经能够制作远航的大船，广西的大船"浮南海而南，舟如巨室，帆若垂天之云，舵长数丈，一舟数百人"①，且能航行到海外国家贸易，"若曰往某国，顺风几日望某山，舟当转行某方"②，钦州所产的舵，甚为著名，周去非《岭外代答·器用门》专列"舵"条记载钦州舵安装于大型海船上，"蕃舶大如广厦，深涉南海，径数万里，千百人之命，直寄于一舵"，钦州制造的船舵不仅当地所造的船使用，而且扬名天下，"此舵一双，在钦直钱数百缗，至番禺、温陵，价十倍矣"③。因此很多海船通过广西口岸开展海上贸易，宋宁宗开禧三年（1207 年）广西提刑崔与之上奏说从广西的港口已经"三次搬运铜钱下海博易番货"④，说明宋代广西已经有了较大规模的官方组织的出海贸易。除了宋朝政府通过广西港口出海贸易外，广西的口岸逐渐取代唐交州港，成为外来舶商贸易港口，特别是"邕、钦、廉州与交趾接"，安南独立后，原来曾经通过交州港与内地贸易的舶商，也转移到广西口岸进行交易，广西口岸"悉皆博易"⑤，宋代淳熙年间，周去非曾在广西做官多年，他遍访广西政治、经济、文化等情况及其轶事，著成《岭外代答》一书，书中特别注重与广西有经济、文化交往和贸易的国家情况，他详细记录了广西沿海的情况："自邕稍东南曰钦州。钦之西南接境交趾。陆则限以七峒，水则舟楫可通。自钦稍东曰廉州。廉之海直通交趾。自廉东南渡海曰琼州、万安、昌化、吉

---

① [宋]周去非撰：《岭外代答》卷六《器用门·木兰舟》，上海远东出版社 1996 年版，第 121 页。
② [宋]周去非撰：《岭外代答》卷六《器用门·木兰舟》，上海远东出版社 1996 年版，第 122 页。
③ [宋]周去非撰：《岭外代答》卷六《器用门·舵》，上海远东出版社 1996 年版，第 124 页。
④ 《宋会要辑稿·职官七十五》。
⑤ 《宋会要辑稿·食货三八· 互市》。

阳军。中有黎母山，环山有熟黎、生黎。若夫浮海而南，近则占城诸蕃，远则接于六合之外矣。"① 又在"航海外夷"条记载广西口岸与海外各国的海上贸易路线：

今天下沿海州郡，自东北而西南，其行至钦州止矣。沿海州郡类有市舶。国家绥怀外夷，于泉、广二州，置提举市舶司，故凡蕃商急难之欲赴诉者，必提举司也。岁十月，提举司大设蕃商而遣之。其来也，当夏至之后，提举司征其商而覆护焉。诸蕃国之富盛多宝货者，莫如大食国，其次阇婆国，其次三佛齐国，其次乃诸国耳。三佛齐者，诸国海道往来之要冲也。三佛齐之来也，正北行，舟历上下竺与交洋，乃至中国之境。其欲至广者，入自屯门。欲至泉州者，入自甲子门。阇婆之来也，稍西北行舟，过十二子石，而与三佛齐海道合于竺屿之下。大食国之来也，以小舟运而南行，至故临国，易大舟而东行，至三佛齐国，乃复如三佛齐之入中国。其他占城、真腊之属，皆近在交趾洋之南，远不及三佛齐国、阇婆之半。而三佛齐、阇婆，又不及大食国之半也。诸蕃国之入中国，一岁可以往返。唯大食必二年而后可。大抵蕃舶风便而行，一日千里。一遇朔风，为祸不测，幸泊于吾境，犹有保甲之法。苟泊外国，则人货俱没。若夫默伽国、勿斯里等国，其远也不知其几万里矣。②

周去非所记"航海外夷"是站在广西沿海钦、廉港的角度来看宋代的海上贸易路线，这条海路是在继承唐代航海路线的基础上发展起来的，宋代最大的变化是广西口岸加入，即"今天下沿海州郡，自东北而西南，其行至钦州止矣。沿海州郡，类有市舶"。周去非还特别强调了广西口岸不仅成为宋代海上贸易的重要口

---

① ［宋］周去非撰：《岭外代答》卷一《地理门·并边》，上海远东出版社1996年版，第6页。
② ［宋］周去非撰：《岭外代答》卷三《外国门下·航海外夷》，上海远东出版社1996年版，第69—70页。

岸，而且是当时最重要的避风口岸，即"大抵蕃舶风便而行，一日千里。一遇朔风，为祸不测，幸泊于吾境，犹有保甲之法，苟泊外国，则人货俱没"，指在南海航线上，往往遇台风等，商舶必须到就近港口避风，唐代交州曾是南海航线上重要避风港口，但五代以后，安南独立，交州港已经不再是我国南海上的商舶避风港，如若避风于交州港，乃"苟泊外国"，可能造成"人货俱没"的重大损失。所幸广西口岸兴起，商舶避风于广西，"泊于吾境"，有健全的保甲法保障治安，海内外商人的生命财产和利益都能得到保障，所以宋代广西口岸与广州、泉州一起担负起南海贸易口岸的重任。

宋代广西口岸的海外联系十分广泛，远至天竺、大食国、阇婆、三佛齐等国和地区。天竺为唐宋历史文献上对印度的统称；大食即为阿拉伯帝国，在波斯湾；阇婆在爪哇岛；三佛齐即唐代史书上所说的室利佛逝国，宋代以后称三佛齐。当时三佛齐强大，控制马六甲海峡，是东西方海上贸易最大的转运站，中国、印度、阿拉伯等国的商品在此集散，凡其以西国家要往中国贸易必须经过三佛齐，所以大食、阇婆等国来中国的航线在马六甲海峡与三佛齐至中国的航线汇合。广西口岸还与较近的占城、真腊等东南亚诸国联系紧密，占城、真腊等东南亚诸国都在"交趾洋之南"，交州港海外贸易式微后，这些国家与宋朝的海上贸易转而至广西钦、廉州进行，"（占城）人采香为生，国无市肆，地广人稀，多买奴婢。舶舟以人为货，北抵交趾，南抵真腊"①。真腊在宋代曾多次经广西向中央王朝入贡方物。真腊与占城国为邻，"北抵占城。最产名香，登流眉所产为绝奇，诸蕃国香所不

---

① [宋] 周去非撰：《岭外代答》卷二《外国门上·占城国》，上海远东出版社1996年版，第38页。

及也"，真腊每每朝贡宋王朝，也必由海路至广西①。故宋代的广西口岸远者可达印度和波斯湾；近者与今东南亚地区的阇婆、三佛齐等国和地区相连，形成连接天竺与交州海域，直接到达广西沿海港口的海上交通。

宋代广西口岸除了与南亚、东南亚的贸易航线外，与安南地区也保持着密切的海陆交通联系。从对外交通的角度看，广西与安南陆地相接，又隔海相望。正所谓安南"永安与钦州为境，茶卢与占城为境，苏州、茂州，皆与邕管为境。其国东西皆大海，东有小江过海至钦、廉"②，广西与安南两地的贸易也为之扩大，真是"若令交趾货，尽生虞芮田。天意苟如此，遏人谁肯怜"③。这条海道连接钦州和廉州港，也许是因为廉州距广州和内地更近，起初交人多往，"钦、廉皆号极边，去安南境不相远，异时安南舟楫多至廉。后为溺舟，乃更来钦"④。从此钦州港独占鳌头，成为广西最重要的对外贸易港口。从钦州至安南的海路只需一日就可到达安南海岸。《岭外代答》安南条也说："自钦州西南舟行一日，至其永安州。由玉山大盘寨过永泰、万春，即至其国都，不过五日。"⑤

宋代广西口岸兴起和海上贸易的发展，正如黄纯艳的研究，宋代贸易港的区域大致可以分为广南、福建、两浙三个自成体系的区域。在各区域内，贸易港的数量、繁荣程度和管理水平都超

---

① [宋]周去非撰：《岭外代答》卷二《外国门上·真腊国》，上海远东出版社 1996 年版，第 40 页。

② [宋]周去非撰：《岭外代答》卷二《外国门上·安南国》，上海远东出版社 1996 年版，第 29 页。

③《全唐诗》卷五九九，于濆《南越谣》。

④ [宋]周去非撰：《岭外代答》卷一《边帅门·钦廉溪峒都巡检使》，上海远东出版社 1996 年版，第 25 页。

⑤ [宋]周去非撰：《岭外代答》卷二《外国门上·安南国》，上海远东出版社 1996 年版，第 29 页。

过前代①。广南口岸体系在宋代则以广南东路的广州港和广南西路的钦州、廉州口岸和永平寨博易场为代表。以往对广南口岸和海上贸易的研究，主要集中在广州地区，其实广西地区在宋代异军突起，成为中国海上贸易广南口岸集中地区，广西口岸的联系甚广，周去非在叙述广西"海外诸蕃国"时，就以交趾定方位，说："西南海上诸国，不可胜计，其大略亦可考。姑以交趾定其方隅：直交趾之南，则占城、真腊、佛罗安也；交趾之西北，则大理、黑水、吐蕃也。于是西有大海隔之，是海也，名曰细兰。细兰海中有一大洲，名细兰国，渡之而西，复有诸国。其南为故临国，其北为大秦国、王舍城、天竺国。又其西有海，曰东大食海。渡之而西则大食诸国也。大食之地甚广，其国甚多，不可悉载。又其西有海，名西大食海，渡之而西，则木兰皮诸国，凡千余。更西则日之所入，不得而闻。"②细兰，即锡兰，今斯里兰卡。这些大概都是周去非在广西任职期间所了解到的海外诸国的情况，涉及地域十分广阔，远至斯里兰卡以西的天竺（印度）、大秦（古罗马帝国，约在地中海一带）、大食（今波斯湾地区及西亚一带）。至少可以说明这些国家的商人贡使或直接地，或通过交趾，或经其他国家辗转与广西沿海发生了联系。

---

① 黄纯艳：《论宋代贸易港的布局与管理》，载《中州学刊》2000 年第 6 期。
② [宋]周去非撰：《岭外代答》卷二《外国门上·海外诸蕃国》，上海远东出版社 1996 年版，第 37 页。

宋代广西的贸易口岸博易场
与西南地区对外贸易

　　严格地说，"大理买马道"的交通意义并不仅限于云南与广西之间，它是当时西南交通的主干，由"大理买马道"向各产马区和市马中转地开拓延伸，构成了云南、贵州、四川和广西的交通网络。因为马的产地虽然在云南，但是必须经过贵州的中转地才能到达广西的各市马场，所以"大理买马道"三路分别经过罗殿（今贵州安顺）、自杞（今贵州兴义）、特磨（今云南广南）而往邕州横山寨，罗殿、自杞、特磨等地因交通的关系，成为大理马的中转地，"每岁横山市马二千余疋，自杞多至一千五百疋，以是国益富"[①]。因此，通过"大理买马道"及其外延作用，构成了宋代西南地区的对内对外交通网络。

　　"大理买马道"不仅仅是云南至邕州各博易场的道路，而且为西南地区构建起对外贸易的交通网络。邕州是宋代，特别是南宋西南地区对内对外交通的重要枢纽：从云南东南行，取"邕州道"至邕州后，西南可由永平寨陆路到交趾，与安南地区发生联系。自邕州南行可下钦州，取道海路，往南航行，与海上丝绸之

---

① [宋]吴儆撰：《竹洲集》卷十《邕州化外诸国土俗记》，景印文渊阁《四库全书》第1142册，第256页。

路连接起来，通达海外诸国；由钦州海行能够抵达广州乃至东南沿海各港口。而且周去非在叙述邕州通大理国第一道时，特别指出这条道路至大理国并非终点，从大理国西行五程即蒲甘国（今缅甸），再行可至西天竺（今印度），这实际上是把邕州通大理道与云南至天竺达印度洋的道路连接起来了，从而贯通了人们常说的"南方陆上丝绸之路"和"海上丝绸之路"，连接了印度洋与太平洋，成为宋朝和大理国对外交通的重要组成部分。所以，宋代"大理买马"促进了西南地区的交通发展，"大理买马道"不仅仅是云南与广西的通道，它也是当时西南地区与海内外联系的交通命脉，构成了西南交通网络。

宋代是广西海外贸易发展的里程碑，广西沿海港口逐渐发展成为中国西南的重要出海门户。宋代沿海口岸海外贸易主要是通过设置市舶司专门机构来进行管理的，两宋时期，先后在广州、泉州、青州、明州等重要港口都设置了市舶司[①]，但宋代广西口岸并未设置市舶司，而是在边疆地区设置与少数民族互市交易的管理机构——博易场。宋神宗熙宁三年（1070年），广南西路经略使曾布上言朝廷说："钦、廉州宜各创驿安泊交易人，就驿置博易场，委州监押沿海巡检兼管勾。"[②]由此可见，宋代设置于广西沿海地区的博易场与广州、泉州等的市舶司职能并不完全相同。广州、泉州、明州、杭州和青州的市舶司职能是"掌蕃货海舶征榷贸易之事，以来远人，通远物"[③]，是专门设置于沿海港口，负责掌管海上贸易及征收海上贸易税。而广西的博易场虽然也有管理海上贸易的功能，但同时兼有海上贸易与陆上贸易管理和商品集散地的作用，宋代广西博易场主要有邕州横山寨博易场

---

① 陆韧：《论市舶司性质与历史作用的变化》，载《海交史研究》1988年第1期。
② 《宋会要辑稿·食货三八·互市》。
③ 《宋史》卷一六七《职官志七》，中华书局1977年版，第12册，第3971页。

（今广西田东县）、邕州永平寨博易场（今广西凭祥市境内，位于广西与越南交界近海处）、钦州博易场（今广西钦州市）①。虽然《宋史》《岭外代答》等文献没有罗列廉州博易场，但《宋会要辑稿·食货三八·互市》明确记载宋神宗熙宁三年（1070年），广南西路经略使曾布上言朝廷说："钦、廉州宜各创驿安泊交易人，就驿置博易场，委州监押沿海巡检兼管勾。"②说明宋代在广西廉州（约为今广西合浦）也设有博易场。宋代广西的4个博易场，除了邕州横山寨博易场在内陆外，钦州、永平寨和廉州博易场都设于靠海或近海之地。在职能上，广西的博易场既能管理海上贸易，又具有陆上交通道路的驿站功能，是海陆交通交汇地的商品市场，而且专门设置"沿海巡检"加以管理，所以，宋代广西博易场具有海陆贸易市场和商品集散地的功能，而且各博易场的贸易特征突出。

钦州博易场： 在今广西钦州市，当时钦州博易场设在钦州城外的"江东驿"③，具有陆海交通互通的意义，主要面向从海路而来的交趾商人和海外各国商人而设置，海商"所赍乃金、银、铜、钱、沈香、光香、熟香、生香、真珠、象齿、犀角。吾之小商近贩纸笔米布之属……唯富商自蜀贩锦至钦，自钦易香至蜀，岁一往返，每博易动数千缗"④。钦州博易场是典型的对外贸易的港口市场，它兴起后，迅速取代了交州，成为海外香料进口的重要港口，宋·范成大《桂海虞衡志·志香》条专门记载进口国内的香料，"其出海北者，生交趾及交人得之海外蕃舶，而聚于钦，

---

① ［宋］周去非撰：《岭外代答》卷五《财计门》有"邕州横山寨博易场""邕州永平寨博易场""钦州博易场"。
② 《宋会要辑稿·食货三八·互市》。
③ ［宋］周去非撰：《岭外代答》卷五《财计门·钦州博易场》，上海远东出版社1996年版，第104页。
④ ［宋］周去非撰：《岭外代答》卷五《财计门·钦州博易场》，上海远东出版社1996年版，第104页。

谓之钦香"，著名的"光香，与笺香同品第，出海北及交趾，亦聚于钦州"①。钦州的香料贸易由北宋官方主持，并且收取数额不菲的税赋，"官为之秤香交锦，以成其事。既博易，官止收吾商之征。其征之也，约货为钱，多为虚数，谓之纲钱"②。钦州海上贸易兴起后，面向海外各国，对

唐宋南方丝绸之路与海上丝绸之路交汇处广西钦州湾

内其腹地辐射近至广西，远至四川及西南各地。钦州与"川广交通，宝货杂还，有金银茶马之贡，香矾缯锦之利，资其雄富……南通交趾，结连溪洞"③，钦州博易场的贸易规模和数量都相当可观，钦州港也成为西南重要的海外贸易港口，四方商贾，国内外商旅游客荟萃，故宋代钦州有五民：一曰当地土人；二曰北人，本是西北流民，自五代之乱，流落占籍钦州；三曰俚人，即僚人也，当地少数民族；四曰射耕人，本为福建移民至此租种当地耕地者；五曰蜑，以舟为室，浮海为生，语

"一带一路"建设中的广西钦州港

①［宋］范成大撰：《桂海虞衡志·志香》。
②［宋］周去非撰：《岭外代答》卷五《财计门·钦州博易场》，上海远东出版社1996年版，第104页。
③［宋］李心传撰：《建炎以来系年要录》卷六八。

福广，杂以广东西之音。①"五民"的出现是广西经济贸易范围扩大，人们到这里经商贸易，定居开发的结果。

廉州博易场：正如上述所说，周去非《岭外代答》没有专门的廉州博易场条记载，但从相关文献可知宋朝设置钦州博易场，同时设置了廉州博易场②。廉州博易场大约在今广西合浦，宋代廉州下设合浦县，即今北海市合浦县，位于北部湾的东北部，有良好的港口条件，"廉之海，直通交趾"。再往南航行，"若夫浮海而南，近则占城诸蕃，远则接于六合之外矣"③，可与海外诸国通航并进行海上贸易，加之廉州是著名的珍珠产地，"珠，出合浦海中。有珠池，蜑户投水采蚌取之。岁有丰耗，多得谓之珠熟"④，廉州还是宋代海盐的重要产地和内销口岸，"盐场滨海，以舟运于廉州石康仓。客贩西盐者，自廉州陆运至郁林州，而后可以舟运"⑤，同时交趾等海外贸易的珍珠也常常在廉州与内地商人交易⑥，因此廉州设博易场进行海上贸易，凡广西地区"濒海之民，数患交州侵寇，仍前止许廉州及如洪砦互市"⑦。所以宋代钦州、廉州成为广西最重要的海外贸易口岸，文献记载中往往钦、廉并举为"天涯海角"之地，"钦州有天涯亭，廉州有海角亭，二郡盖南辕穷途也。钦远于廉，则天崖之名，甚于海角之可悲矣"⑧。

邕州永平寨博易场：在今广西省凭祥市境内，有道路通往安

---

① [宋]周去非撰：《岭外代答》卷三《外国门下·五民》，上海远东出版社1996年版，第76页。
② 《宋会要辑稿·食货三八·互市》。
③ [宋]周去非撰：《岭外代答》卷一《地理门·天涯海角》，上海远东出版社1996年版，第20页。
④ [宋]范成大撰：《桂海虞衡志·志虫鱼》。
⑤ [宋]周去非撰：《岭外代答》卷五《财计门·广西盐法》，上海远东出版社1996年版，第20页。
⑥ 《宋史》卷一八六《食货八·互市舶法》，中华书局1977年版，第13册，第4558页。
⑦ 《宋史》卷四八八《外国传·安南国》，中华书局1977年版，第40册，第14056页。
⑧ [宋]周去非撰：《岭外代答》卷一《地理门·天涯海角》，上海远东出版社1996年版，第20页。

南和海外，是典型的海陆两道交汇的贸易口岸。宋代安南独立后，安南与广西间的交通有海陆两种走法，即海路一道，陆路三道。自安南"东海路通钦、廉，西出诸蛮，西北通邕州。在邕州东南隅，去左江太平寨最近，自寨正南行，至桄榔、花步，渡富良、白藤两江，四程可至。又自寨东南行，过丹特罗小江，自凉州入，六程可至。自右江温润寨最远。由钦州渡海，一日至"①。所以永平寨博易场设置于广西陆上驿站道路与通往海上交通道路的重要驿站上，"邕州右江永平寨，与交趾为境，隔一涧耳。其北有交趾驿，其南有宣和亭，就为博易场。永平知寨主管博易。交人日以名香、犀、象、金、银、盐、钱与吾商易绫、锦、罗、布而去"②。可见，海外商人或直接到永平寨博易场与内地商人贸易，或通过交趾商人转口贸易，甚至安南对宋的朝贡，也"自

今广西凭祥市（宋广西永平寨）中越交界处友谊关

① 《文献通考·四裔考七》卷三三〇。
② ［宋］周去非撰：《岭外代答》卷五《财计门·邕州永平寨博易场》，上海远东出版社1996年版，第103页。

邕州左江永平寨南行，入其境机榔县"①。从博易场设置于宋朝广南西路与安南（今越南）的交界处看，主要面向陆路而来的交趾商人。在永平寨博易场，安南民间商人带来交换的主要商品是海产品和舶来品，如海盐、各种香料、真珠、犀牛角和象齿等。交趾物产丰富，"土产金及银、铜、朱砂、珠贝、犀、象、翠羽、车渠、诸香及盐、漆、吉贝之属；果惟有甘橘、香圆、槟榔、扶留藤。新旧县隔一小江，皆出香。新州故真腊地，侵得之。不能造纸笔，求之省地"②，交人以名香犀象，金银盐钱，换回的则是中国的文化用品纸、笔，及生活必需品米、布、绫、罗、锦、绢等，加之在钦州博易场，他们从贸易中得到"纸笔米布"，广西文化用品交易亦成为双方贸易的一个重要方面。

邕州横山寨博易场：在今广西省百色市田东县，宋代广西唯一设在相对靠内陆地区的博易场，而且是宋朝专为向云南"大理买马"而设。"邕州横山寨博易场：蛮马之来，他货亦至。蛮之所赍，麝香、胡羊、长鸣鸡、披毡、云南刀及诸药物。吾商贾所赍，锦缯、豹皮、文书及诸奇巧之物。于是译者平价交市，招马官乃私置场于家，尽揽蛮市而轻其征。其入官场者，什才一二耳。隆兴甲申，胜庥子昭为邕守，有智数，多遣逻卒于私路口，邀截商人越州，轻其税而留其货，为之品定诸货之价，列贾区于官场。至开场之日，君商请货于官，依官所定价与蛮为市，不许减价先售，悉驱译者导蛮恣买。遇夜则次日再市。其有不售，许执覆监官，减价博易。诸商之事既毕，官乃抽解，并收税钱，赏信罚必，官吏不敢乞取，商也无他靡费，且无冒禁之险。时邕州

---

① ［宋］周去非撰：《岭外代答》卷二《外国门上·安南国》，上海远东出版社1996年版，第30页。
② 《文献通考·四裔考七》卷三三〇。

宽裕，而人皆便之"①。这俨然是一个发育较完善，管理有序，以市马为重点，兼及西南地区各种贸易的市场。邕州横山寨博易场除了与大理国（宋代云南的地方性、民族性政权）买马外，还发展起通过广西口岸进行的海外贸易，如云南缺盐，横山寨博易场就促使云南实现了以马易海盐的海产品贸易，所以宋朝在邕州横山寨博易场购买大理马时常以海盐充抵马资，专门规定"以广西十州民运盐至横山寨"易马，"若盐无缺失，则使部良马至行在以酬之，至今为例"②。又宋代云南大理国以海贝为货币，当时云南"交易用贝子，俗呼为叭，以一为庄，四庄为手，四手为苗，五苗为索"③，而横山寨博易场内"贝子，海傍皆有之，大者如拳，上有紫斑；小者指面大，白如玉"④。云南大理时期作为货币使用的海贝，或许有一部分就来自邕州横山寨博易场的贸易。

上述各博易场集中在广西西南的沿边和沿海地区，它们之间的距离，近者六七十公里，远者不过二三百公里，有便利的交通道路相连。内地与西南地区来的商人和海外舶商在几个博易场内，辗转贸易，互通有无，相互联动，形成宋代新的海上贸易口岸群。

总之，宋代广西博易场等海上贸易口岸的兴起和"大理买马道"与南方丝绸之路体系的紧密结合，使西南地区实现对内贸易与海外贸易同时并举，西南各民族人民通过广西博易场所提供的市场舞台，进行广泛的经济互补贸易和文化交流，同时借助广西博易场和出海港口，进行海外贸易。因此，南宋设置在广西沿海或沿边地区的博易场，已不是单纯的市马场，它们发挥着西南地

---

① [宋] 周去非撰：《岭外代答》卷五《财计门·邕州横山寨博易场》，上海远东出版社1996年版，第103页。

② [宋] 李心传撰：《建炎以来朝野杂记》甲集，卷十八。

③ [元] 李京撰：《云南志略·诸夷风俗》，王叔武校注：《大理行记校注、云南志略辑校》，云南民族出版社1986年版，第88页。

④ 胡起望、覃光广校注：《桂海虞衡志辑佚校注》，四川民族出版社1986年版，第250页。

区内外贸易集散地的作用，带有强烈的对外开放的特征；广西博易场在宋代西南地区的对内对外经济流通网络中处于战略性的地位，其经济联系面和影响力覆盖了云南、贵州、四川等整个西南地区，波及东南亚地区和海外国家，具备了区域中心市场的特点，构成了西南地区开放型的内外贸兼容的市场体系。

第　五　章

元统一王朝管控下的南方丝绸之路

第
一
节

站赤制度下的南方丝绸之路

公元 1253 年，忽必烈率领 10 万蒙古大军，以兀良合台总督军事，从宁夏六盘山出发，集结各路军马于甘肃临洮，经过四川西北的松潘地区，渡过金沙江，分三路进攻大理国。同年十二月，大理城被攻破，大理国灭亡，至此在云南延续了 500 余年的南诏、大理国地方民族割据政权不复存在，云南重新回到中央政权的直接统治下。1274 年，忽必烈派赛典赤治理云南。1276 年，元朝在云南正式建立行中书省，并把云南的行政中心从大理迁到了中庆（今昆明）。从此，南方丝绸之路的全路段再次为统一王朝所管控，南方丝绸之路进入一个与内地同步发展的崭新阶段。元朝将云南行省政治中心迁移中庆（今昆明），不仅在消除分裂割据隐患方面起着积极作用，而且带动了南方丝绸之路的交通枢纽从南诏大理国时期的阳苴咩（今大理）向东移，从而奠定了元明清时期南方丝绸之路的发展格局；元朝定都大都（今北京），南方丝绸之路的内联方向从南宋都城临安（今杭州）向北方的大都转移；元代在全国全面实行站赤制度，云南境内的南方丝绸之路成为元朝站赤交通道路的干线并融入元朝的交通网络。

元代，驿传称为"站赤"，其制始于元太宗窝阔台时期，从那时起蒙古统治者就开始在其统辖区域遍设站赤，"元制站赤者，驿传之译名也。盖以通达边情，布宣号令，古人所谓置邮而传命，未有重于此者焉。凡站，陆则以马以牛，或以驴，或以车，而水则以舟。其给驿传玺书，谓之铺马圣旨。遇军务之急，则又以金字圆符为信，银字者次之；内则掌之天府，外则国人之为长官者主之”[1]。起初，站赤的主要功用在于军事调度和通报边情，同时也利于政令的下达和下情的上通，增进全国各个部分的联系，可谓“星罗棋布，脉络相通，朝令夕至，声闻毕达”[2]；到元世祖时期，站赤制度在历代驿传制度的基础上发展并完善，站赤道路遍布全国，形成四通八达的交通网络。在国内或通往属国的交通干线上，元朝都根据日程和地理形势设置站赤，作为供军旅、使臣和商旅投宿歇息的驿站。据《元史·兵志》记载，当时在中国本部和蒙古境内站赤数达 1496 个。各个站赤都设官员管理，备有传驿马匹、草料或车辆、舟船等交通工具，站赤还为过往人员提供食宿，大大方便了使臣商旅，完备了元朝丝绸之路的交通设施，对外交通方面，各条丝绸之路上也是站赤列布，使元朝对外交通呈现繁盛景象，故时人称：“大元一海内，列郡县，梯航万里，咸以驿递。传达旦，建候馆，馈饷相望于道，以待使客，敬上命也。”[3]

作为对外联系交通干线南方丝绸之路上的站赤，元朝倍加重视。有元一代在南方丝绸之路上设置“站赤”，最早可追溯到元朝尚未完全平定南宋的至元五年（1268 年），“中庆路申：至元五年间，前宣慰都元帅宝合丁设立站赤时，将各户合著差发，补买马匹，所种地亩税粮就充往来。使臣只应米面杯酒并铺马料粟等，自收支用度”[4]，说明元朝 1253 年平定大理国后，就在云南进行

① 《元史》卷一○一《兵志四·站赤》，中华书局 1976 年版，第 2583 页。
② 《经世大典·站赤篇》，见方国瑜主编：《云南史料丛刊》第二卷，云南大学出版社 1998 年版，第 634 页。
③ ［元］朱德润撰：《存复斋集》卷二《凝香亭记》。
④ 《经世大典·站赤篇》，见方国瑜主编：《云南史料丛刊》第二卷，云南大学出版社 1998 年版，第 635 页。

站赤建设，开始向过往使臣和商旅提供交通工具和食宿了。至元七年（1270年），南方丝绸之路途经的大理金齿等处宣慰司为保障道路畅通，向忽必烈请求增加站赤马匹"铺马一百五十匹，并察罕章分到站赤户五百户，已于西番小当当地起立马站毕"①。金齿为今德宏，察罕章为今丽江，西番小当当为今德钦，是时云南站赤已日趋完善。元朝对南方丝绸之路所经地区的站赤设置尤为重视，至元十一年（1274年），云南建立行省后，加强了站赤道路建设；至元十四年（1277年）就全面打通南方丝绸之路上的石门关旧道，设置水陆站赤通达叙州（今四川宜宾），同时要求四川行省、云南行省相互配合建设，使鸭池（今云南昆明）至成都"其道可以立站"②，开通了清溪关道的站赤路。至元十六年（1279年）六月，云南诸路宣慰使都元帅纳速剌丁"将大理军抵金齿、蒲骠、曲腊、缅国界，内招忙木、巨木秃等寨三百，籍户余一万二百。诏定赋租，立站递，设卫送军。军还，献驯象十二"③，将站赤设置深入到缅国境内，使传统的南方丝绸之路全线融入元朝的战略道路网络；至元二十年（1283年）全面"开云南驿路"，对以往所设站赤、驿路进行整理，在路线上增设了一些站赤，云南驿路网趋于成熟。

由于南方丝绸之路从元朝的西南边疆出境，边疆安全关乎道路的畅通，元朝不仅在南方丝绸之路上设置站赤，又在南方丝绸之路西南边疆重要战略道路上设急递铺，专门用来传递紧急文书。急递铺设于世祖之时，"每十里或十五里、二十五里，则设一铺，于各州县所管民户及漏籍户内，签起铺兵"，"铺兵一昼夜

---

① 《经世大典·站赤篇》，见方国瑜主编：《云南史料丛刊》第二卷，云南大学出版社1998年版，第634页。
② 《经世大典·站赤篇》，见方国瑜主编：《云南史料丛刊》第二卷，云南大学出版社1998年版，第634页。
③ 《元史》卷十《世祖七》，中华书局1976年版，第213页。

行四百里"①。急递铺由郡县长官督察兼管,每铺置铺兵五人,十铺设一邮长。一般六十里设置一驿站,急递铺间隔在十里至二十里之间,比站赤要密集得多。

元制,驿传主要出于军事用兵的目的和使臣往来、军情传递、上令下达、下情上报等公务,各处土官、土长进京觐见,贡献也可乘驿。元朝重视商业,商贾经由站赤道长途贩运,也可乘驿。故元代驰道路之禁、立急递铺等与鼓励民间进行商业贸易同时并举,驿传方便人员往来和经济贸易。乘驿必须持有官方凭证。凡军事等官方急务,朝廷颁给金字、银字圆符以为信,一般常务和民间用驿,由行省给予乘驿玺书即铺马圣旨,且有一定数额。对于云南这样的边陲重省的军事要道,朝廷常常增给驿传信符。至元年间起不断地增加云南的站赤驿传信符,至元二十六年(1289 年),给大理、金齿宣慰司铺马圣旨四道②。大德元年(1298年)"增给云南廉访司驿券四十二"③。大德四年(1300 年)增云南至缅国十五驿,驿给圆符四、驿券二十④。元末,云南计掌有驿券六十九,金字圆符四⑤,在全国都属于比较多的,足见元朝对南方丝绸之路对外交往的重视。

据《经世大典·站赤篇》记载,元代,凡云南计有"站赤七十八处。马站七十四处,马二千三百四十五匹,牛三十只。水站四处,船二十四只"⑥。此大约为元代鼎盛时期至元二十二年(1285 年)的情况。元代在南方丝绸之路上大开驿道,形成了融入统一元朝站赤交通网络的南方丝绸之路交通道路体系,辐射西

① 《元史》卷一〇一《兵志四·急递铺兵》,中华书局 1976 年版,第 2596—2597 页。
② 《元史》卷一〇一《兵志四·站赤》,中华书局 1976 年版,第 2588 页。
③ 《元史》卷一九《成宗纪二》,中华书局 1976 年版,第 415 页。
④ 《元史》卷二〇《成宗纪三》,中华书局 1976 年版,第 431 页。
⑤ 《元史》卷三六《文宗纪五》,中华书局 1976 年版,第 805 页。
⑥ 《经世大典·站赤篇》,见方国瑜主编:《云南史料丛刊》第二卷,云南大学出版社 1998年版,第 640 页。

南边疆周边国家，道通海外各国。元代南方丝绸之路道路体系的站赤道路共七条，以下分别考释之：

1. 由中庆（昆明）经建昌（西昌）过大渡河入川西站赤道：这是从唐宋时期的清溪关道发展起来的，只是元代设立行省，治中庆路，云南政治、经济、文化中心东移，交通中心也随之移至中庆（今昆明），这条道路不再往大理，而是往中庆，与今天的成昆线基本吻合。如以中庆为出发点，其主要站赤有：中庆路在城站（昆明）、利浪站（富民县永定镇西城）、和曲站（武定县九厂镇）、虚仁站（武定县高桥镇）、勒站（武定县白露乡一带）、环州站（武定环州乡）、姜站（元谋县姜驿镇）、黎溪站（四川会理县黎溪镇）、会川路会川站（会理县南阁乡）、大龙站（会理县益门镇西北）、明夷站（四川德昌县永胜乡）、法山站（德昌县王所乡）、泸州站（四川西昌市）、泸沽站（四川冕宁县泸沽镇）、邛部站（四川越西县新民乡）、西番站（四川甘洛县海棠乡）、大渡河站（四川汉源县大树乡），而后与四川站赤道相接，至成都，是元代云南与四川的主要通道。

2. 由中庆经乌蒙（云南昭通）老雅乙抹入四川水陆站赤道：又称乌撒路，是从唐宋时期的石门道发展起来的，元代不仅是云南与四川间的重要道路，也是云南与中原内地和元大都联系的官方通道。从中庆路出发，主要站赤有：中庆路在城站、杨林站（嵩明县杨林镇）、矣龙站（寻甸县易隆）、马龙站（马龙县通泉镇）、不鲁吉站（曲靖市盘江乡松林）、火忽都站（曲靖市炎方乡）、蒙古都站（宣威县城）、法纳河站（宣威倘塘乡）、乌撒路乌撒站（贵州威宁县城）、必畔站（威宁县观风海乡）、阿都站（威宁县麻窝乡）、乌蒙路吉舌站（云南昭通市）、合者刺站（大关县城）、罗佐站（大关县吉利乡西南关口）、叶梢坝站（盐津豆沙关镇）、盐井站（盐津县盐津镇）、华帖站、必撒站、老雅乙抹站（此三站当分别在盐津县艾田镇、普洱乡和滩头镇），由此可顺川江直下川鄂苏，到达长江中下游地区，也可渡过金沙江，与四川站赤道相接，深入中原内地。

3. 由中庆经贵州接湖广至大都（北京）站赤道：这条道路是元代开辟并发展起来的通往内地，直上元朝政治中心大都的重要驿道，明清时期成为西南地区至都城的主要干线，称"滇黔大道"。该道从中庆（今昆明）出发，杨林站（嵩明县杨林镇）、矣龙站（寻甸县易隆）、马龙站（马龙县通泉镇）、不鲁吉站（曲靖市盘江乡松林）、罗迷站（云南富源县城）、南梦站（贵州盘县旧普乡西）、磨溪站（贵州晴隆县凉水营乡）、琅诩站（贵州镇宁县大山乡）、平坝站（贵州平坝县城），而后接贵州至湖广大道，转而北上大都，元代开辟的这条"滇黔大道"成为元明清西南边疆与统一王朝中央联系的最重要官道。

4. 由中庆路至丽江路义都站赤道：这条路是从唐宋时的云南与吐蕃交通的铁桥路发展起来的，在元代仍然是沟通云南与藏区的主要交通干道。它从中庆路出发，主要站赤有：中庆路在城站、安宁站（安宁市）、路品站（安宁市禄脿镇）、禄丰站（禄丰县城）、舍资站（禄丰县舍资镇）、路甸站（禄丰县敦仁镇）、威楚路威楚站（楚雄市）、禄葛站（楚雄市吕合镇）、砂桥站（华南县沙桥镇）、普淜站（祥云县普淜镇）、云南站（祥云县云南驿）、建宁站（弥渡县城）、大理路在城站（大理市中和镇）、邓川站（洱源县右所镇西北中所）、观音山站（洱源县牛街镇）、剑川站（剑川县城）、立吉庄站（丽江县石鼓镇）、剌八站（丽江龙蟠乡）、义都站（中甸虎跳镇），由此继续北行，可至西番小当当（今德钦），是入藏区的重要站赤道路[①]。

---

① 王颋：《元云南行省站道考略》，载《中国历史地理论丛》第2辑，复旦大学出版社1990年版。

除了上述四条与内地相通的道路外，还有三条涉外站赤道路是南方丝绸之路与海上丝绸之路连通或通往东南亚的干线，形成元代南方丝绸之路对外通道，即由中庆经大理、永昌西出缅国的驿道；由中庆经临安路至安南的驿道；由中庆经广南路至邕州的驿道。

5. 由中庆经大理、永昌西出缅国的站赤道： 元朝称缅甸的蒲甘王朝为缅国。宋代云南大理国与蒲甘王朝始终保持着密切的关系。1253 年，蒙古军进入云南，大理国灭亡，蒲甘直接与元朝接境。1261 年，元朝控制了金齿（今保山、德宏一带）地区，继续向外深入。1277 年 10 月，元朝遣云南行省诸路宣慰使都元帅纳速剌丁将蒙、爨僰、麽些军征缅，一直打到江头城，打通了云南与缅甸交通窒碍。至元十六年（1279 年）六月，纳速剌丁再次率大军招抚云南至缅国交通沿线的部落村寨，"诏定赋租，立站递，设卫送军"[①]，在通往缅国的道路上开始设置站赤。随后元朝对缅国边设站赤，边进兵，多次打到了江头城，站赤也设置于此。大德四年（1300 年），元成宗铁穆耳"增云南至缅国十五驿，驿给圆符四、驿券二十"[②]，形成南方丝绸之路从中庆（今昆明）经金齿（今保山、德宏一带）至缅国的通行站赤大道。该路的站、道均有明确记载。这条道路上，由中庆（今昆明）至腾冲一段，基本上沿袭了唐宋时期南方丝绸之路拓东经大理、永昌至极西边镇腾越（今腾冲）的走法，元代设置站赤后，路线固定下来。大约从中庆（今昆明）出发，经安宁站、路品站（今安宁禄脒镇）、禄丰站（今禄丰县）、舍资站（今禄丰舍资镇）、路甸站（今禄丰敦仁镇）、威楚路威楚站（今楚雄）、禄葛站（今楚雄市吕合镇）、砂桥站（今南华县沙桥镇）、普淜站（今祥云县普淜镇）、云南站（今祥云云

---

① 《元史》卷一二五《纳速剌丁传》，中华书局 1976 年版，第 3067 页。
② 《元史》卷二〇《成宗纪三》，中华书局 1976 年版，第 431 页。

南驿）、建宁站（今弥渡县）、河尾关站（今下关）、大理路在城站（今大理市中和镇），从大理又经河尾关站、样备站（今漾濞县）、打牛坪站（今漾濞县打牛坪）、永平站（今永平县）、沙磨和站（今保山市瓦窑乡南）、永昌站（今保山）、龙江站（今腾冲县上营东乡）、腾冲站（今腾冲县）。由腾冲至缅国江头城（今缅甸杰沙）一线，元朝曾设置驿站，但是站与道均没有确切记载。据林超民教授《元代金齿入缅三道考》考证，元代云南有三条道路通往缅国。第一道，就是从天马关入缅之道，即从腾冲南下至梁河（元称南甸），沿杨柳江，穿萝卜坝（萝卜丝庄），到清平（杉木笼，亦即沙摩弄），过陇川、警坎、章凤至孟卯（今云南瑞丽）出汉龙关或天马关到缅甸。这条道路明清以至近代都是通缅的主要大道。第二道为骠甸路。即由南甸（今梁河县）沿杨柳江经杉木笼，过陇川，至章凤。从章凤向西出虎踞关，经骠甸，沿瑞丽江抵江头城。第三条道路，通过阿郭地界。经干崖（今盈江）向西，沿大盈江从弄璋街或太平街至蛮允，再经蚌西、三台坡，沿红蚌河入缅至江头城，这是一条利用水路便利的道路。据考订，在这三条入缅道路中，元朝设置站赤的道路当为第二条，即骠甸路。

6. 元朝云南经中庆通安南站赤道： 云南与安南（今越南）的交通道路曾在唐代十分畅通，是当时中国著名的国际交通干线，也是南方丝绸之路与海上丝绸之路连通的主要方式。但在宋代，由于国际关系的变化和海上交通的兴盛，云南与安南的交通逐渐衰落，到大理国后期，云南与安南交界的地区为罗孔道部落所控制，南方丝绸之路至安南的道路几乎不通行了。元宪宗四年（1254年），忽必烈征服大理后北还，留兀良合台攻诸夷之未附者，兵次交趾（越南北部）北，直抵安南都大罗城以北的洮江（红河）水域，降服安南，打通了云南入安南的唐代旧路。元世祖时，"以云南地接安南,同时诏谕安南国以六事"①,"敕以旧制籍户、设达鲁花赤、签军、立站、输租及岁贡等事谕之"②。所谓"立站"当是在中庆城(今昆明)至安南的道路上设立站赤。随后,赛典赤至云南建立行省,并与安南约为兄弟之国,安南王亲至云南通好,赛典赤迎于鄯阐城(今昆明)郊③,所行即是中庆鄯阐至安南的驿道,可见中庆至大罗城的驿道已经成为元朝与安南往来的通衢。元代在云南至安南的道路上设置的站赤情况和驿道走向均没有非常明确的记载,但明代邓钟《安南图志》所述道路,大概就是元代驿道的走法:由中庆(今昆明)南行,经今开远至蒙自,分二道,一道由蒙自莲花滩(今河口西北),一道由蒙自河阳隘,经河口出国境,入安南后分沿洮江(今红河)左、右两岸下行,会于白鹤三歧江,前行渡富良江(红河下游)抵达河内。循洮江右岸而行的道路,地势平缓,为常行大道。元代在这条道路所经过的中庆、安宁、晋宁、澄江路(今澄江)、江川、临安路(今通海)、建水州(今建水)、八甸站等地都设立过站赤,就是云南至安南驿站道上的驿站。南方丝绸之路从云南至安南的驿道还延伸到了占城(今越南南部),据《元史·兵志四》称至元十九年(1282年)四月诏给行省铺马圣旨,就曾给占城行省五道站赤圣旨,而若从陆路至占城,非经安南不可④。所以,通过安南,南方丝绸之路通达占城均为站赤道路。

7. 云南经邕州(南宁路)通安南站赤道: 自宋代起,云南至邕州(今广西南宁)的交通道路,就已是云南与中原内地和海外进行政治、经济、文化交往的重要道路。蒙古军灭大理国后,为进攻南宋,立即开始修筑云南通往广西的道路,云南至邕州之道得

---

① [清]邵远平撰:《续弘简录元史类编》卷四二《附载·安南传》,乾隆六十年刊行扫叶山房本。
② 《元史》卷八《世祖纪五》,中华书局1976年版,第160页。
③ 《元史》卷一二五《赛典赤传》,中华书局1976年版,第3066页。
④ 《元史》卷一○一《兵志四·站赤》,中华书局1976年版,第2586页。

以迅速恢复。元朝从中庆至邕州站赤道路，在云南境内有两种走法，均已设站，即中庆路经建水至邕州陆路；中庆经曲靖、维摩陆路。前者为干道，后者为支线。

云南经邕州（南宁路）通安南站赤道干线为中庆经广南西路建水至邕州（南宁路）道，主要站名为：中庆路在城站（今昆明）、晋宁站（今晋宁县晋城镇）、江川站（今江川县）、宁海站（今通海县）、建州站（今建水县李浩寨）、娘甸站（今建水县漾田乡附近）、八甸站（今开远市羊街镇一带）、矣马洞站（今开远市中和营镇西逸马邑）、落捉站（今砚山县稼依镇西北落太邑）、必勒龙站、维摩站（今砚山县西北维摩）、摩矣龙站（今广南县珠琳镇）、嘉通龙站（今广南县）。从广南出云南后东行，再经湖广境内的路城州、利州（今田林）、泗城州、上隆州（今百色）、奉议州（今田阳）、田州路（今田东）、归德州、武缘（今武鸣），至邕州（即南宁路，今广西南宁）。

云南经邕州（南宁路）通安南站赤道支线是中庆经曲靖、维摩至邕州道，云南境内的主要站名：马龙站（今马龙县）、陆凉站（今陆县板桥镇东南旧州）、豆温站（今师宗县丹凤镇一带）、吉双站（今泸西县东南）、茶起站（今丘北县关寨乡一带）、马者笼站（今丘北县西南马者龙）、弥勒站（今丘北县天星镇）、维摩站，前已述，至此两路会合，通往邕州。

从邕州至安南都城大罗城，如前所述，宋代有一条海道、三条陆路可以通达。这些道路，在南宋末年，因安南内乱和蒙古军的南下均已不通。蒙古宪宗九年（1259 年），兀良合台率蒙古军平定各地，降服安南后，曾"由交趾历邕、桂，抵潭州"。说明此时道路尚可通行，但未受到蒙古统治者重视。故在南宋被征服前，安南不能从邕州道抵达内地，只能由云南至安南的驿道而行。待元朝建立，灭南宋设湖广行省后，由湖广至大都（今北京）

的驿道不仅成为联系云南的通行大道，而且由大都经湖广至安南更为便捷。《元史·安南传》记载至元二十一年（1284年）元朝派"万户李邦宪、刘世英领军开道自永平入安南，每三十里一寨，六十里一驿，每一寨一驿屯军三百镇守巡逻"[①]，使"邕州营站桥梁，往往相接"[②]，从此，邕州至安南道取代了从云南中庆至安南的道路，成为元朝与安南间往来的主要站赤道路。以后元朝安南用兵，双方使臣往来，几乎都走的是邕州道。在宋代邕州通安南的三条陆路中，元代设驿的道路显然是路途最近的永平寨路，因李邦宪、刘世英所开驿路即永平寨路，当是在宋代道路的基础上发展起来的。从邕州至永平寨一线，主要站口思明州（今广西宁明东）、思陵州（今广西宁明南）、太平路（今广西崇左）等均已设驿。由永平寨入安南的道路，经过安南机榔县，而后过乌皮、桃花二小江，再至南定江（即富良江，今红河），凡四日程即到安南国都，但具体站名不得而知。邕州经永平寨至安南段为元朝至元二十一年（1284年）后内地与安南交往的主要道路，两段道路相接，南方丝绸之路把整个新地区与安南联系起来，对这一地区的经济、社会发展具有积极的促进作用。

---

① 《元史》卷二〇九《安南传》，中华书局1976年版，第4644页。
② 《元史》卷二〇九《安南传》，中华书局1976年版，第4642页。

第
二
节

马可·波罗出使缅甸与
"青木香山路"

《马可·波罗行纪》记载了元代马可·波罗在中国期间，为元朝出使缅国的情况，他所述出使缅甸的往返路线，实际是当时云南往缅甸的两条最主要的通行道路，反映了当时云南与缅甸的交通和贸易情况。马可·波罗出使是奉忽必烈之命，"到离京都六个月路程的地方，名叫哈剌章（Karazan）的城市，处理一件重要的国务"①。据方国瑜、林超民《〈马可·波罗行纪〉云南史地丛考》的考订，至元二十四年（1287年），元军曾大规模进攻蒲甘（今缅

马可·波罗画像

甸），并于同年征服缅国。马可·波罗出使是随征缅大军，从京都出发，经云南至缅国。完成使命后，再返回京城。"他可能于至元二十四年（1287年）四月左右由汗八里出发，于至元二十五

---

① 冯承钧译，沙海昂注：《马可·波罗行纪》，商务印书馆1936年版。下引《马可·波罗行纪》均为此版本，见方国瑜主编：《云南史料丛刊》第三卷，依据冯承钧译本所录《马可·波罗行纪云南行纪》，云南大学出版社1998年版，第139页。

年（1288年）三月左右回到汗八里"①。

马可·波罗出使缅国的路线，是由元大都（今北京）至四川成都，从成都经建昌（今四川西昌）至中庆站赤道路至押赤城（今昆明），从押赤再经由大理（今云南大理古城）、金齿（今云南保山）

1948年商务印书馆出版　冯承钧译《马可·波罗行纪》书影

至缅国的站赤道路至江头城（今缅甸杰沙），以上所行的道路都是元朝的站赤大道。随后，马可·波罗从江头城经太公城（缅甸德冈）、安正国（即阿真国或阿真谷，今缅甸新古）、马来城（今缅甸曼德勒）至"缅王国的都城"蒲甘（伊洛瓦底江中游地区，今缅甸蒲甘）。由蒲甘继续南行，最后抵达缅甸南部的班加剌。班加剌在缅国之南，即隋唐时与南诏交往密切的弥臣、弥诺和昆仑国所在地，缅甸白古地区。据《马可·波罗行纪》所记，马可·波罗沿元军进兵路线，从金齿（今云南保山市）入缅至蒲甘，共行17日半。所行经的路线，由金齿（靠近云南保山德宏地区）出境，沿伊洛瓦底江经江头城、太公城、安正国、马来城、蒲甘城五城，然后继续南行至终点班加剌（今缅甸勃固）。

马可·波罗在班加剌有惊奇的发现，他说："班加剌（Bangala）者，向南之一州也。基督诞生后之一二九〇年，马可·波罗阁下在

---

① 方国瑜、林超民：《〈马可·波罗行纪〉云南史地丛考》，民族出版社1994年版，第11页。

大汗朝廷时，尚未征服，然已遣军在道……其地有牛，身高如象，然不及象大。居民以肉乳米为粮，种植棉花，而棉之贸易颇甚，香料如莎草（souchet）、姜、糖之属甚众。印度人来此求阉人及男女奴婢，诸奴婢盖在战争中得之他州者也，售之印度商贾，转贩之于世界。"[1] 马可·波罗又记"班加剌州在其南（缅甸），近印度（小印度）边境，大汗征服其地，适在马可·波罗在朝之时"[2]。由此可见，马可·波罗随元朝征缅大军出使的确到达了蒲甘王朝（今缅甸）南部沿海班加剌，18 世纪前班加剌（今缅甸勃固，又称白古）是缅甸蒲甘王朝南部沿海最大的贸易港口，因此在那里他看到了与印度密切的海上贸易，棉花、香料、姜、糖等贸易颇盛。班加剌是马可·波罗出使缅甸之行的终点和最南端。

马可·波罗到达了缅甸南部沿海海港班加剌后便启程返回元朝，他没有原路返回元朝，而是经由南诏大理国时期开通的"青木香山路"返回，通过《马可·波罗行纪》的返程记载，不仅能够考证"青木香山路"的路线，而且引证了他在班加剌（缅甸勃固）见到的繁盛海上贸易商品的来龙去脉。他说从"此州（班加剌）广三十日程，东尽处抵一别州，名曰交趾国"[3]。《马可·波罗行纪》中所谓的"州"并非行政区划，而是地方之意。他从班加剌折往东行 30 日程到达交趾国[4]。冯承钧考交趾国"以此 Cangigu 为

① 冯承钧译，沙海昂注：《马可·波罗行纪》（商务印书馆 1936 年版），见方国瑜主编：《云南史料丛刊》第三卷，依据冯承钧译本所录《马可·波罗行纪云南行纪》，云南大学出版社1998 年版，第 154 页。

② 冯承钧译，沙海昂注：《马可·波罗行纪》（商务印书馆 1936 年版），见方国瑜主编：《云南史料丛刊》第三卷，依据冯承钧译本所录《马可·波罗行纪云南行纪》，云南大学出版社1998 年版，第 154 页。

③ 冯承钧译，沙海昂注：《马可·波罗行纪》（商务印书馆 1936 年版），见方国瑜主编：《云南史料丛刊》第三卷，依据冯承钧译本所录《马可·波罗行纪云南行纪》，云南大学出版社1998 年版，第 154 页。

④ 冯承钧译，沙海昂注：《马可·波罗行纪》（商务印书馆 1936 年版），见方国瑜主编：《云南史料丛刊》第三卷，依据冯承钧译本所录《马可·波罗行纪云南行纪》，云南大学出版社1998 年版，第 154 页。

老挝（Laos）"①，方国瑜考证"马可·波罗所说的 Cangigu 疑为景谷的译音，即威远城，读音略相近，路程亦相当"②。笔者采方国瑜之说，因为，元代几乎没有史料表明云南经老挝到达缅甸沿海的畅通道路存在，但经越南、景谷到达缅甸沿海的道路则是非常著名的"青木香山路"。马可·波罗在交趾国（Cangigu，今云南景谷）看到"香料甚众""此地使用海贝""距海远而物价贱，其东有山居畜牧之国，曰阿木"③ 等。随后马可·波罗就此返回元朝境内，并记载"阿木（Amu）是东向日出之一州，其民是偶像教徒，臣属大汗。以畜牧耕种为活"。阿木（Amu）之地，方国瑜考证为今云南通海县④。马可·波罗返程看到的现象都符合唐宋南诏大理至元初云南的情况，那时云南信奉佛教，即马可·波罗所说"其民是偶像教徒"，供奉佛像多用香，故"香料甚众"，唐宋南诏大理国时期延至元明时期，云南曾大量使用海贝为货币，云南畜牧业发达，除了通过"大理买马道"贩卖内地以外，还经常用马牛与东南亚国家和地区进行贸易，马可·波罗最大的发现是，他在缅甸南部沿海见到的体大如象的牛可能就来自阿木州（今云南通海县），而且阿木州（今云南通海县）"产马不少，多售之印度人而为一种极盛之贸易"⑤。这说明云南商人赶着成群的牛马，通过南方丝绸之路抵达缅甸沿海港口班加剌（今缅甸勃固）与印度商人交易，甚至成为"一种极盛贸易"。其后，马可·波罗从

---

① 冯承钧译，沙海昂注：《马可·波罗行纪》（商务印书馆 1936 年版），见方国瑜主编：《云南史料丛刊》第三卷，依据冯承钧译本所录《马可·波罗行纪云南行纪》，云南大学出版社 1998 年版，第 16 页。

② 方国瑜、林超民：《〈马可·波罗行纪〉云南史地丛考》，民族出版社 1994 年版，第 93 页。

③ 冯承钧译，沙海昂注：《马可·波罗行纪》（商务印书馆 1936 年版），见方国瑜主编：《云南史料丛刊》第三卷依据冯承钧译本所录《马可·波罗行纪云南行纪》，云南大学出版社 1998 年版，第 155 页。

④ 方国瑜、林超民：《〈马可·波罗行纪〉云南史地丛考》，民族出版社 1994 年版，第 94 页。

⑤ 冯承钧译，沙海昂注：《马可·波罗行纪》（商务印书馆 1936 年版），见方国瑜主编：《云南史料丛刊》第三卷，依据冯承钧译本所录《马可·波罗行纪云南行纪》，云南大学出版社 1998 年版，第 156 页。

阿木州经秃落蛮州（今四川宜宾市）返回成都。

虽然《马可·波罗行纪》记载马可·波罗出使缅甸返回的情况非常简单，但可知他的返程路线也就是樊绰《云南志》卷六《云南城镇》提到的南诏银生节度至南海三道之一——"青木香山路"①。通过樊绰《云南志》和《马可·波罗行纪》的记载考证，"青木香山路"也是元代南方丝绸之路的重要走法，该路在元代从成都经秃落蛮州（今四川宜宾市）、中庆（今昆明）、阿木州（今云南通海县）、交趾国（Cangigu，今云南景谷）、茫乃道（今西双版纳）、八百媳妇国（今泰国清迈地区）至班加剌（今缅甸勃固）。并在班加剌（缅甸勃固）与海上丝绸之路连通，与通过海上丝绸之路而来的印度洋国家印度等进行极为繁盛的贸易。

"青木香山路"开辟于唐南诏时期，宋大理国时期得到极大的发展，元代已经成为一条云南通往缅甸南部沿海的极盛商道。樊绰《云南志》卷六《云南城镇》载"步头路"之后所说的"青木香山路"，并说"量水川西南至龙河，又南与青木香山路直，南至昆仑国矣"②，则青木香山路在唐南诏时期已经开辟，从南诏可以直达今缅甸南部沿海地区。"昆仑国正北去蛮界（笔者按：指南诏）西洱河八十一日程，出象及青木香、旃檀香、槟榔、琉璃、水精、蠡杯。南诏青木香，永昌所出，其山名青木山"③，故青木香山路因途经"青木山"而得名，"青木山"在永昌（今云南保山市）以南三日程，由青木山往南约八十一日程到昆仑国（今缅甸南部沿海地区）。南诏时由银生节度之开南城（今景东南部）经威远城（今景谷）至缅甸南部沿海的弥臣国（即白古）、昆仑国抵海已经是一条通行大道。昆仑国（今缅甸南部沿海）贸易繁盛，南诏商

①［唐］樊绰撰，向达原注，木芹补注：《云南志补注》，云南人民出版社1995年版，第83页。
②［唐］樊绰撰，向达原注，木芹补注：《云南志补注》，云南人民出版社1995年版，第83页。
③［唐］樊绰撰，向达原注，木芹补注：《云南志补注》，云南人民出版社1995年版，第152页。

贾来此与海外舶商交易频繁。来自云南南诏的商贩用云南特产交易各种来自南亚、东南亚地区的香料，香料成为唐宋南诏大理国时期南方丝绸之路最重要的外贸进口商品，大理国甚至被称为"妙香佛国"，这与南方丝绸之路香料贸易的便捷密切相关。所以元代马可·波罗返程所见所闻的贸易繁荣景象，就是元代南方丝绸之路的重要支线"青木香山路"与海上丝绸之路联通后的陆海贸易盛况。"此地（指秃落蛮州）有金甚饶，然使用海贝，如前所述。上述诸州若班加剌、交趾国、阿木等州，亦习用海贝黄金。其地商人甚富，而为大宗贸易"[1]。这充分说明了元代南方丝绸之路很好地利用了缅甸沿海港口，与海上丝绸之路实现联通，并与印度等海外国家进行繁盛的海上贸易。

---

[1] 冯承钧译，沙海昂注：《马可·波罗行纪》（商务印书馆 1936 年版），见方国瑜主编：《云南史料丛刊》第三卷，依据冯承钧译本所录《马可·波罗行纪云南行纪》，云南大学出版社 1998 年版，第 157 页。

第 六 章

实现通江达海的南方丝绸之路

本章探讨的南方丝绸之路是明清时期在西南边疆发达的内联外达驿道，对内与明清时期中国国内完善的驿站干线道路完全结合，与四川、贵州、广西的驿站道路组成西南交通网络；对外面向东南亚，特别是依靠缅甸"天惠之河"伊洛瓦底江内河运输抵达伊洛瓦底江入海口的通江达海交通体系，使南方丝绸之路与逐渐兴起的大航海时代世界交通体系结合。

第
一
节

明清时期南方丝绸之路的
内联驿道建设

一、明清时期南方丝绸之路的驿道发展

明清时期，西南边疆地区内联外达的驿站道路就是南方丝绸之路交通干线体系。明代把开道设驿作为镇戍云南及其边塞的重要举措。明初大军入滇，即设置驿传，随其疆界远近，开筑道

路。在道路沿线除了设置驿站外，还设堡、巡检等军事设施，相互维系，共同担当镇戍和保卫驿道畅通的责任。明代一般60至80里设一驿站，在边远荒僻人烟稀少地区，里距有的达百里以上。每一驿站，供马十数匹或二十匹，设马头十余名，库子、馆夫一二名，站内一切支销，如铺陈、鞍具、草料、马夫工银等，例有站银，指定州县民户应役，岁派银两，定额为办。明代云南驿站原来的主要任务是传送公文，急递军情。自成化以后，云南边远，选官多畏避，乃规定赴任官员由吏部给勘合，所过驿站，征发马匹，添置公馆供应停息。边境有急，大军征伐，也沿驿道进兵。驿传递运，为明代政务之重要方面；驿道通衢，成为明代云南交通之主干。除驿站外，明代云南重要的军事干道上还设堡，或以堡代驿，加强军事护卫力量。洪武末年，曲靖至大理交通沿线设堡23个。正统六年（1441年），又增设大理卫下关、永平、沙木和、漾濞上、漾濞下五堡。到万历年间，云南共有军堡53个，堡是加强道路守护和承担一定驿传任务的军事力量。明制，在州县境内，凡于关隘要冲之处，多设巡检司分治。由于云南地形的限制，交通道路沿线为经济发达地区，驿道通往边塞，军事防御上的要冲之地，也多是交通要冲，故驿道上多有巡检司设置。另外，明代云南凡于险隘处设关，以卫军驻守，万历《云南通志·建设志》于各府记设关共有65处，大都与驿、堡或巡检司同设，亦有与军哨同设，由此构成了明代云南驿道护卫防御和公文传递体系。

清代驿道在明代基础上，继续发展。其特点是：（1）清代驿站制度更加完善。清时驿制，由兵部统领，颁发邮符，称为兵部火牌。持兵部火牌者，通过驿道，即由各地驿站提供脚夫、马匹。除公务传递、军情飞送、军旅出征外，凡赴任卸职调迁官员、进京应试的文武举人、参加贡考生员均可乘驿。（2）清代云南驿道继承了明代的驿、堡制度，凡出省和通往边境的通行大道，均承明制，设驿站，"此为驿递之通道，用驿马、马夫传递重要公件，不通道之处，则别置堡，附于驿站，用堡夫分递"①。（3）清代云南驿道，更重视军事作用，特设军站，"军站则因清初入滇征缅，诸设置专为军兴时递报军需品等，军平后，又多裁去"②。（4）凡明代对外驿道的路线、站口均被清代驿道承袭，并不断开辟新的驿道。明代驿道主要设于府州所辖地区，而土官、土司统治的地区，除重要的边防要地外，一般均未系统设置驿站，所以明代云南宣抚司、宣慰司地区，都没有设置驿道，而清代云南的驿道更向边境地区推进，特别是那些传统的对外通道，如元江经车里通八百、交趾的道路，均系统设驿，成为官方驿道。据《大清会典》，清代云南省置驿89处，其中驿站19个、堡20个、军站54个。清代云南驿站、堡和军站的位置大都设于前代，特别是明代驿站、军堡的位置上，在明代驿道基础上发展。

明清云南所属各府、厅、州、县在置驿设堡的基础上，又在各州四通八达的道路上设置铺，驻扎应役的铺司兵，负责邮传任务，明代"云南铺舍，大抵与江南中州不同，江南中州铺兵俱民户输充，一年一换；云南或以民户，或系国初调来军士，俱环铺居住耕种，子孙世役"③，所以云南铺舍很容易发展成为交通道路沿线的居民定居点。清代云南山区半山区得到大力开发，铺的设置更多，总计铺数在460处以上，铺与铺之间距离或10里、15里、20里、30里、40里不等，在边地，有的府厅没有置驿，但

---

① 《新纂云南通志》卷五六《交通考一》，李春龙等点校本第四册，云南人民出版社2007年版，第4页。

② 《新纂云南通志》卷五六《交通考一》，李春龙等点校本第四册，云南人民出版社2007年版，第4页。

③ 正德《云南志》卷二《云南府》，见方国瑜主编：《云南史料丛刊》第六卷，云南大学出版社2000年版，第130页。

有铺，铺路往往接续驿道，向前延伸。除了铺之外，还设汛塘制度，辅助驿堡铺舍加强道路的守护和邮传通讯，在云南形成了以驿道为干线，各地方铺舍邮路相连，以及半山区和山区汛塘小路相通，形如蛛网，四通八达的交通体系。

云南地势复杂，山高谷深，山川阻隔成为南方丝绸之路的最大障碍之一。俗话说，云南"行船走马三分命"，形象地道出了古代云南交通运输的艰辛和危险。逢山开路，遇水架桥，云南先民为开辟对外通道，筚路蓝缕，以启山林，进行了艰苦卓绝的奋斗，开通了一条条对外交通道路，但是依然未能摆脱落后的交通状况，山川的阻险，严重地制约着云南与周边及海外各国进行经济文化交往。元明清时期，云南在中央王朝的统治下，同全国一样，开辟和健全驿道制度，逐渐完善对外交通道路设施，其中重要的一方面就是依靠官府或民间募捐集资的方式对云南的道路进行了大规模疏通和建设。如明清时期，政府都设想利用云南河流纵横、水利丰富的特点，发展便利的水路运输，特别是对金沙江的水路，更为关注。明清两代，云南省臣就多次上书，要求开辟金沙江水路，同时也对云南各条道路和水系进行了较全面的考察。仅天启《滇志》就记载有《建昌路考》《粤西路考》《金沙江考(附图)》、李元阳《黑水辨》、张机《南金沙江源流考》、前人《北金沙江源流考》等，此外尚有对各种关、隘、路、桥、津渡的诗文散赋和游记等，难以枚举，清代此类作品更超过了明代，足见当时官府和社会上的有识之士对云南交通发展的重视。

元明清三代对云南交通都曾进行较大规模的疏通和整治。云南的对外通道上，山高谷深，河流险阻，很少有河道航运可以利用，因此，架桥设渡，成为元明清时期，中央王朝统治下南方丝绸之路建设的重要方面。

明清云南境内主要驿路有：（1）昆明曲靖、贵州普安，接贵

南方丝绸之路研究丛书　历史地理卷

州驿路。（2）昆明经曲靖、乌撒往四川或中原驿道。（3）云南经建昌入四川驿道。（4）昆明经广西府（云南泸西县）、广南府（云南广南县），通广西驿道。（5）昆明至金齿卫（云南保山）、腾冲，通缅甸驿道。（6）昆明至元江府（云南元江县）驿道。另外，从赵州（下关凤仪镇）至景东府（云南景东县），从大理府（大理市）至丽江府（丽江市）也有驿道。驿道构成明代云南境内对内对外交通干线。

二、明清时期南方丝绸之路主要内联驿道

1. 昆明经曲靖、贵州普安出省干线：这条道路又称"滇黔大道"，是从元代开辟的云南出省湖广大道发展起来的，据天启《滇志》记载，此路在明代称为普安入黔旧道，又称东路或普安路，主要站口有：云南治城（昆明市）、板桥驿（昆明市大板桥）、赤水鹏、杨林所（嵩明杨林）、易龙堡（即木密所，寻甸易隆）、马龙驿（马龙州城）、南宁驿（曲靖市）、响水关、交水（沾益县城）、阿幢桥、白水驿、平夷卫（富源县）而后出云南境，接贵州驿路，经亦资孔驿（贵州盘县亦资孔）、普安州（贵州盘县）、新兴驿（贵州普安县城）、安南卫（贵州晴隆县城）、查城驿、关岭（贵州关岭县城）、安庄卫（贵州镇宁县城）、普定（贵州安顺市）、平坝卫（贵州平坝县城）、威清卫（贵州威清县城）、贵阳府（贵阳市）、龙里卫（贵州龙里县城）、新添（贵州贵定）、平越卫（贵州福泉县城）、兴隆卫（贵州黄平县城）、偏桥卫（贵州施秉县城）、镇远府（贵州镇远县城）、平溪卫（贵州玉屏县城），入湖广境内再经晃水驿，便水驿达沅州（湖南芷江县城）。从云南至沅州共1890里，而后或与湖广入北京的大道相接直上北京，或

继续往东深入江南地区，故这条道路是明清时期云南最重要的出省干道，称"湖广普安路"。明代洪武十四年（1381年）傅友德、蓝玉、沐英率三十万大军征云南，主力就是从南京由湖广辰沅由普安路进入云南，在曲靖打败梁王的军队。随后，上百万汉族移民也主要经"湖广普安路"这条入云南的大道进入云南。正统年间曾调拨数十万大军三征麓川，主要的进军路线也取道"湖广普安路"。南明政权入云南走的也是此路。清代这条道路更为重要，一切军队调拨、官吏任免、学子游学几乎都走此路。"湖广普安路"，后发展为"滇黔大道"，成为南方丝绸之路西南边疆与内地和中央王朝联系最重要的通道。

明清西南地区重要驿路"滇黔大道"
云南与贵州交界处的胜境关　　　　　　明清滇黔大道胜境关驿道遗迹

　　2. 昆明经曲靖、乌撒入四川驿道： 明清时期又称乌撒入蜀旧路，基本上是从唐宋时期的石门道发展而来。其由云南治城（昆明）至交水（沾益）一段，与普安路同行，自交水分途，普安路继续东行，而乌撒路则北折，经松林驿（又名普吉堡，曲靖府城北五十里）、炎方驿（宣威县南八十里）、沾益州（即乌撒后卫，宣威县城）、倘塘驿（宣威北八十里），可度驿入明代四川乌撒府（今贵州威宁县），经瓦店（威宁东七十里）、黑张（贵州赫章县城）、周泥（赫章周泥）、毕节驿（贵州毕节县城）、阿永驿、赤水驿（四川叙永赤水河镇）、摩尼驿（叙永摩尼）、普市驿（叙永普市）、永宁驿(四川叙永县城)、永安驿(叙永新农)、江门水马驿(叙永江门镇)、峡口水驿、大洲水驿(四川纳溪县大洲驿)、渠坝水驿(纳溪渠坝)、纳溪水驿(四川纳溪县城)、泸川水驿(四川泸州市)。从交水至纳溪,共 1210 里,由此继续顺长江而下,实现南方丝绸之路与长江航道的连通,长江成为明清时期与西南地区相连的纽带,连通了川、鄂、皖、苏至海,将西南地区与中国南方连接起来,形成名副其实的南方丝绸之路。

3. 昆明经建昌入川驿道: 明清时期昆明经建昌入川驿道与元代中庆经建昌入川站赤道路的走法完全一致,仍是滇川交通的干线。明代驿道的驿堡铺哨建设更加完善,清代又对这条古道进行多次整修,如乾隆二十八年(1763 年)冕宁县令组织修整了小相岭登相营附近的石路一千四百丈,光绪年间曾五次组织修整了大小相岭一带的古驿道,使这条道路一直保持畅通,成为清代川滇间的重要商道,川盐、蜀丝、云烟、南土、普洱茶等等,都沿这条古道转输,马帮脚夫往返于道,络绎不绝。古道上的重要关口——清溪县城,是重要的交通枢纽,南入云南,西至康藏,北上成都都在此分途,城外马店林立,城内客铺鳞次栉比,今天,有一间叫大宏店的马店门柱上,因长年拴马磨成了杵状,似在向人们述说着久远年代马帮运输的繁盛。川滇水陆通衢云南元谋县在明清两代商业都十分发达,来往客商尤多,元谋江边的龙街官渡是古道上的要津,清代由于摆渡人任意加价,引起商民不满,政府还在渡口勒石告示,详定了渡江价格,这都昭示着当年渡口那人欢马叫的繁忙景况。

4. 滇铜运道: 明清时期是云南开采铜银矿的鼎盛时期,矿工不下几十万。铜以东川铜矿最负盛名,其产量之丰,含量之纯,位列全国之首。清代乾隆年间,每年运京铜达 600 多万斤。道光年间,滇铜每年运京 360 万斤,号称"京铜"。云南铜几乎供应当时大半个中国，作为鼓铸铜钱、制造器皿之用，清廷派大员专门督运京铜和监制铜钱，一时之间"滇铜甲天下"，誉满全国。银也是云南明清时期开采的主要矿产。明清两代，云南白银产量居全国首位。明天顺二年（1458年），滇省上缴课银达十余万两，为当时全国的一半多。所有这些输往内地的矿产几乎都是通过乌撒路出省，经川江转运中央王朝和江南、中原各地。运铜入京的道路，也就成为这一时期云南工业经济的动脉。清代云南的铜产地主要在东川府，内运的铜基本上从东川起运，靠马帮运输至四川泸州等地的川江码头，再由川江船运至内地。所以滇铜运道就是从东川至四川泸州的陆路，主要有以下几条：

（1）乌撒入蜀旧路：此路基本是乌撒入四川的驿道，而且运铜较早。其路线陆路从东川府、寻甸、威宁道永宁，沿永宁河水运到泸州。其间从铜厂到泸州共23站，有"滇铜运输第二线"之称。

（2）盐井渡道：由东川陆运经鲁甸、昭（道）通到盐井渡，沿横江水运到叙州至泸州。此道是乾隆七年（1742年）才开始取运京铜，但地位十分重要，号称"滇铜运输第一线"。

（3）镇雄永宁道：此道从东川的汤丹铜厂、东川府（今会泽）、鲁甸、奎乡、昭通、镇雄、永宁到泸州。

（4）罗星渡道：此道从汤丹厂、寻甸、镇雄、威信到罗星渡，水运经上罗场、洞底、老鸦沱、平寨场、木滩、孝儿场、蹽滩、嘉乐场、高县、庆符、来复、南广滩到泸州。乾隆七年（1742年）至十年（1745年）对此道进行了整修，逐渐发展为滇铜运道。

（5）金沙江水道：云南川河多为高山深谷型河流，富于水能，而少舟楫之利。金沙江下游，河道渐宽，虽然险滩叠流不断，但基本可通航。明清时期，王骥、黄踵衷、汪文盛、毛凤韶、杨士云、庄浩、陈用宾、黄直指、郭少参、冯苏、张允、师范等多位滇川大员和有识之士多次上书倡议对金沙江航道进行整修，并在滇铜运输中启用金沙江水道，以图水运之便。最先，东川汤丹厂之铜沿小江陆运到象鼻岭渡（又叫小江渡），沿金沙江水运到绿草滩，其陆运至蜈蚣滩，再下水运至横木滩，又起陆运到对坪子滩，再下水运到滥田坝，再水陆相兼运到叙州府、泸州。乾隆初，因滥田坝以上"三次起拨费力，且沿江一带俱属沙夷出没之处，不免惊心，是以奏停水运，仍旧陆运"[1]。于是部分改行陆运，从小江渡金沙江沿北岸经蒙姑塘、新塘、小河塘、兴头沟塘，渡江经杂格塘、旗锣沟塘、扯却村、蒙居租营，再水陆相兼至叙州、泸州。从乾隆五年（1740年）开始，清朝组织疏凿金沙江。乾隆七年（1742年），云南布政司派人整凿了叙州以上600余里的134处险滩。乾隆十四年（1749年）永善县黄草坪到泸州水路疏通。乾隆十七年（1752年），又疏通了巧家蒙姑至叙州水道，滇铜一半便取此道运转。但清末鸦片战争爆发后，水道失修，京铜不继[2]。

---

① 乾隆《东川府志》卷四。
② 蓝勇：《四川古代交通路线》，四川师范大学出版社1989年版，第155—156页。

明清时期向东南亚延伸的驿道

一、昆明经大理、永昌出腾冲至缅甸的驿道

这是南方丝绸之路西出国境连通南亚、东南亚最重要的驿道干线。这条驿道在明洪武年间已经设立，是明清通缅甸的要道。永乐年间，云南辖土最广，驿道向外延伸，里程最长时达猛养

今腾冲市景

（今缅甸猛拱、孟养一带）及缅甸勃固一带。而从明中叶起这条驿道就只通到腾冲。明清时期这条驿道的走法，方国瑜先生曾有过详细叙述，即昆明西南（经碧鸡关）八十里为安宁州（安宁市）。安宁西六十里曰禄表驿，西行（经老鸦关）五十里曰炼象关（今名大腰站）。关西五十里曰禄丰县，又七十里曰舍资驿（禄丰县舍资镇）。驿西二十里曰回蹬关，又四十里为广通县，今有路甸驿。驿西百里为楚雄府（峨录驿，楚雄市）。楚雄西四十里曰吕合驿（楚雄吕合镇），驿西三十里为镇南州（南华县城），由镇南州北行百里为姚安府（姚安县城），今有蜻蛉驿。姚安西南行百里曰普淜驿（祥云普淜），西行（经安南关）五十里为小云南（祥云县云南驿），西南四十里为品甸（祥云县城）。县西北行四十里为白崖甸（弥渡红崖），甸西山有关（即定西岭），关西四十里为赵州（大理市凤仪）。赵州西南三十里曰龙尾关（大理市下关），入关三十里则大理府（大理古城）也。又自大理府出龙尾关南行五里许，有石门天桥（即天生桥），又南行七十里曰漾濞江（有漾濞驿，漾濞县城）。西南行八十里曰打牛坪（永平县打牛坪），又西南行（经黄连堡）百二十里为永平县。永平西行六十里，俗名丁当丁山（即博南山），又二十里曰沙木和驿（永平县杉阳街）。西南行二十里曰澜沧江，渡霁虹桥，登山，经板桥街百里乃永昌府（保山市）。由永昌府西行五日经蒲骠（保山蒲骠街）、潞江驿、龙川江驿（龙陵县北龙江）至腾冲。清代又延伸到滇缅边境线上，在腾冲西南设曩宋军站（梁河曩宋）、南甸（今梁河县城）、龙抱树军站（距南甸六十里）、杉木笼（今陇川县杉木龙）、蛮笼军站出缅甸。或从保山县军站，经龙陵厅军站、镇安军站等，由芒市方向出国境入缅甸①。

---

① 《新纂云南通志》卷五六《交通考一》。

今腾冲市"极边第一城"雕塑

说明：云南腾冲市是著名的侨乡、文献之邦和翡翠集散地，也是省级历史文化名城。腾冲在西汉时称滇越，大理国中期设腾冲府，元明清为腾越州、腾越厅。为南方丝绸之路西出国境至缅甸、印度的国境边城。地理位置极其重要，历代都派重兵驻守，明代设腾冲卫，筑腾冲卫石城，守卫国门。被明代大旅行家徐霞客誉为"极边第一城"。

这条驿道还有一条支线，从永昌府南行经水眼关、施甸至姚关，明代在这条支线上设小堡场驿（今施甸县北保场）和老姚关驿（今施甸县南姚关），然后，可经湾甸、小孟统（今永德县小勐统镇）、德党（今永德县城）、耿马安抚司（今耿马县）出木邦（今缅甸掸邦地区）、缅甸。

滇缅贸易重镇腾冲市和顺

二、从赵州通往泰国清迈的驿道

明代从赵州（大理市凤仪镇）有一条驿道至景东，并可外接出车里经八百抵缅甸沿海的道路。若从赵州南行，经明设于这条驿道上的开南驿（巍山县城）、定边驿（南涧县城）、新田驿（南涧新街）、板桥驿（景东县北龙街）、景东驿（景东县城）。由景东继续南行，经威远州（今景谷）、车里宣慰司（景洪）出八百大甸，过景迈（今泰国清

南方丝绸之路上云南省禄丰县炼象关堡及驿道遗迹

迈）可抵达于缅甸南部沿海，这是自唐宋以来的著名商道。

三、从昆明经广西出海或至安南的驿道

由昆明至广西的驿道，是明代云南经广西出海，与海外国家联系或转达安南的重要道路，天启《滇志》卷2《旅途志·粤西路考》[①]记载共有两条道路通广西南宁。南宁至钦江口很近，到了钦江口即可出海。这实际上是从宋代的买马路线发展而来的出海通道。

第一路，从昆明经临安至广西的驿道。大约从昆明经呈贡、晋宁州、关索岭、江川县城而后渡海门桥，过宁州甸苴关，循杞麓湖至通海县城，又经曲江驿（建水县曲江镇）、临安府（建水县城）、阿迷州（开远市）、马者哨、矣马驿（开远中和营）、罗台驿（文山平远街）、弥勒湾（丘北县天星镇）、速为驿、广南府（广南县城）、西洋江、富州（富宁县城）而入广西，再经纳桑寨、镇安州（广西德保县城）、归顺州（广西靖西县城）达南宁府（今广西南宁市）。清代的道路也基本相同，但也有从广南入广西，由盘江水路，经百色、田州（广西田阳县城）、田东直达南宁府的，

---

① ［明］刘文征撰，古永继点校：天启《滇志》卷四《旅途志》，云南教育出版社1991年版，第169—173页。

这样的走法充分利用了水路的便利，在清代后期成为桂广间，甚至滇桂越南间主要的交通干线。

第二条路，由云南治城经水海子、黄土坡、七甸汤池、宜良县、一碗水、土官哨、白水屯、路南（今石林县）、板桥屯、小色朵、发矣哨、革泥巡检司、马矣哨、龙铺、弥勒（今弥勒县）、竹园（今弥勒竹园镇），其途坦平，可通马牛车。再经新哨（弥勒新哨）、江边（今弥勒江边镇）渡南盘江经三乡城、归德哨至弥勒湾（今丘北天星镇），在弥勒湾于前面所述的广南路会合，出博隘，水行至南宁府。以上是天启《滇志》记载的路线，虽然很多地名今天仍沿用，但有不少也难确考，清代的道路也基本相同。上述路线与《明会典》所记的云南至广西驿道实际是一回事，但地名有所出入。明代两条至广西的道路中，广南路还有两条支线，一出元江，一出临安（今云南建水县），通八百（今泰国清迈）、越南，都是明代南方丝绸之路的要道。

清代南方丝绸之路的驿站道路最重要的发展是把驿道延伸到明代的土司地区并出境至东南亚国家。江外边地指元江以外地区，在明代是宣慰司、宣抚司等土司辖地。明代的驿站一般仅设于中央政权能够直接统治的州府地区，土司、土官统治的宣慰司、宣抚司地，基本不置驿。从昆明经元江、车里通缅甸、八百至海的道路；从赵州经景东、景谷、车里出国境通缅甸、八百至海的道路；从昆明经临安、蒙自出越南的道路等，在明代这些道路经过的元江以外边地的路段都不予置驿，所以这些道路在明代还不是完全意义上的驿道。清代，改土归流取得巨大成功，云南边地广大地区，虽然很多地方依然为土司管理，但府、厅的建制深入到了各边疆民族地区，为了加强这些民族地区与内地的联系，通达军情，保卫边疆，同时也为了保持重要商道的畅通，清代将置驿范围扩大到了江外边地，置驿的路段不断向边地推进，使云南的主要对外通道基本上发展成为官府管理的驿道或具有驿道性质的交通线。

（1）从昆明经元江、车里（今西双版纳）入缅甸至南海的道路，是唐代开辟的重要对外交通线。明代置驿仅至元江，元江以下，并无驿站。清代在这条著名的商道上的江外边地也都设有驿站、军站和铺：从昆明，经晋宁州军站（今晋宁县晋城）过刺桐关（今地名同，为昆明至滇南要冲，明清时期设关驻兵，故名），又经新兴州军站（今玉溪）、习峨县军站（今峨山县）、新平县吕罗乡军站、扬武坝军站（今新平县杨武镇）、青龙厂军站（今青龙厂镇）、元江州军站（今元江县）、莫浪塘军站（今地名同）、大歇厂军站（今地名同）、阿黑江军站（墨江县阿墨江畔，忠爱桥附近）、他郎厅军站（今墨江县）、把江边军站（今普洱把边街）、通关哨军站（今墨江通关镇）、磨黑军站（普洱县磨黑镇）、宁洱厅军站（今普洱）。这条驿道设驿站至普洱，普洱以下经思茅厅往外还有铺，将驿道延续下去。因此，宁洱军站后，思茅厅还有思茅铺（今思茅）、铁厂河铺等，驿路抵达车里司地（今西双版纳），然后出国境，经缅甸、八百等至缅甸南部沿海。

（2）从大理经赵州至普洱入缅甸至海道路设驿站、军站和铺的情况：这条道路所经的蒙华厅设有漾濞军站、蒙化厅合江军站（约在今巍山县城附近），还有厅前、石佛街、甸中（今地名同）、甸头、三台、漾濞、澜沧江等铺；景东厅设有厅前铺、他郎铺、厅铺（今景东县）等铺；威远厅设抱母（今景谷县抱母井）、厅前、景谷（今景谷县）、猛乃（今景谷县勐乃）、香盐井（今景谷县香盐）等铺，由香盐井往下，至普洱，与上述元江路合，然后出国境。

（3）从昆明经临安、蒙自出越南的道路，在明朝鼎盛时，具体路线与元朝云南经中庆通安南驿道基本一致。《明太宗实录》

昆明到大理的途中 1914 年　谢阁兰（法国）
1914 On the way from Kunming to Dali,1914　Xie Gelan (France)

昆明至大理途中的驿站村　三十年代《亚东印画辑》（日本）
A courier station on the way from Kunming to Dali,1930s,
'A collection of Oriental prints' (Japan)

Xiangyun in 1984, Missionary(France)
祥云 1984 年　传教士（法国）

外国传教士所摄南方丝绸之路昆明至大理段驿路况

记载永乐十年（1412 年）设"云南临安府之倘甸驿，蒙自县之蒙自驿、花丈驿、利花旧市驿，宁远州之者隆驿"①。成化十七年（1481 年）"开设云南纳更山巡检司"，"昔商人贩货往连花滩与交人互市，宜于此设巡检司"②。纳更山巡检司在建水州东南 140 公里处，蛮耗上游不远。莲花滩在河口市西北 68 公里，因村边红河中有乱石滩，形似怒放的莲花而得名。这条驿道有两种走法，或从利花旧市驿（蒙自蛮耗）下水，或由莲花滩下的河口下水，顺红河出安南，显然这是接红河水道出越南干道。清代这条干线上的驿站铺哨更加健全，有昆明县滇阳驿（今昆明）、呈贡县军站（今呈贡县城）、晋宁州军站（今晋宁县晋城）、河阳县县前铺（今澄江县城）、江川县县前铺（今江川县城）、通海县县前铺（今通海县城）、建水县县前铺（今建水县城）、阿迷州州前铺（今开远

---

① 《明太宗实录》卷一二五，永乐十年二月壬戌。
② 《明宪宗实录》卷二一七，成化十七年七月己亥。

市）、倘甸铺（今蒙自县倘甸）、矣坡铺（今蒙自雨过铺镇）、十里铺（今蒙自十里铺）、蒙自县县前铺、芭蕉铺等，沿红河水道出国境，通越南北方的海防港。

第三节

南方丝绸之路通江达海格局形成

亚当·斯密说："水运开拓了比陆运所开拓的广大得多的市场。"[①]明清时期南方丝绸之路发展的最大特点是滇缅水路贸易的兴起和发展，从而促进南方丝绸之路贸易发展达到一个崭新的阶段，南方丝绸之路从云南腾冲、瑞丽等出境后，接续缅甸通航能力较好的伊洛瓦底江，通过缅甸伊洛瓦底江内河航运抵达伊洛瓦底江入海口印度洋的安达曼湾的仰光等港口，与印度、阿拉伯乃至欧洲开展贸易，使南方丝绸之路借助缅甸伊洛瓦底江内河航运，实现通江达海，融入世界海上交通体系。

一、伊洛瓦底江水道在滇缅交通中的意义

在元明清的南方丝绸之路史料中，常常会看到大金沙江这一名称，以及对这条水道在滇缅交通中重要作用的叙述。中国古书上的大金沙江，即伊洛瓦底江，它是云南六大水系之一，其正

---

① 亚当·斯密：《国民财富的性质原因研究》，商务印书馆 1981 年版，第 17 页。

源恩梅开江发源于西藏察隅地区，南流经过云南省贡山县出国境，沿滇缅边境一带，自北至南纵贯缅甸中部，至仰光迤西南的地区，注入安达曼海的马达万湾，全长 2400 公里，流域面积410500 平方公里，约占缅甸总面积 60%。

伊洛瓦底江对缅甸人民具有重大意义，如同长江、黄河在我国所具有的重大意义一样。自古以来，缅甸人民就把伊洛瓦底江称为"天惠之河"，它灌溉着流域内肥沃的土地，养育着世代缅甸子民，培植着缅甸文明，沟通着上下缅甸的交通，联系着中缅、印缅经济文化的交流。非但如此，伊洛瓦底江水道，在滇缅交通中也具有非凡的意义。

其一，它的上游，自发源地至杰沙。虽然伊江流经云南很短，从贡山县就流出国境，但是，它沿上缅甸中缅交界地带自北向南而流，所流经的掸邦高地，又称"珊邦高地"，无论在地质上或地形上，都与云南西部不可分割，在滇缅边界尖高山以南的伊洛瓦底江两岸及八莫、密支那附近，有现代冲积平原，是缅甸开发较早的地区。同时，滇西几条主要河流，大盈江、龙川江等出境后于这一地区汇入其中，使伊江水量大增。因此在伊洛瓦底江上游尖高山以南的掸邦高地及其向北延长部分与云南省西部之间，地形上相联系，国界附近并无高山大川阻隔，自古以来，形成交通便利，民族迁徙频繁的大通道，沟通着云南、缅甸和印度的交往，汉晋时期的"蜀身毒道"，唐宋时期的"安南通天竺道"，无一不是凭借这一地区贯通中印，就是现代修筑的中印公路，经过密支那，有一段沿伊江支流猛拱河而行；滇西一些东北至西南的河谷，如伊江支流的太平江（大盈江）、瑞丽江（龙川江）以及萨尔温江支流的南丁河，尤其成为滇缅交通的孔道；伊江在大盈江汇入之前，基本不能通航，直到大盈江注入，水量大增，河道稍微平缓，即可通航。

太平江，即大盈江，源自腾冲以北，尖高山以东，向西南流，在八莫之北 1.6 公里处注入伊江，全长 240 公里，大部分在云南境内。自河口上溯 30 公里，约从蛮暮起可以通航。所以，太平江谷地很早就成为滇缅交通最重要的孔道。自八莫（清代称新街）至杰沙（元代的江头城，明清的老官屯），虽然河道陡险，水流较急，仍可通航。在八莫附近，伊江两岸为冲积平原，伊江受掸邦高地的阻扰，突然折向西，并且在局部冲积平原之南，有一两岸崖壁高耸、河中漩流迴回的河段，号称"第二峡谷"，虽给航行造成困难，但仍能行船。第二峡谷以下迄杰沙，水势渐缓，因此自八莫至仰光 1404 公里之间，伊江水道均可终年行船。

由大盈江一线入缅的道路，是元明清时期滇西与缅甸交通的主线。元代，金齿入缅三道中的通过阿郭地界的道路，就是沿大盈江而出，直通缅北重镇江头城。明清时期，凡由腾冲出铜壁关、铁壁关甚至虎踞关者，必以蛮暮、八莫（新街）为主要站口，一般从虎踞关、铜壁关而出，陆行经曼允、蛮暮；由铁壁关而出至蛮暮，自此下水，沿大盈江船行至八莫，开始在伊洛瓦底江水道航行。所以，蛮暮、新街都是滇缅交通要冲和滇缅贸易重地，故清人论之曰："直走金沙江，当缅人水陆要冲"，"夫蛮暮何地也？三宣之藩篱也。'三宣'，腾永之垣墉；腾永，全滇之门户也。蛮暮失，必无三宣；三宣失，必无腾永"。又"新街在大葫芦口之北，而大盈江入金沙江之口，则在新街之北。皆水道旁出之地"，[①] 明清两代，在蛮暮和新街都有较完备的客栈、货场和码头。"大葫芦口"，即"第二峡谷"，自古为交通要冲，元代及明清著名的江头城和老官屯（杰沙），即在第二峡谷西口附近的南岸，所以也是兵家必争之地，元代征缅，以江头城的据点，直捣

① 姚文栋：《论大金沙江形势下》，载《大金沙江形势续论》，见李根源辑，杨文虎、陆卫先等校注：《永昌府文征·文录》卷一七，云南美术出版社 2001 年版，第 2610—2611 页。

蒲甘王城；明清征缅，或进兵老官屯扎营，或以老官屯为主攻目标，正是其在交通上的重要性所决定的。

其二，伊洛瓦底江中游，自杰沙至第悦茂。伊洛瓦底江中游是一个典型的干热河谷地带，这里气候干燥，蒸发量大，在旱季，河水减少很快，但仍能通航。由曼德勒以北至第悦茂之间，是缅甸历史上开发最早，经济最发达的地区，同时也是十九世纪前期的政治、经济、文化中心所在地。缅甸历史上的著名王朝，除早期的骠国和东吁王朝前期外，几乎都建都于干热地带。蒲甘是蒲甘王朝的都城，曼德勒及其附近的阿摩罗补罗、实阶、太公等地都曾是缅甸的古都。曼德勒（中国史书上称阿瓦或瓦城）曾先后五次为缅甸京城，最后一次在1857—1886年，当时王宫建筑辉煌，颇有中国故宫风格，显示着这一地区的繁荣和富庶，以及高度的文明程度。元明时期，缅甸有五座著名城市，"江头城在腾冲西南十五日程，太公城在江头城南十日程，马来城在太公城南八日程，安正国城在马来城南五日程，蒲甘缅玉城在安正国城西

伊洛瓦底江中游缅甸曼德勒阿瓦古城遗迹

五日程，去大理五十余日程，所谓缅中五城也"①。据方国瑜、林超民的考证，此五城中江头城为今缅甸杰沙；太公城今仍同名；安正国在今缅甸辛古附近；马来城大约为今曼德勒；蒲甘，今仍同名。②五城均沿伊洛瓦底江而下，分布于伊江中游地带，从一个侧面反映了伊江中游是 14 至 17 世纪缅甸发展程度最高的地区。

在伊江中游，滇西有瑞丽河汇入。瑞丽江，中国古书上称龙川江，明·张机《南金沙江源流考》说："有一江，源自腾越龙川江，经界尾、高黎共山、陇川、猛乃、猛密所部莫勒江，至太公城、江头城，入于金沙江。"③其河谷也是滇缅交通的重要通道。元代，金齿入缅三路中的天部马路和骠甸路，均是沿瑞丽江河谷而行。明清两代，凡出天马关、汉龙关者，必走瑞丽江河谷通道。瑞丽江水量较小，难以行船，但在杰沙以南瑞丽江注入伊洛瓦底江，故至杰沙即可利用伊江水道。若从天马关而出，大约陆行 11 日程，595 里陆路，而后船行两日抵达阿瓦，水陆兼行共约 900 里。④此外伊江西岸还有一条由滇西而出的商贸陆路大道，乾隆三十四年（1769 年），腾越州民寸存福曾向官府报告："向因贸易，由南金沙江西一路到过木梳，道路平坦，自怕烈而西，可通车行。"⑤加上前述大盈江水路，在明清之际，滇西三条主要入缅贸易商道，均以阿瓦为目的地。由此形成了云南滇西及伊江上游、中游的广大地区，以阿瓦为核心，以伊江为主线的交通格局：一

---

① 正德《云南志》卷一四《缅甸军民宣慰司》，见方国瑜主编：《云南史料丛刊》第六卷，云南大学出版社 2000 年版，第 227 页。
② 方国瑜、林超民：《〈马可·波罗行纪〉云南史地丛考》，民族出版社 1994 年版，第 87—88 页。
③ [明]刘文征撰，古永继点校：天启《滇志》卷二五《艺文志》十一，云南教育出版社 1991 年版，第 872 页。
④ 《道光云南志钞·边裔志上·缅甸载记》，见方国瑜主编：《云南史料丛刊》第一一卷，云南大学出版社 2001 年版，第 528 页。
⑤ 《东华录》乾隆三十四年。

路由伊江之东，联系猛密经济区；一路由伊江之西，有通车大道经木梳下阿瓦；一路循伊江水路，连接孟养经济区，此乃明清时期滇西入缅之大势。

曼德勒（即阿瓦）一带地理位置异常优越，它位于伊江中游干热地带与掸邦高地相邻处，海拔约 76 米，南北向的伊江至此西折而下，古代循伊江上游河谷、亲墩江河谷、西当河河谷以及掸邦高地移动的各民族部落，都以此为焦点，使伊江中游的曼德勒及其周围城市，长期作为缅甸全国政治、经济、文化中心所在。这里还是北上伊江上游和掸邦高地的门户，是沟通上下缅甸的要冲，至今仍然保持着在交通上的优势，几乎所有联系上下缅甸的水运、铁路、公路都贯通这一地带，为经济大动脉之核心，而伊洛瓦底江这条自古以来缅甸南北交通的大动脉，更以曼德勒等地为枢纽。这就是古代滇缅交通以抵达阿瓦为目的地的原因所在。乾隆年间，官府遣云南当地少数民族秘入缅甸，刺探地形和防御形势，探子回报："缅甸幅员辽阔，南通外洋，所辖土司二十余处，人民亦众，建城阿瓦地方，又名三江城，由永昌前往，有水陆三路可通，间有险要之处，木邦、蛮暮二处为缅甸门户。"①此其伊江中上游地区与云南交通的大要。

其三，伊洛瓦底江下游，自第悦茂至入海口。下游地区，由第悦茂至阿考东山仍为河谷地貌，这段河流穿经曲折而倾角较大的沙岩地层，所形成的河谷宽度锐减，水流湍急，但水量渐大，行船较易。著名的河港卑谬即位于此段河谷中。

阿考东山以南为伊江三角洲，这里水道散漫，分道而流，河道交织成网状，最后归纳为九条出海河道，但大部分由伊阿口入海。三角洲的九条主要分流，即使在今天，也只有极西的勃生河

① 《东华录》乾隆三十一年。

和极东的仰光河能出入海轮。伊江三角洲地区，虽然有广阔的平原，肥沃的土地，充沛的雨量，但是在生产力极不发达的古代缅甸，它在经济上的重要性一直不能与中游的干热地区相比。因为19世纪中叶以前，缅甸还没有能力有效地防止伊洛瓦底江的洪水，更没有足够的人力、资金和技术来开发大片的丛林和沼泽，从而使下缅甸最有潜力的农业区伊洛瓦底江三角洲平原一直没有得到开发。三角洲地带虽然有一些河口可以直通海洋，也因为开发滞后，经济不发达，无法形成对外贸易的重要港口。曾到过缅甸一些地区的英国人西姆施在1795年、克劳福特在1826年都谈到，仰光附近森林茂密，人口稀少，农业落后。[1] 直到17世纪，勃固港淤积加重，仰光才开始受到重视。19世纪中叶，西方殖民主义东来，看好仰光的优良通洋港湾条件，在三次缅英战争中，逐渐加以开发，使之发展成为缅甸最重要的对外海港。

缅甸勃固古遗迹（旧王宫）

① 海伦·德拉基：《外国人所看到的缅甸》，第126、133页，转引自贺圣达：《缅甸史》，人民出版社1992年版，第187页。

然而仰光以东西当河口附近的勃固，则是缅甸南部历史悠久的海港。西当河，属于伊洛瓦底江水系，其发育史上是伊洛瓦底江的一部分，后来其中上游被劫夺，成为独立的河流。自8世纪至16世纪，勃固都是缅甸南部繁荣的贸易港口，中国史书多有记载，唐宋时，南诏、大理政权都有商路通达于此；元明清时期，仍为云南借助缅甸出海的门户。马可·波罗出使缅甸，看到这里贸易繁荣景象和云南商品在这里出售给印度商人。因此，尽管伊洛瓦底江下游行船便利，但是在古代长期经济不发达的情况下，至少在19世纪前，云南由滇西入缅，自阿瓦而下，基本不循伊江水路至仰光等地，而是由阿瓦开始陆行至勃固（白古），此乃马可·波罗出使至班加剌和明代"贡象上路"的走法；或由景东、姚关等出境，也直趋勃固。故清代中叶以前，伊洛瓦底江下游水路在滇缅交通中的作用是有限的，但其流域下游的勃固地区则是与云南经济贸易联系最密切的缅甸港口。[1]

　　就缅甸的经济而言，历史上常以上下缅甸来划分经济区，而且它们的发展极不平衡。13至19世纪初，即中国的元明清时期，上缅甸的经济较下缅甸要发达得多。

　　所谓上缅甸，主要指伊洛瓦底江中上游地区。当时那里人口占全缅甸的2/3，特别是中游干燥地带，已经有较发达的农业和较为系统的灌溉网，是缅甸农业最发达的地区，可以说也是当时缅甸的基本经济区。缅甸封建王朝自蒲甘王朝到雍籍牙王朝，长期建都于这一地区，因为这里是一个可靠的大粮仓，能够为统治者提供经济保障。以阿瓦为中心的伊江中游地带，农业发达，不仅生产大量的稻米等粮食作物，还是缅甸的主要棉产区，从17世纪起，就有大量的棉花出口云南，成为极盛贸易和滇缅贸易中最

① 赵松乔：《缅甸地理》，科学出版社1958年版。

大宗货物。阿瓦"土产棉花最多，每岁贩入云南者十余万驮"[①]。
莽白王（1661—1671 年在位）时期，荷兰东印度公司在阿瓦的商人就大量收购棉花，再卖给中国商人，获丰厚利润。[②]

阿瓦以上的伊洛瓦底江两岸地区，是缅甸著名的矿产区和宝石产区，也是当时缅甸商品经济最活跃的地区。"孟拱、孟养在其（指伊洛瓦底江）西，孟密、木邦在其东，产米、棉、柚木、翡翠、碧霞，此言大金沙江下游之富饶有如此。其上游之所产若何，曰江滨多松与琥珀、金、玉、水晶。噫，此江之所由名金沙"[③]，这里主要讲阿瓦以上的伊洛瓦底江流域，足见伊江中上游地区物产之丰富。

伊洛瓦底江下游地区的经济，在缅甸封建时代，一直落后于上缅甸地区，且发展极不平衡。从 7 世纪起，下缅甸地区的海外贸易就已兴起，那时勃固（即樊绰《云南志》中所说的昆仑国地区）是缅甸最大、最重要的出海港口，一直到 18 世纪以前，勃固仍然是下缅甸的经济中心。农业经济较发达的地区，也主要是勃固附近的锡唐河谷和直通与马都八之间的沿海平原。古代孟族王国的中心正是在这一地区，而勃固、直通曾是古代缅甸最重要、最繁荣的出海贸易港口。因此云南很早就与这一地区发生经济联系，并借助其港口作为自己的出海口，特别是勃固，同云南的经济贸易关系颇为密切。古代云南出南海的道路，如唐代南诏的青木香山路，元代马可·波罗所行班加剌与云南间道路，明代的两条贡象道路和清代出车里、八百至南海之路，几乎都以此为终点，云南商品曾大量运往此地，同海外国家进行广泛的贸易。然而，大

---

① 黄楙材：《西輶日记》，见李根源辑，杨文虎、陆卫先等校注《永昌府文征·纪载》卷二十一，云南美术出版社 2001 年版，第 3618 页。
② 贺圣达：《缅甸史》，人民出版社 1992 年版，第 130 页。
③ 李棁：《大金沙江考》，见李根源辑，杨文虎、陆卫先等校注：《永昌府文征·纪载》卷二八，云南美术出版社 2001 年版，第 2991 页。

约在 19 世纪初，仰光附近还是森林茂密，人口稀少，农业落后。当时伊洛瓦底江三角洲地区，远未得到开发。卑谬以下的整个下缅甸，还没有形成一个完整的农业区域。

但是，自 17 世纪起，勃固港淤积日渐严重，妨碍海舶的顺利进出，勃固的海外贸易开始呈衰颓之势。海外贸易重心开始向仰光等地转移。仰光古称大光（梵文意即"三岗村"），只是仰光河畔的一个小渔村，1756 年缅王雍籍牙在此击败得楞族军队，奠定了统一全国的基础，乃重命名为"仰光"（意即"战争的终结"），并开始扩展市区，发展经济，成为一个商埠，当时居民约 1 万至 1.2 万人，逐渐成为仅次于首都阿瓦的第二大城市。但是，随着西方殖民主义的东来，向缅甸扩张，曾一度限制仰光的发展。特别是 1826 年，第一次英缅战争，英殖民者占领颠拿沙帘海岸，并以毛淡棉为商港，仰光的对外贸易一度受到打击。1852 年，第二次英缅战争之后，英殖民者占领整个下缅甸，以仰光为首府。此后仰光逐渐发展为缅甸全国最大的城市兼最大的海港。

18 世纪末到 19 世纪初，仰光的对外贸易已经有相当的规模，缅甸海路贸易逐渐为殖民主义者所把持，当时主要贸易对象是英属印度和中国东南沿海的走私商人，18 世纪后期，仰光 1.2 万人口中约有 1/10 是外国侨民，其中有不少闽、粤华侨。由于明清时期，中国封建王朝实行闭关自守的政策，凡出海贸易的海商都是非法的，所以，在下缅甸经商的中国人，从人数到经济实力远不能与西方和英属印度商人相比。当时从下缅甸输出主要产品有象牙、紫胶、胡椒、蜂蜡、宝石、银、锡、铅、棉花、石油等。18 世纪末每年输出石油就达 120 万公斤。1800 年，仰光港的进口总值达 60 万英镑，全缅进出口总值达 90 万英镑左右。[1] 正所谓

---

① 贺圣达：《缅甸史》，人民出版社 1992 年版，第 183 页。

"自英人经营，仰光轮船如织"[①]。仰光也是缅甸同中国进行贸易的主要港口，中国商船大都来自福建和广东，把铁器、长刀、棉布、丝绸、瓷器运到仰光，返回时把棉花、香料、硼砂、盐、虫漆、儿茶、鱼胶等运回中国。

下缅甸经济的迅速发展促进了缅甸全国的经济交往，特别是沿伊洛瓦底江形成了上缅甸与下缅甸两个经济发达地区的运输干线和贸易通道，而且规模越来越大。当时从上缅甸输往下缅甸的，主要有石油、石灰、漆、棉花、丝织品、铁器等；从下缅甸输往上缅甸的，主要有大米、盐、干鱼和一些外来商品。上下缅甸之间的贸易，对于加强缅甸全国的经济联系，促进经济发展，起着颇为重要的作用。[②] 如果认真考察这一时期上下缅甸经济贸易发展的条件和因素，不难看出伊洛瓦底江流域对滇缅经济交往、贸易发展起着至关重要的作用。

二、伊洛瓦底江传统水运交通与滇缅贸易经济带

元明清时期，伊洛瓦底江中上游地区与云南的经济贸易关系最为密切。明代官府的宝石采办，民间的珠宝贸易和开采，主要在这一地区的孟密、孟拱等。据说缅甸北部的玉石矿，是 13 世纪元朝时期，由云南的一个小商贩首先发现的。开采玉石的技术，也是由云南传入缅甸。[③] 到明代官办私贩，玉石贸易极盛，缅甸北部的玉石通过伊江水道或陆路，运入云南腾冲、大理加工，转销京师和各地。自清初南明桂王失败后，其随从和士卒流落滇缅交界地区，从事银铜矿的开采和垦荒，使滇缅伊江上游的经济联系

---

① 失名：《缅藩新记》，见李根源辑，杨文虎、陆卫先等校注：《永昌府文征·纪载》卷二二，云南美术出版社 2001 年版，第 3645 页。
② 贺圣达：《缅甸史》，人民出版社 1992 年版，第 182 页。
③ 贺圣达：《缅甸史》，人民出版社 1992 年版，第 94 页。

更为紧密。王昶撰的《征缅纪略》说："其酋居阿瓦，城三面皆距南大金沙江，发源于番境，至蛮暮南来河汇之，至速怕又合猛卯江，及近阿瓦之堵御营，则锡箔江又入焉，南流注入南海。沿海富鱼、盐，缅人载之，以上行十日抵老官屯、新街、蛮暮贸市，边内外诸夷人皆赖之。而江以西为孟拱土司地，出琥珀，江东为猛密，有宝井，多宝石。又波龙山者，产银，是以江西、湖广及云南大理、永昌人出边商贩者甚众，且屯聚波龙以开银矿为生，常不下千万人。自波龙迤东有茂隆厂，亦产银。乾隆十年，葫芦酋长以献，遂为内地属，然其地与缅犬牙相错。"①

在这样的经济条件下，明清之际，上缅甸地区与云南的经济交往、商品贸易达到了极其繁盛的程度。明代后期，缅甸出产的棉花、木棉、宝石、矿石等开始大量输入云南，而云南和中国其他地区所产的铜铁器、陶瓷、丝绸等产品也大量输入缅甸北部地区。甚至连所谓的"野"建都人也卷入这种商品贸易，他们把沙金、琥珀、宝石等，出售给商人，换回他们所需要的物品。②因此从明代后期起，由腾越州迤西出国境入缅甸的道路得到了很大的发展，不仅形成蛮暮、新街或瑞丽江入缅至阿瓦的三条主要干线，而且腾越以北的茶山司、瓦甸安抚司一线，出现多条经所谓的"野人山"至孟拱、孟养等伊江上游的道路。当时腾越州为迤西极边重镇，迅速发展成为滇缅贸易的中心。1639 年，明末大

缅甸曼德勒附近的伊洛瓦底江航道

① 王昶：《征缅纪略》，见李根源辑，杨文虎、陆卫先等校注：《永昌府文征·纪载》卷一七，云南美术出版社 2001 年版，第 3499 页。
② 贺圣达：《缅甸史》，人民出版社 1992 年版，第 130 页。

旅行家徐霞客曾到腾越游历，他惊叹道："城南居市甚繁，城中所无，而此城又迤西所无。"[①] 意大利传教士圣迦曼诺从 1783 年到 1806 年在缅甸住了 23 年，他十分了解当时缅甸的情况，并注意到了滇缅之间在伊洛瓦底江中上游地区繁荣的贸易，他说："云南的中国人由老官屯沿阿瓦江（指伊洛瓦底江）而下，来到缅甸首都，带来他们国家的产品，如丝绸、纸张、茶叶、各种水果和各种杂货，而将棉花、生丝、盐、羽毛和一种黑漆运回云南。"[②] 1795年，代表东印度公司出使缅甸的英国人考克斯也描述道："在缅甸首都和中国云南之间，有着广泛的贸易，从阿瓦输出的主要商品是棉花……沿伊洛瓦底江运到八莫，同中国人交换商品，后者从水陆两路把棉花运回云南。"[③] 这大概为 18 世纪至 19 世纪初，伊江中上游与云南贸易繁荣的情况。

当下缅甸经济迅速发展起来后，整条伊洛瓦底江流域都成为滇缅贸易经济区，伊洛瓦底江水路全线成为滇缅贸易通路。云南商人由水陆各路入缅后，沿伊江将丝绸、铁器、纸张和各种杂货，顺流运下，在阿瓦或直达仰光同缅人及海外客商进行贸易。仰光一带盛产稻米、海盐、海鱼等，并有大量的海外舶来品输入，很多商人从仰光沿伊洛瓦底江而上，将各种海产品、舶来品运至滇缅边境同云南商人贸易。当时"中国输入缅甸之商品，为生丝绸缎、裁制朝服之丝绒、滇边出产之茶叶、金、铜、酒、火腿及朱红漆中需用之水银与大量之针线。自缅甸输往中国之商品以棉花为大宗，此外尚有燕窝、盐、象牙、鹿茸、琥珀与少数之漆器与宝石（宝石矿向由华商承租开采）"[④]。俞正燮的《缅甸东

---

① 朱慧荣：《徐霞客游记校注》，云南人民出版社 1985 年版，第 1031 页。
② 《缅甸帝国》，第 217 页，转引自贺圣达：《缅甸史》，人民出版社 1992 年版，第 184 页。
③ 钦貌妙：《缅王统治时期缅甸的棉花贸易》，载缅甸英文杂志《前卫》，1971 年第 4 期，转引自贺圣达：《缅甸史》，人民出版社 1992 年版，第 184 页。
④ 哈威：《缅甸史》，商务印书馆 1957 年版，第 357 页。

北两路地形考》称："孟密之蛮暮、新街、老官屯为阿瓦运盐通市中国，地直虎踞关外。"[①] 以前缅甸北部不产盐，所需食盐常从云南输入。但 19 世纪后，非但不从云南进口盐，反而从阿瓦运盐与中国通市，这是利用伊江水路之便，将南部的海盐运销上缅甸乃至云南的实证。"向时老官屯海盐、烟、鱼足自给，其象牙、苏木、翡翠、碧亚弘、翡翠玉、葱玉、木棉布、羽毛、缎布、大小呢、花洋编锦、碎花印花洋布、糖青，及波龙老厂新厂之铜（当为银）恃云南官采买及商贩买者，自用兵关闭，其南海道贩出价又贱，葫芦国又以茂隆铜厂输中国，中国铜充益"[②]。上述缅甸输入云南的商品，很多显然不是上缅甸出产的，有很大一部分是下缅甸所产，一部分为海外舶来品，由仰光等海港进口之后，转销于云南，故黄楙材称英人"既踞漾贡海口，不啻扼其喉吭，内河商舶直抵新街，操其权利"。[③] 这反映伊洛瓦底江流域全线贯通作为滇缅贸易的重要水路，仰光所起的重要作用。

伊洛瓦底江全线成为滇缅经济贸易带之后，全线交通形成了以阿瓦为枢纽和商品集散地的格局。凡孟密、孟养和猛拱等上缅甸出产的矿产、宝石等，除部分直接销往云南外，大部分汇集阿瓦，再从这里转销云南和下缅甸及海外；伊洛瓦底江中游和下游所产棉花、稻米基本上也由阿瓦及其附近的城镇中转上缅甸及云南。

从阿瓦至云南腾越一带边境有水陆两种走法和运输方式，具体路线前面已做过详细叙述。陆路的运输工具主要是马、牛，在一些平坦的路段，缅人喜欢用牛车。哈威《缅甸史》说，清乾隆征

① 俞正燮：《缅甸东北两路地形考》，见李根源辑，杨文虎、陆卫先等校注：《永昌府文征·纪载》卷一九，云南美术出版社 2001 年版，第 3538 页。
② 俞正燮：《缅甸东北两路地形考》，见李根源辑，杨文虎、陆卫先等校注：《永昌府文征·纪载》卷一九，云南美术出版社 2001 年版，第 3539 页。
③ 黄楙材：《西辎日记》，见李根源辑，杨文虎、陆卫先等校注：《永昌府文征·纪载》卷二一，云南美术出版社 2001 年版，第 3621 页。

缅战争结束后，滇缅贸易逐渐恢复，在腾越至阿瓦的陆路上，常有牛 400 头，马 2000 匹这样的运输队伍，有如往日那种大规模滇缅贸易的景象，缅甸又重新占有了云南的棉花市场。[①] 每年 12 月起，滇省的商人就开始抵达缅甸，商队的马帮一般由数百头（匹）牛或马组成，大的马帮达上千头牛马。商业繁盛的年份，每年甚至有一万余头（匹）牛马由云南出腾越，由陆路入缅甸进行贩运贸易。[②]

　　清代以后，伊江水路的滇缅贸易作用越来越突出，英国人西姆施在 1800 年写的《1795 年出使阿瓦记》中说："在缅甸首都与中国云南间存在着广泛的贸易，从阿瓦输出的主要商品是棉花……沿伊洛瓦底江运到八莫。"同一时期到过缅甸的英国商人科克斯则说："实阶（阿瓦附近重镇）是（棉花输出）的主要市场，载着棉花的船只从那儿驶往中国。每船装载 100 捆（每捆约重 150 公斤）棉花。航运时间为 30 ～ 40 天。"据估计 19 世纪 20 年代，每年运入云南的棉花，价值不下 228000 英镑，数量不下 500 万公斤。[③] 据当时来缅甸传教的天主教神父圣基曼奴所著《缅甸帝国》的记载："缅甸对外贸易，以甚多国家为对象，云南华商自拱洞沿阿瓦

清至民国时期滇缅棉花交易港口处实皆山

大河（即伊洛瓦底江）乘大舶至缅都，携来彼国商品，丝绸、色纸、茶叶、各种水果与其他杂货，归国时载运棉花、生丝、花盐、雀羽与一种黑漆，此漆采自树中，经提炼后即为著名的中国

① 哈威：《缅甸史》，商务印书馆 1957 年版，第 298 页。
② 孙来臣：《明清时期中缅两国贸易关系及其特点》，载《东南亚研究》1989 年第 4 期。
③ 钦貌妙：《缅王统治时期的缅甸棉花贸易》，载缅甸英文杂志《前卫》1971 年第 4 期，转引自贺圣达：《缅甸史》，商务印书馆 1992 年版，第 214 页。

漆。"[1]"洋货则自漾贡，棉花则自缅降，玉石则自猛拱，皆由水路运至新街，至蛮暮，过野人山，抵蛮允至干崖"，[2]上述这些史料大概是当时伊洛瓦底江中上游滇缅贸易规模和交通运输情况的基本写照，可见在伊江里航行的不仅有缅甸船，也有云南商船。

自阿瓦以下滇缅贸易的交通运输，就主要依靠伊洛瓦底江的水路航运了。伊江下游水路航运的日益兴盛，甚至改变了云南由车里出国境后的传统走法，马德新的朝觐路线，从车里而出，不再南行，而是西行，直趋阿瓦，从阿瓦而下，他乘坐的是商人运铜船，铜来自中国，应当是云南。至漾贡后乘海船经印度至阿拉伯半岛，到麦加朝觐。这样的走法是为了更多地利用伊江水路，减少陆路行程，既省力，又便捷。总之，正是下缅甸经济迅速发展后，伊洛瓦底江水路成为滇缅贸易主要通道后带来的新气象。整个伊洛瓦底江流域形成"蛮暮、漾贡为南北两大都会。蛮暮滨江，多滇商；漾贡滨海，多粤商。皆设官榷其税"[3]的交通贸易格局。

阿瓦以下，伊洛瓦底江水量增大，运输船只也不是中上游那种小而狭长的木船，船的规模较大，很讲究装饰。下游的船运输能力较强，下缅甸"江海舳舻与中国同，摆古江中莽应里僭用金叶龙舟五十艘，中设金花宝座，目把所乘，皆木刻成象头、鱼头、马头、鸭头、鸡头等船，亦饰以金，同围罨画，甚华丽。部夷船亦如之，但不以金饰也。海水日潮者二，乘船载米谷货物者随之进退。自古江船不可数，高者四五尺，长者二十丈，大桅巨缆，周围走廊，常载铜铁瓷器，往来亦闽广海船也钦"[4]。

①［英］哈威：《缅甸史》，姚楠译，商务印书馆1957年版，第358页。
②［清］余泽春：《通禀各大宪请展限投界日期》，见李根源辑，杨文虎、陆卫先等校注：《永昌府文征·文录》卷一七，云南美术出版社2001年版，第2606页。
③彭崧毓：《缅述》，见李根源辑，杨文虎、陆卫先等校注：《永昌府文征·纪载》卷二〇，云南美术出版社2001年版，第3575页。
④［明］朱孟震：《西南夷风土记》，见方国瑜主编：《云南史料丛刊》第五卷，云南大学出版社1998年版，第492页。

除了分段运输方式外，从滇缅边境大盈江的蛮暮至仰光，可利用伊洛瓦底江直航。同治十年（1871年），王芝，字子石子，四川华阳人，原在滇西从军，脱离军队后，从腾冲出发，陆行经铁壁关，沿红蚌河（大盈江上游）至蛮暮，然后乘江船，一直沿伊洛瓦底江行船，沿途经过了新街、拱洞、瓠芦口（距新街300里，即"第二峡谷"地带）、格萨（今杰沙，明清老官屯）、德稿、伊董、刀蠢、刀二村、杂蓁、加牙、曾札多、格白、纪标、叶柁、缅王城（阿瓦）、蒲甘、闷剌、端底等至漾贡。虽然这时英国人已经把轮船通到了八莫，但王芝此行，乘坐的依然是缅甸伊洛瓦底江中传统的木船，他做了详细描述："缅船刳大木为之，亦有桡有帆。每风顺，则以两船骈而行，帆跨两船张之。船无桅樯，帆张于竹竿，竿插于船之舷，前无桨，后无舵，以桡代，桡前后凡三。船中亦有篷舱，顾窄矮，才可坐二人，眠不敢放脚。子石子同行二十人，用船凡四双，夜来露宿者犹十人，船之无便可知矣。行尤钝，日不过百二十里，风顺亦难及二百里。风太顺，又

今缅甸伊洛瓦底江上货船

不敢张帆矣。竹竿不敌大风力，船舷亦不能牢插也。以视轮船之行灵钝迥别。幸江水阔而干，船行虽钝，而覆溺撞折者，岁不一见，故缅人亦不复思所以灵其钝。"① 王昶在《滇行日录》中也说，戛鸠江（即伊洛瓦底江）的船只，"刳木为之，长而狭，仅受两三人，不能渡马"②。当伊洛瓦底江滇缅棉花贸易最兴盛的时

---

① 王芝:《海客日谭》卷一，见沈云龙主编:《近代中国史料丛刊》第三十二辑，文海出版社印行。
② 王昶:《滇行日录》，见李根源辑、杨文虎、陆卫先等校注:《永昌府文征·纪载》卷一七，云南美术出版社2001年版，第3485页。

期，缅甸船只都进行了改装，以便在雨季也能安全可靠地运输棉花到滇缅边境贸易。"缅人刳木为舟，联二舟为一，覆以草篷，驳运棉花，西行数百里至新街，合于大金沙江"①。

---

① 黄楙材：《槟榔江考》，见李根源辑，杨文虎、陆卫先等校注：《永昌府文征·文录》卷一七，云南美术出版社2001年版，第2600页。

第 七 章

明清时期南方丝绸之路的拓展

贡象道路与朝觐之路

　　明清时期南方丝绸之路有了长足发展，成为中国与东南亚中南半岛各国政治、经济、文化交往的干线，明代从西南边境进入缅甸及泰国等地的道路被称为"贡道上路"和"贡道下路"，或称"贡象上路"和"贡象下路"。顾名思义，为当时东南亚国家或地区入贡明朝所经由的两条朝贡贸易道路。关于这两条道路的情况，明代云南的史志如万历《云南通志》、天启《滇志》、师范《滇系》等都曾反复加以记录，现分别叙述如下：

一、贡道上路及宝石贸易

　　万历《云南通志》卷一六《羁縻志》十二"贡象道路"说："上路：由永昌过蒲缥，经屋床山，箐险路狭，马不得并行。过山即路江，过江即峨夷界也。江外高黎贡山，路亦颇险，山巅夷人立栅为寨。此栅，三代谓之徼外也。过腾冲卫西南行至南甸、干崖、陇川三宣抚司。陇川有诸葛孔明寄箭山。陇川之外，皆是平地，一望数千里，绝无山溪。陇川十日至猛密。二日至宝井。又十日至缅甸，又十日至洞吾，又十日至摆古，见今莽酋居住之地。"[1] 这是明代从腾越州入缅的显路。如上所记，从永昌经潞江、高黎贡山至腾冲一段，险要难行，但是，明代设置驿站，成为能够通行大队军马的大道。而后由腾冲经陇川、孟卯（今瑞丽），沿瑞丽江经孟乃、猛密（今缅甸蒙米特）、宝井（今缅甸抹谷）至缅甸。明代孟乃、孟密、宝井一带曾为明代所设木邦宣慰司管辖。伊洛瓦底江中游有阿瓦王国，都阿瓦，今曼德勒。由缅甸（阿瓦）往南行 10 日至洞吾（东吁），经锡唐河中游，又行 10 日至摆古，即明设古喇宣

南方丝绸之路重镇"滇西文献名邦"
保山（今云南保山市隆阳区）玉皇阁

慰司，也就是马可·波罗曾提到的班加剌，明代称白古或摆古，缅甸勃固一带。从阿瓦以下的路线，应是沿今天缅甸仰光经勃固、东吁至曼德勒的铁路线。这是一条从云南出国境后直抵缅甸南部沿海经济最发达、贸易最活跃港口的道路。

这条道路还是明代从云南至缅甸开采转输宝石的要路。明代贡道上路不绕行江头城，直接由陆路西南行，经伊洛瓦底江以东的孟密至宝石的重要产地宝井而后才往缅甸（阿瓦城）。缅甸产宝石，主要集中在上缅甸的孟密、孟养、孟拱等地。云南与缅甸的宝石贸易，汉晋时期就已开始，唐宋时期发展规模并不很大，到元代开始，宝石贸易勃然兴起，明代达到极盛。明代对宝石的采办和贸易，起初主要集中在孟密一带。孟密以南有宝井，是重要的宝石产地。从云南转输至京师的宝石深受宫廷权贵的喜爱，于是官府开始参与宝石贸易。中央王朝派出宦官、大臣，千里迢迢来到云南督

① 万历《云南通志》卷一六《羁縻志》，见方国瑜主编：《云南史料丛刊》第六卷，云南大学出版社 2000 年版，第 643 页。

促宝石采办，数量极大。倪蜕《滇小记》说："明时京师论宝石，以云南尖儿比西洋，其本色同也。云南宝石出猛密，旧属木邦宣慰司。"明朝中央政府几乎年年派官员到云南采办宝石。崇祯十二年（1639年）徐霞客游历云南，在腾冲曾遇到明朝派出的"买宝舍人"，可见明朝官府采办宝石终明一代，是一件极盛行的事情。

朝廷尚之，下弥企盛。当地少数民族、云南中原乃至内地、江南商贾趋利而往，纷纷沿这条道路成群结队地前往孟密等地开采和贸易。而后采宝贸易扩大到孟养、孟拱等地，出蛮莫的道路也逐渐兴起，成为明代盛极一时的宝石贸易道路。这条通往宝井的道路即贡道上路，便成为宝石贸易之路，它既是缅甸入贡明朝的贡道，又是宝石贸易转输要路。

二、贡道下路与朝贡贸易

万历《云南通志》卷一六的"贡象道路"又说："下路，由景东历者乐甸，行一日至镇沅府，又行二日始达车里宣慰司之界。行二日至车里之普洱，此处产茶。一山耸秀，名光山，有车里头目居之，蜀汉孔明营垒在焉。又行二日至一大川原，轮广可千里，其中养象。其山为孔明寄箭处，又有孔明碑，苔涩不辨字矣。又行四日始至车里宣慰司，在九龙山之下，临大江，亦名九龙江，即黑水之末流也。由车里西南行八日亦至八百媳妇宣慰司，此地寺塔甚多，一村一寺，每寺一塔，村以万计，塔亦以万计，号慈国。其酋恶杀，不喜争，敌人入侵，不得已一举兵，得所仇而罢。由此又西南行一月至老挝宣慰司，其酋一代止生一子承袭，绝不生女。西行十五六日至西洋海岸，乃摆古莽酋之地也。"[1]

---

[1] 万历《云南通志》卷一六《羁縻志》，见方国瑜主编：《云南史料丛刊》第六卷，云南大学出版社2000年版，第643—644页。

从记载看，下路所涉及的地名有：景东（今景东县）、者乐甸（今镇沅县恩乐镇，明于此设者乐甸司）、镇沅府（今镇沅县）、普洱（今普洱市宁洱县）、九龙江（即澜沧江）、车里宣慰司（今景洪）、八百媳妇宣慰司（即八百大甸，明代曾设宣慰司，今泰国清迈一带）、老挝宣慰司（辖今老挝，治琅勃拉邦）、摆古（今缅甸南部沿海勃固地区）。这条出国境至缅甸南部沿海的"贡道"路线，大体是自景东经者乐、镇沅、普洱等地至车里，然后分道：西南至八百，继续往西至摆古；东南至老挝。这是对唐代开辟的出缅甸至南海的"青木香山道"的继承和发展，明清时期它内接从赵州通往景东的驿道，外接出国境道路。

自汉晋起，历代缅甸王朝都向中国中央王朝朝贡，元代起云南土司、土官也向中央王朝朝贡，明代成为定制。向中央王朝朝贡是为了表示政治上的臣属，但到明代，周边国家和少数民族向明朝的朝贡实际已变成经济上的官方贸易，即"朝贡贸易"。明朝的对外政策中，朝贡贸易是"怀柔远人"的重要手段。明朝规定，边疆民族地区和周边国家的进贡，所经各府州地方官和驿站官员都有责任"送往迎来，懋迁有无，怀柔远人而宣威德"[1]。凡边疆民族和周边国家进贡，中央王朝一律给予优厚回赐，其价值往往超过进贡价值；对朝贡使团携带的各种方物，明朝实行优惠的免税贸易。所以朝贡贸易在政治上，加强了中央政权与民族地区的联系和凝聚力，维护国家统一，增强民族团结，发展与周边国家的关系；在经济上，"懋迁有无"，加强边疆民族地区与中央的经济联系，增强明朝同周边国家的经济交往。

中央王朝鼓励朝贡贸易，因此周边国家的朝贡活动十分频繁，成为当时南方丝绸之路上的盛况。中南半岛的东南亚国家每

---

[1]《古今图书集成·边裔典》。

次向明朝进贡，都由庞大的朝贡使团组成，其中很多是为了同明朝进行商贸交往的商贩。朝贡使团大多携带数量巨大的当地特产，进入云南后便由明朝地方官接待，然后通过驿站道路经由沿途各省的驿站驿道，如贵州与云南间的"一线路"及京汉驿路护送到北京。有时缅甸等周边国家一次朝贡就带来大象 500 头及管养大象的象奴 300 多人。明朝实施"厚往薄来"的朝贡政策，凡有朝贡，必定以大量的丝绸缎锦回赐朝贡国王室和官吏，而随朝贡使团到来的商贩则沿途采购中国商品带回贩卖。明清时期贡使相望于道，逐渐发展为固定的贡道，或"贡象道路"。因此，南方丝绸之路衍生出来通往中南半岛上的东南亚国家的贡道，实际就是南方丝绸之路的商贸道路的拓展。仅《明实录》中的粗略统计，有明一代，东南亚中南半岛的缅

贵州镇远古城祝圣桥

甸、老挝、暹罗（今泰国）等国家入贡明廷近百次，应该说每一次都是南方丝绸之路上盛大的对外贸易。徐霞客于崇祯十一年（1638 年）曾在贵州盘江索桥不远处亲见贡象的队伍。至今在贵州镇远祝圣桥，清光绪四年（1878 年）于桥上修建魁星阁（又称状元楼），上有对联："扫尽五溪烟，汉使浮槎撑斗出。劈开重驿路，缅人骑象过桥来。"真实地记录了清嘉庆二十四年（1819 年）六月缅人骑象赴京朝贡路过这里的重要史实，以及名城镇远昔时曾为南方丝绸之路上水陆通衢的历史见证。还有一联"把笛作龙吟，东去洞庭秋月满；传书随风使，西来滇海庆云多"，则反映明清时期云南、贵州学子进京赶考，常经此地的文化意蕴。明代"贡象道路"与驿站道路相连的云南、贵州、湖南等省沿途地方官府转送朝贡使进京的制度，延续到清

末，道光年间，云南省臣还上奏："即贡使亦遂梯航之愿，至由滇起程，系照章由贵州、湖南、湖北、河南、直隶各省经过。除咨会各省都抚，臣转敕沿途地方官，派人修理桥梁、道路，照例酌给马夫供应，以利遄行。"①

说明：祝圣桥位于贵州省镇远县城东舞阳河上，始建于明朝洪武年间。祝圣桥为青石建造，桥墩是明代的，而桥身却是清代的。据说因舞阳河暴发山洪，该桥数次被冲毁，直至雍正元年（1723 年）才修建完成，正赶上为康熙祝寿，故改名"祝圣桥"。今存祝圣桥楼阁建于清光绪四年（1878 年），时任镇远知府汪炳敖在桥上魁星楼阁上题

贵州镇远古镇祝圣桥上状元楼及楹联

有三副楹联，其中一副是："扫尽五溪烟，汉使浮槎撑斗出；劈开重驿路，缅人骑象过桥来。"横联是"河山柱石"，道出缅甸和云南方向的朝贡物品都要经过这个桥走水路才能进入中原，是东南亚各国朝贡使团进京的必经之路。

贡道的分支道路"姚关至木邦道"。姚关，在今云南省施甸县姚关镇。古哀牢时有"濮人"群落。唐宋为百越民族居住地，名孟笼，意即有森林的地方。明代万历十一年（1583 年），缅甸洞吾王朝五路犯滇，滇西边境告急，云南巡抚刘世曾、巡按董裕奏疏明廷，神宗皇帝朱翊钧诏谕驻湖南黔阳州（今黔阳县）武靖参将邓子龙，南京小教场坐营中军游击刘綎援滇抗击入侵，三千明军屯驻东线老窑寨，筑关控扼由木邦（今缅甸掸邦兴威一带）进入云南的道路，其关遂称"姚关"，经姚关至缅甸的道路即为"姚关至木

① 岑毓英：《循例护解缅甸贡使进京折》，见李根源辑，杨文虎、陆卫先等校注：《永昌府文征·纪载》卷一五，云南美术出版社 2001 年版，第 2544 页。

邦道"。明代这条道路是昆明经永昌府至腾越的干道驿路分支路线，由永昌府（今保山市）南行经姚关（今施甸县姚关）出木邦至缅甸，发展到清代，这条驿道支线虽未向前置驿，但是出木邦的道路联系范围更加广泛，成为滇西又一通往缅甸和南海的要路。在清代，此路由永昌南行，经小堡场、施甸至姚关。从姚关分途，至少有三条支线，一渡喳哩江至木邦；一经孟定入木邦；还有一条东南行至八百。第一条姚关渡喳哩江（在耿马和镇康之外怒江称喳哩江）直至木邦的道路：姚关南经湾甸州（距姚关仅20公里）、小勐统、德党、镇康或耿马、滚弄（今缅甸登尼，又称兴威）至木邦。这条道路在滚弄一带经过"麻栗坝"，它位于怒江以东，镇康以南，具有方便的交通条件，加上地势平缓，自然条件较好，渐渐地得到开发，成为棉花和大烟的重要产地，并运销云南内地。而到这里进行开发活动的主要是云南内地来的汉人。光绪十七年（1891年），英国探路队来到麻栗坝，张成瑜作为翻译随从同行，见其地尽是汉人，都是明清之际迁移来的，表明此路十分畅行。第二条，姚关经孟定出木邦的道路：由姚关往南，经湾甸、小勐统、镇康、孟定而出木邦，共十二日程。明永历帝入缅后，被安置在阿瓦，寄人篱下，日子十分困难。李定国和白文选曾分率大西军，于1659年进入孟定、孟艮、木邦一带，并多次前往阿瓦"迎驾"和"救驾"，所行即此路。到清代乾隆年间，茂隆银厂的兴起，这条道路逐渐成为昌盛的商道。茂隆银厂位于镇康之南，孟定府西南，今沧源佤族自治县境内，过去称"葫芦王"的地方。乾隆年间，吴尚贤在石屏伙同唐

云南施甸县姚关镇明代古道遗迹

启虞等人开采银厂，经过几年的发展，居然成为年产白银万两，拥有各民族矿工二三万人的大银厂，内地工商之人闻风趋往，或赴此开采，或前往贸易，道路日渐繁忙。"今在彼打槽开矿及走厂贸易者不下二三万人，其平常出入，莫不带有货物，故厂民与商贾无异"[1]，一时之间，这条道路上矿工与商贾相望于道，迅速发展成为一条繁盛的商路。

三、朝觐之路

"朝觐之路"是清代中后期发展起来的云南回族前往阿拉伯麦加朝觐所走的从滇西出境缅甸，利用伊洛瓦底江水路至仰光港，接续国际海轮至阿拉伯半岛港口，前往麦加朝觐的道路。该路在马德新的《朝觐途记》中记载详实，反映了南方丝绸之路连接阿拉伯半岛的交通特征。大理回族马德新曾经此路前往仰光乘船去麦加朝觐，他在《朝觐途记》中说："予于西历迁都一千二百五十七年十月二十二日，乃道光二十一年（1841年），诚意朝觐。偕诸商人，向阿瓦而行，商人马元德，丰成庄人也。由是自景东、普洱、思茅经行，是年十一月十六日出中国界。经一巨城，名曰九龙江（即车里）。十二月初二，至一巨城，名曰闷砼，属阿瓦。二十日至一巨城，名曰扪乃，住五日。三十日至护博城，其城乃各商寓所。时年已尽迁都一千二百五十八年正月第二日，由护博城起行，时乃道光二十二年壬寅正月初五日也。越二日至罗觉城，商人至是而止。居九日，辞诸商，与数佣人，由小路步行八日，是月二十二日至阿瓦城（即曼德勒）王都也。土人呼其城白庞，尔勒补之语白而庞，其间穆民多者。……居

---

① 《清高宗实录》卷二六九，乾隆十一年六月甲午。

十八日，国王由漾贡（即仰光）归，予见之。二月第七日，由阿瓦起程，行于大江（即伊洛瓦底江）运铜之船，其铜买自中国商人。居十七日，于西历二月二十六日至漾贡，其城近海，乃阿瓦极边界。……二十一日，由漾贡出海，因风不顺，船居四十日，常期半月可至。九月初三日，至一巨城，至欣德（即印度）诸城之大者，其地名曰邦果腊……（次年）二月上旬于海中见有白霞在西，其后至赛依喇岛（即锡兰）……后至谆德城（即吉达）。"而后驼行数日至麦加[1]。可见马德新从大理经景东、普洱、思茅至景洪，然后出境至阿瓦（缅甸曼德勒）。他出国境后，往西行，经闷砭（孟艮，今缅甸景栋）、扪乃（今缅甸孟乃）、护博（疑今缅甸黑河城）、罗觉城（疑今缅甸劳索）至阿瓦（今缅甸曼德勒），搭乘云南来的运铜船顺伊洛瓦底江到漾贡（缅甸仰光），然后从漾贡乘海船至欣德（印度）海，经邦果腊（孟加拉）、赛依喇岛（锡兰，今斯里兰卡）至阿拉伯半岛，到麦加朝觐。由此可见马德新起初是循传统路线，从大理经景东、思茅、九龙江（车里，今云南西双版纳景洪市）出国境，沿大江（伊洛瓦底江）南行至漾贡，后乘海船经欣德（印度）从阿拉伯半岛沙特阿拉伯的谆德城（吉达港）登陆，乘骆驼前行，最终到达麦加。马德新的这一走法，在清中叶以前的史料中都不曾记载，有可能是漾贡崛起后，才逐渐发展起来的道路。而且马德新所行路线上滇缅贸易昌盛，他从大理至阿瓦，一路"偕诸商人"而行；由孟乃前行五日所至的护博城，是"各商寓所"，由此判断是这条商道上的重要站口和商贸集散地；由阿瓦乘江船下漾贡，又乘坐运铜之船，并说铜买自中国商人，反映了马德新所行路线是清代以来一条非常通行的商道，且中缅贸易极为频繁。同样道光《云南边防志》

---

[1]［清］马德新撰，马安礼译：《朝觐途记》，见方国瑜主编：《云南史料丛刊》第十二卷，云南大学出版社 2001 年版，第 225—227 页。引用时省略了阿拉伯语。

记载由车里自打洛隘出口，二百九十里至孟艮，又一千八百余里至孟乃，又一千二百余里至阿瓦国城，这就是清代中期以后，这条道路转经阿瓦出海的大体途程。17 世纪以后，白古衰落，漾贡兴起，导致云南出车里至南海的道路发生的重大变化是：以伊洛瓦底江水路为通道，以漾贡为目的地和出海门户，与印度、孟加拉、斯里兰卡、阿拉伯半岛联系起来。

"贡象道路"是从东南亚中南半岛各国前往明清都城北京朝贡的路线，"朝觐之路"是从云南出境经由伊洛瓦底江水路至仰光出海，由海路经印度、孟加拉、斯里兰卡、阿拉伯半岛至麦加的外向道路，从而构成南方丝绸之路内联外达，与海上丝绸之路联通的交通态势。

第二节

茶马古道

茶叶是明清时期云南新兴的重要产业。云南产茶具有悠久的历史，樊绰《云南志·云南管内物产》就说："茶出银生城界诸山，散收，无采造法。蒙舍蛮以椒、姜、桂和烹而饮之。"南诏设银生节度于景东，所辖地远至西双版纳，所谓银生城界诸山产茶，即此地区，今天仍是云南的茶叶主产区。南诏时，虽然开始以茶为日常饮料，但生产粗放，散植散收，无采造之法。明清时期，云南茶叶产量大幅度提高，生产技术已相当成熟，所制名茶享誉国内，而且还开始作为重要的外销产品销往海外。清代，云南茶叶以普洱茶产量最大，也最为有名。其产地在西双版纳，当时有六大茶山，即攸乐山、革登山、倚邦山、莽枝山、蛮砖、慢撒，除攸乐山在车里外，其他五大茶山均在今勐腊县的易武、象明两区。雍正七年（1729年），清朝政府在普洱设府，委派流官知府进行管理，西双版纳的车里宣慰司属普洱府管辖，而且普洱正当通往内地和出国境至缅甸、泰国、老挝的道路要冲之地，凡六大茶山所产茶，无论是运销国内，还是外输海外，大部分都要集中到普洱府，经过精制后外销，因此，人们把从普洱府精制后运销的茶叶统称为"普洱茶"。当时"普洱茶名遍天下，味最酽，京师尤重之"（阮福《普洱茶记》）。优质的茶叶在天下广为流行后，各地商贩纷纷前来经营，迅速刺激了"普洱茶"的生产，檀萃《滇海虞衡志》中说："普洱茶所属六大茶山……周八百里，入山作茶者数十万人。"最高年产可达8万多担。普洱茶生产销售的极盛时期，主要是十八九世纪。最早进入易武各大茶山进行茶叶贸易的是石屏茶商，大约在乾隆年间（1736—1795），石屏商人就在易武开设茶庄，第一年年底即以粮食、盐和白银放贷茶农，开春之后，茶叶上市，按贷粮银数收购春茶，然后由制茶工人制成圆茶、饼茶、紧茶，运销全国各地。当时易武茶区号称"万亩茶山万担茶"，可见产量和营业额之大。随后滇西商邦中的腾越茶商也于嘉庆年间进入勐海等地，开号经营茶叶。此外，下关、玉溪、思茅商人纷纷进入茶区，茶叶经营日益兴盛。《滇海虞衡志》说："普茶，名重天下，此滇之为产而资利赖者也。入山作茶者数十万人。茶客收买运于各处，每盈路，可谓大钱矣。"

普洱茶的销售主要有三条渠道：一是销往云南和中国其他地区，这一部分茶叶，质量上品，为中原人士所喜爱。二是销往藏区，藏区中甸、德钦（当时称阿墩子）等地的藏族商队有驮马300

至 500 匹，每年前往西双版纳的勐腊、佛海（今勐海）驮运茶叶，销往西康、西藏。藏族人民十分喜爱云南大叶茶，有时还夹杂一些老叶制成的"紧茶"，被称为"边销茶"或"蛮装茶"，其味醇重，用来制作酥油茶，每年约销 3000 担，光绪年间，曾达到 3 万担；三是销往国外。乾隆元年，由于瘴疬，清政府将攸乐同知改移至思茅，改称思茅同知，从此思茅也成为普洱与西双版纳之间的茶叶中转站。从道光至光绪初年（1821—1875）思茅城商旅云集，市场繁荣，"年有千余藏族商人到此，印度商旅驮运茶、胶（紫胶）者络绎于途"（《普洱府志》卷十七）。又从滇南出思茅、车里至国外的道路也成了"茶叶商道"，印度、缅甸、暹罗、越南、老挝、柬埔寨等国均有商人往来于西双版纳、思茅、普洱之间，茶叶成了云南一大出口商品。

在云南茶业兴起的明清时期，云南所有的物资运输几乎全靠马帮。普洱茶外销也不例外，数量巨大的普洱茶都是由其产地辗转运输销售地或消费地的，随着茶叶贸易的兴盛和发展，这些运销茶叶的主要交通道路，即被人们称之为"茶叶之路"或"茶马古道"，闻名于世。而在这些茶叶运销的道路中，以滇茶藏销的道路最负盛名。古时所谓的"茶马古道"主要指马帮从普洱茶产地西双版纳的勐海及普洱、思茅等地，经大理、丽江、中甸至藏区拉萨的道路。

"茶马古道"的南段，即茶产地西双版纳或普洱至大理一线，基本沿用明清发展起来的大理经赵州至普洱的驿道，在清代主要路线是从茶产地佛海（西双版纳勐海县城）或普洱经香盐井铺（景谷县香盐）、猛乃（景谷县勐乃）、景谷（景谷县城）、抱母井（景谷县抱母井）、威远厅（景谷县城）、镇源州（镇源县城）、景东厅前铺（景东县城）、板桥驿、他郎铺、澜沧江铺、三台铺、甸头铺、甸中铺、石佛街、化蒙化厅合江军站（巍山县城）、漾濞军站、赵州（大理市凤仪镇）、下关（大理市下关）、大理府太和城（大理古城）。

　　"茶马古道"的北段，即从大理至拉萨一线，是明清时期云南进入西藏的交通干线。清代杜昌丁的《藏行纪程》和倪蜕的《滇小记》都记载了这条道路。《滇小记·藏程》说："凡云南进藏有三路：一由江内鹤丽镇汛地塔城（丽江县塔城），五站至崩子栏（德钦县奔子栏），又三站至阿得酋（德钦县城），又三站至天柱寨（德钦县佛山），又三站至毛佉公（德钦佛山乡北），又五十四站至乌斯藏。盖自塔城起共为六十九站。"第二路"由剑川协汛地危习（维西县城），六站至阿得酋，以下与前同，盖自危习起共为六十七站"。第三路与第一路基本相同，由大理至中甸，再由崩子栏、天柱寨入藏。所以，云南主要的入藏道路实际上为两条，第一路、第三路实为一条，大体沿金沙江河谷北上，到奔子栏翻越白茫雪山，经德钦再沿澜沧江河谷北上入藏，是滇藏交通的主道。陈观浔编的民国《西藏志·西藏道路交通考》也称："由云南入西藏有二道：一为经天竺寨、察木多者。其道路虽稍宽大，然所过高山大川，盗匪出没，常为旅人害。一为经中甸、卜自立、阿墩子、擦瓦岭，达洛隆宗者。此道高坡峻岭，鸟道崎岖，几为人迹所难到，然以其较近，旅行者往往由此。此间一般地势蜿蜒，由北赴于南，而诚怒江、澜沧江、金沙江之分水界，平原甚少，而道路亦即贯通于此万山环围之中。山径狭险，其最甚处，不过一尺余宽，故崎岖险阻，非辎重、炮车所能通行，运输悉赖兽力。沿途人烟稀少，虽有二三市镇，然皆穷壤僻陬，不足供行旅之需用，殆无异于孤行荒凉无人之境。中间跋山逾岭，每遇大江横断，为旅行困难，真有出人想象外者。"尽管滇藏交通险阻备至，但是随着茶叶贸易的兴盛，商队马帮不绝于道，成为十分兴盛的交通线，沿线各种设施也不断健全，日程里距清晰，滇藏交通干线逐渐形成一条著名的马帮驿道。在滇藏茶马贸易兴盛的时代，这条道路上动辄成百上千匹骡马的马帮大队，驮铃声声，络绎不绝，穿行于雪山深谷之间。当时每年都有千余藏族商人深入茶产地购茶贸易，茶马古道上通过的驮马每年至少上万匹。

行进在茶马古道上的马帮

茶马古道上背负普洱茶的人夫

滇藏间的马帮运输道路开辟甚早，唐代已有记录。明代以后滇茶开始进入西藏市场，至清代滇茶藏销贸易十分兴盛，滇藏间的交通运输得到发展。清代中叶以后，云南的许多商帮，如鹤庆、丽江、腾冲、喜州帮的很多商人都经营滇藏贸易，他们以云南的茶、糖、铜器运入西藏，换回药材、皮毛等物。滇藏贸易的运输全靠马帮驮运。马帮当时所走的路线被称为"茶马古道"，一般从思茅、勐海、普洱等茶产地运茶经下关、丽江、中甸、德钦（阿墩子）翻越梅岭山，经毕透、崩刀、查于坝、单刀山至拉萨，全程至少3个月。滇藏交通甚为艰险。清代平定准噶尔之役后，杜昌丁随云贵总督蒋陈锡由滇赴藏，写下了《藏行纪程》，描述了这条道路的险阻，"藏故险阻，非人所行"，"由卜自立、阿墩子、擦瓦、崩达、洛龙宗一路，高坡峻岭，鸟道羊肠，几非人迹所到"①。加上德钦以北，必须翻越高寒雪山，云南马帮难以适应。于是这条道路上逐渐形成了滇藏马帮对接运输的模式。一般由云南马帮将茶叶等物运输至丽江，在那里与藏族马帮交易，换取药材和皮毛以及藏帮从印度噶伦堡运来的各种工业制品、日用品等；藏族马帮换取茶叶等货物后再运销西藏各地。每年端阳时节，气候转暖，藏帮便来到丽江，中秋节后才能运抵西藏。进藏马帮一年只能来去一次。由于德钦以北气候寒冷，常常大雪封山，沿途又多无人烟，需自带帐篷干粮，风餐露宿。所以这一段道路除藏族马帮外，外地马帮基本无条件运输。

随着现代化交通运输的发展，至抗日战争初期，滇缅公路建成之后，云南大宗进出口物资的运输，已多为公路、铁路运输所取代，马帮驮运日渐衰落。但是由于日本侵略者侵占越南、缅甸，切断了滇缅、滇越国际通道，抗日战争于 1942 年进入最艰苦的时期，整个西南后方物资奇缺，生活日用品难于保证，物价腾贵，后方经济几陷困境，民心浮动。此时虽然开辟了著名的"驼峰航线"，通过空运以接济国民党政府，但是毕竟运量有限，难以根本改变运输困境。唯有利用传统马帮进行长途驮运，才可获得一线生机。在这样的形势下，民间商家的马帮运输再度活跃，特别是由云南丽江到西藏拉萨而至印度噶伦堡的马帮道，成为战时唯一通行的陆上国际交通线，因此运输骤然繁忙起来。

1942 年，云南陆上现代国际交通线完全被切断，内地经济遇到极大困难，物资奇缺，供应不畅，市场混乱，在关乎国家民族存亡的紧要关头，滇藏爱国商人纷纷以"国家存亡，匹夫有责"为己任，重新打通滇藏印马帮驮运国际交通线，进口后方急需的各种商品，这样既可以为国家分忧解难，为抗战出力，报效国家，

---

① [清] 杜昌丁撰：《藏行纪程》，见方国瑜主编：《云南史料丛刊》第十二卷，云南大学出版社 2001 年版，第 168—169 页。

又可获得可观的利润。于是云南原来主要经营滇缅贸易的各大商号，如茂恒、永昌祥、恒盛公、洪盛祥、永茂和等，以及丽江的恒和号、仁和昌、达记、裕春和、长兴昌，北京的兴记，山东的王云宝等商号纷纷在印度噶伦堡、加尔各答等地设立分号，经营滇藏印贸易。在康藏，也有数十户中小资本家和拉萨、昌都等地的中上层官商参与中印贸易。[①]他们除了在噶伦堡和加尔各答设商业机构外，又以拉萨为中心，先后在青海、玉树、昌都、芒康、甘孜、重庆、昆明、丽江、中甸等地设立固定或流动商号及转运站。[②]各商号向印度，或通过印度向英美等国出口黄丝、药材、瓷器、猪鬃、羊毛等，然后换回国内短缺的物资，如棉纱、布匹、呢绒、染料、药品、海产品、日用品、手表等。从印度购进的货物，一般从噶伦堡运经拉萨，直发康定或丽江，再转昆明、成都。

滇藏印贸易的交通线基本是明清以来的滇藏马帮运输线，即从昆明或下关经丽江、石鼓、维西、德钦、巴塘、拉萨至印度噶伦堡。道路经过滇西北高寒山区出省，经川边一带进入西藏而达拉萨，再转印度噶伦堡，道远途长，崇山峻岭，气候寒冷，骡马运输甚为困难，有的路段只有靠牦牛驮运。从噶伦堡运货至下关，需时三个月之久。冬季大雪封山，不能通行，所以一年只有五至九个月可以通行。道路如此险阻，运输自然成为滇藏印贸易的关键。

在战时为了支援抗战，自1942年起，各大商号纷纷买马，或自组马帮，或加强与原有马帮联系，雇请马锅头进行运输。这一时期滇藏印交通线上的马帮运输主要有两种形式：一是传统的滇藏马帮对接运输，即由云南各商号将从思茅、普洱、下关等地收购的茶、糖及各种出口商品运至丽江，在那里与藏族马帮交换，从他们

① 李圭：《云南近代对外贸易史略》，载《云南文史资料选辑》第四十二辑。
② 仲麦·格桑扎西：《康藏商业界支援抗战亲历记》，载《抗战时期内迁西南的工商业》，云南人民出版社1988年版。

手中接运从印度进口的各种货物，运至昆明等地销售。据估计，当时担负云南境内运输的驮马近万匹。而往来于丽江至拉萨或印度的藏商马帮数，也由原来的四五千匹增至一万多匹，同时还动员了大量的牦牛参加运输，双程运量可达一千多吨。[①] 这种滇藏马帮的对接运输方式甚为便利，滇帮和藏帮都主要承担自己熟悉路段的运输，保证运输过程中的安全，便于各商号组织货物，避免放空损失。在当时滇藏不通汇的情况下，各商号的运价可以根据马锅头的需要折付紧茶或其他货物，故深受马帮欢迎。另一种形式是由云南或藏族大商号自己组织马帮进行全程运输，这样的运输形式，往往由于路途太远，地势险阻，气候严酷等因素的影响，使全程运输的骡马体力消耗太大，常常折损大半，故全程运输的马帮很少。

　　滇藏印贸易的运输虽然困难重重，运价高昂，但在抗战紧要关头，国家民族存亡的关键时刻，滇藏两省的爱国商人和各民族马帮均为民族大义所召唤，并不把经营滇藏印贸易和运输看成是纯经济性的获利机会，而更多地认为这是在为抗战出力，为国分忧，义不容辞，以极大的热情投入滇藏印贸易和运输中来。当时云南著名大商号几乎都经营此线贸易，就连中小商号也参与进来。在西藏，"各界商业人士强烈表示愿为抗战的最后胜利不惜一切代价，积极支援西南大后方。当时大中小寺庙和僧俗商人，凡影响所及，纷纷前往拉萨或噶伦堡办货，分别运送到康定和丽江等地，回程又购办茶叶等物运往拉萨等地，在康藏间掀起了大办商贸，积极支援持久抗战的高潮。沿途群众卖草卖料，供给骡马需要，承运短途运输，协助长途驮运。尤其值得提出的是原来康藏沿途盗匪猖獗，自此以后，大义所昭，盗匪竟销声匿迹，来往商旅畅行无阻"[②]。

———————————————————————————

① 李圭：《云南近代对外贸易史略》，载《云南文史资料选辑》第四十二辑。陈一石、陈泛舟：《滇茶藏销考略》，载《西藏研究》1989 年第 3 期。
② 仲麦·格桑扎西：《康藏商业界支援抗战亲历记》，载《抗战时期内迁西南的工商业》，云南人民出版社 1988 年版。

抗日战争期间，由于滇藏印之间商贸繁盛，运输线上的西藏拉萨、云南丽江发展成为中印贸易的货物中转站、物资集散地和商贸重镇。滇茶运至拉萨后，即由此行销全藏；印度、藏区的货物南下丽江，又由此转运昆明、下关等地。在贸易最繁盛的时期，丽江有中央和地方银行分支机构9家，大小商号1200余家，其中拥有资金100万至200万的大商号10家左右，这条交通线的贸易规模由此可见一斑[①]。各大商号的贸易额也极为可观。如铸记，抗战期间每年经营的滇印贸易额约为20万~60万盾（印度卢比）[②]。西藏邦达仓总号，自1942年后五年间，就汇往印度1000万卢比购买战时内地急需物资[③]。可以说，1942年至1945年间，云南民间经营的进口货物几乎都是通过滇藏印运输线，由马帮运入的。这对于战时"推广出口国产，换取外汇，购运国外物资，充实国内力量"[④]，支援抗战，满足后方人民生活需要起了非常积极的作用。1945年抗战胜利后，全国各条对外交通运输线相继恢复，此线的贸易和马帮运输又逐渐衰落下来。

抗战期间，在战时特殊情况下，当云南现代交通运输尚未完全建立，主要国际交通线被切断之时，传统的马帮运输再次受到重视，重新被大规模的启用，无论是在政府组织抢运抗日物资的驿运工作中，还是各商号自行进行的滇藏印贸易运输中，马帮凭借熟识地理环境、善走云南山路和对交通道路及其道路条件、设备要求简易等特点，承担了繁重的运输任务，对于充实后方经济，稳定人民生活，支援持久抗战，都做出了极大贡献。古老的云南马帮和茶马古道的对外贸易和运输在其悠长的尾声中又奏出了强劲的音符。

① 李圭：《云南近代对外贸易史略》，载《云南文史资料选辑》第四十二辑。
② 马家奎：《回忆先父马铸材经营中印贸易》，载《云南文史资料选辑》第四十二辑。
③ 仲麦·格桑扎西：《康藏商业界支援抗战亲历记》，载《抗战时期内迁西南的工商业》，云南人民出版社1988年版。
④ 李圭：《云南近代对外贸易史略》，载《云南文史资料选辑》第四十二辑。

第　八　章

融入世界交通体系的南方丝绸之路

1840 年鸦片战争后，中国开始沦为半殖民地半封建社会。从此至抗日战争结束，南方丝绸之路的交通方式发生巨大变化，开始从完全人畜驮运向马帮运输与近代交通互联运输过渡，最终完成交通的近代化进程。然而这一过程既是西方殖民主义不断加深对中国的政治经济侵略的结果，也是在中国人民逐渐觉醒、奋起反抗外国侵略，发展自身经济的斗争中实现的。

第一节

西南边疆开埠通商

19 世纪中期，英法完成对西南边疆周边国家缅甸、老挝、越南的殖民化后，就急于打开云南通商大门，英法殖民者企图利用南方丝绸之路的便利交通向中国内地渗透。一方面利用殖民地已经兴起的近代交通运输优势，向中国大肆倾销工业品，进行经济侵略；另一方面，采取种种卑劣手段，强迫清政府签订一系列不平等条约，迫使云南开埠通商。从 1889 年至 1898 年，云南蒙自、思茅、腾冲等海关在英法殖民主义者的胁迫下先后开关，三海关所在地均位于南方丝绸之路道路体系的控制性节点或交通枢纽位置上。开埠通商对南方丝绸之路交通贸易体系影响深远，一方面，英法殖民者企图通过控制三关达到控制南方丝绸之路交通贸易体系的目的；另一方面，南方丝绸之路上现代海关开放，扩大了贸易范围，与世界交通贸易体系逐渐接轨，同时由于海关报关的需要，南方丝绸之路的交通路线有所变化。

一、蒙自开关及其交通变化

中法战争前夕，法国殖民者加快了吞并越南北部和胁迫清政府在云南开埠通商的步伐。中法战争后由于清政府软弱无能，竟以战胜之国反受法国的胁迫，于 1885 年 6 月 9 日，在天津签订了《中法新约》十款，在放弃对越南的宗主权，承认法国为越南保护国的同时，被迫同意云南、广西通商开埠和日后修筑进入云南铁路等权利。随后 1886 年 4 月 25 日，中法在天津又订立《越南边界通商章程》十九款。1887 年 6 月 26 日，中法又在北京缔结了《中法续议商务专条》十条等。从 1882 年到 1887 年，法国殖民主义者强迫清政府签订了四个通商条约，步步胁迫，达到了在广西龙州、云南蒙自和蛮耗开埠通商的目的。1889 年 7 月 28 日开蒙自商埠，于县城东门外设立正关，并于蛮耗街设分关，又于蒙自西门外及河口设查卡。1895 年 6 月 21 日，中法双方又在北京签订了《中法商务专条》附章九条，将蒙自设为正式海关，将蛮耗

云南蒙自海关旧址

分关改在河口，蛮耗设立查卡。

蒙自开关后，据《新纂云南通志》卷一四四记载，通往蒙自正关或蛮耗分关的道路主要有两条：第一条是从滇桂至北海通道。蒙自开关后，法国殖民者规定从广西北海港口的进出口物资必须经由蒙自报关才能进行贸易，由此促使蒙自海关成为广西北海、凭祥等地的海外贸易和中越贸易报关点和物资集散地，并形成近代南方丝绸之路从北海蒙自的交通干线，即从今广西北海经南宁、百色、剥隘进入云南广南，再

云南蒙自海关河口分关旧址

从广南，经弥勒、开远至蒙自报关，共计 41 日程。蒙自开关后，这条道路进出口商业颇为繁忙，除了对外贸易外，滇、黔、桂三省的生计商业贸易在这条道路上也非常繁盛。据当时北海海关代理税务司估计，经过北海运入云南蒙自正关贸易的进口棉纱价值达 100 万两海关银，棉布 25 万两海关银，毛织品 20 万两海关银，云南个旧的大锡也有部分通过这条道路运往北海出口。第二条道路是从越南海防经蒙自至省会昆明。这是传统的滇越交通线的走法，到近代，越南内河航运兴起，从海防至越南河内已经通汽船运输，从越南河内改用舢板经红河航道在河口（今云南河口县）进入中国境内，继续用舢板运输至蛮耗（今云南蒙自市蔓耗），后改用马帮运输至海关，共计 22 日程。当时蒙自、蔓耗间商贸十分繁荣，又有红河水运之便，实为最便利之通商路线。

红河水运是在 20 世纪初达到了传统社会时代的顶峰。古代云南与越南的交通以利用红河水道为主。由于受地理环境和生产力发展水平的制约，交通运输方式为水陆接运。滇越间虽有红河

水道通达，但畅通的上下行船运仅局限于河口以下河道，河口以上红河滩多流急，航道条件极差，特别是溯红河而上耗时费力，难以进行大宗货运，因此自古以来的滇越交通运输以河口为水陆运输分界点，河口以下至红河出海口可进行双向水运，十分畅通；河口以上云南境内人们大多登岸陆行，用马帮驮运。蒙自开关后至滇越铁路通车前，云南出口的最大宗货物是个旧大锡。几乎所有的出口大锡都靠马驮至蛮耗码头（今个旧蔓耗镇）才能利用红河水道运输至海防出口，因此蛮耗设有蒙自关的分关。可见，个旧大锡必须借助红河航运才能走向国际市场。大锡重而沉，长距离的马帮运输困难，充分利用红河水运是必然选择。19 世纪最后 20 年，在大锡出口的带动下，红河地区不仅是清朝政府的边防前线，还是对外开放的前沿以及工矿业中心，经济繁盛，"临安素称富庶，近因个旧锡矿畅旺，绅商暴发数十万者甚夥，建筑繁兴，衣食竞美，家用木器，购之粤东，棺材争尚阴沉花板，价低者，每具辄千金"①。由于大锡运输的需要，19 世纪红河水道的运输重点港口从河口转移到蛮耗。蛮耗河段受水运条件局限，年水量分布不均匀，滩多水急，难通汽船，极大地制约了现代化工业发展时代的原料运输。所以，蛮（蛮耗）河（河口）

段成为当时红河运输的咽喉。进入 20 世纪以后这一矛盾更为突出。1903 年，滇越铁路越南段通车，火车通到滇越交界河口对岸的越南老街，越南境内的运力得到极大提升。但中国境内交通运

清末云南蒙自附近驮运大锡的马帮

---

① 贺宗章：《幻影谈》卷上《兵事第五·蛮河之役（光绪二十九年初次）》，见方国瑜主编：《云南史料丛刊》第十二卷，云南大学出版社 2001 年版，第 103 页。

输条件制约严重，从河口至蛮耗间 180 里航道大小滩有百多处[①]，"其航行情形，当清末季，滇越铁路未通车时，对外交通厥惟是河是赖，蛮耗、新街等地均成为繁盛埠头。但因江小水急，只能载运帆船，汽船不能行驶"[②]。加之沿线地势险峻，瘴疠丛生。贺宗章受命开临营务准备前往蛮河地区时，士绅"十余人皆阻余行，至于号泣，谓蛮河烟瘴最盛，水土恶劣，又值新水发生，去必不宜"[③]。

二、思茅开关及对外交通道路的发展变化

自古思茅（今云南普洱市）就正当云南出境至南海的贸易要道上。清代云南茶叶出口贸易的兴起，使思茅这个偏僻小镇逐渐发展为滇南对外交通、贸易重地，同越南、缅甸、泰国和老挝有较为频繁的经济贸易关系。在清康熙年间，思茅的商务之兴已见雏形。当时省外如江西、湖南、四川、贵州、两广等地，省内如石屏、建水、通海、河西、玉溪等地的商人，纷至沓来，商贾云集，向西藏和内地运销茶叶，又从国外进口棉花，并在当地少数民族中推销广省杂货，思茅逐渐发展为滇南贸易重镇。法国将越南、老挝变为自己的殖民地后，重视从思茅对云南进行经济侵略战略。光绪二十一年（1895 年），中法在北京签订的《中法商务专条》中，除了确立蒙自为海关，将蛮耗分关改设河口外，还专门规定了思茅开关的条例，法国殖民者将侵略之手伸到了思茅。光绪二十二年（1896 年），"云贵总督崧蕃、云南巡抚黄槐森奏准：

---

① 万湘澄：《云南对外贸易概观》，新云南丛书社 1946 年版，第 20 页。
②《新纂云南通志》卷五七《交通考二》，李春龙等点校版第四册，云南人民出版社 2007 年版，第 31 页。
③ 贺宗章：《幻影谈》卷上《兵事第五·蛮河之役（光绪二十九年初次）》，见方国瑜主编：《云南史料丛刊》第十二卷，云南大学出版社 2001 年版，第 96 页。

于十一月二十九日开关于思茅城，设立正关于东门外，永靖哨设立查卡，易武、猛烈各设分关"①。据《新纂云南通志》卷一六二《边裔考一·边防》记载，思茅关至少有七条出国境道路，其中三条至缅甸阿瓦城，二条至暹罗国（今泰国），二条至南掌国（今老挝）。②

1.从思茅关入缅甸有三条道路。（1）由打洛隘口而出。具体走法是由思茅南行经永靖关、普藤（今景洪普文镇）、关铺、关坪（今景洪县关官坪）、小猛养（今景洪市）、猛海（今勐海）、猛混、猛板至打洛隘口，其走法与今昆洛公路大致相同。从打洛而出国境经缅甸的猛麻（今孟马）、打丙、猛港、孟艮（今缅甸景栋）、猛乃（今缅甸孟乃）至阿瓦城（今缅甸曼德勒）。这是思茅主要入缅道路，也是马德新的《朝觐途记》中所记的走法。此路可接续缅甸境内的伊洛瓦底江水道和至仰光铁路，万湘澄称之为"景栋西路"。从思茅到景栋陆路16天，景栋至阿瓦陆路25天，阿瓦至仰光火车1天。③这一走法达到了充分利用便捷的伊江水路和缅甸铁路运输的目的。（2）由帚龙隘口而出。由思茅经永靖关，与第一路同行，至猛松而分途，而后经顶真（今勐海县景真）、猛遮（今勐遮）、帚乃至帚龙隘口。由帚龙隘口出国境经缅甸的大猛养（今缅甸孟洋）、猛丙（今缅甸孟宾）、邦海猛章至阿瓦城。（3）由猛笼（今景洪县勐龙）出国境。其走法是由思茅经永靖关，同上述二路至小猛养（景洪市）至勐龙而出国境，而后经猛类（今缅甸猛雷）转达猛艮（今缅甸景栋）后与第一路合，经猛乃至阿瓦。

20世纪初还兴起了滇缅印藏茶叶运道。当时缅甸境内的近代

---

① 《新纂云南通志》卷一四三《商业考》，李春龙等点校本第七册，云南人民出版社2007年版，第91—92页。

② 《新纂云南通志》卷一六二《边裔考一·边防》，李春龙等点校本第七册，云南人民出版社2007年版，第516—520页。

③ 万湘澄：《云南对外贸易概观》，新云南丛书社1946年版，第24页。

交通体系基本形成，发挥了畜力运输无法比拟的效益，云南商人开始寻求最大限度地利用缅甸近代运输条件的道路。从思普边地运销出境的商品主要是茶叶，茶叶的流向除了部分进入中国内地市场和东南亚及南洋一些国家外，绝大部分是运销西藏。清代末期，滇茶在藏区一些地方的销量已经超过了川茶。每年有大批的藏族马帮从中甸、丽江、大理等地南下，深入茶叶产地佛海和易武等地，收购茶叶，驮运至藏区销售；或者由汉、回马帮深入思茅，收购大量的茶叶，运至丽江或中甸（今香格里拉）、阿墩子（今德钦），再转交藏族马帮运销藏区各地。这样的运销方式主要是因为汉、回马帮难以适应丽江以北恶劣的气候和艰险的道路，故全线运输不得不通过汉藏马帮的转运方式来完成。况且滇西北地区和通往藏区的道路十分艰险难行，气候又恶劣，每年约有半年大雪封山，不能通行，因此运输困难，极大地限制了滇茶藏销贸易的发展。民国初年，滇茶主要由古宗商人（藏族商人）通过中甸、阿墩子、毕透运入西藏拉萨。由于当时西藏地方上层受英帝国主义势力挑拨和怂恿，社会动乱频仍，使本来已非常艰困的滇藏交通更为阻碍，严重影响滇茶销藏之路，滇茶商亦陷于困境。云南商界为谋求茶叶等物资的出路，于民国七年（1918年）开始打通了滇缅印藏商道。最初为滇商杨末其将其贩运的茶货从澜沧江之孟连土司地运入缅甸之锡泊（今缅甸昔卜，为曼德勒至腊戍铁路上的要站），从这里由火车转运，经曼德勒至仰光，再转海轮运至印度的加尔各答，又装上火车运至西里古里，再换汽车运至噶伦堡，而后仍用驮运至西藏拉萨等地。后来缅甸境内公路有所发展，滇茶改新道运输，"由佛海至缅甸景栋达仰光，转印度加尔各答至噶伦堡折入拉萨。其日程是从佛海骡马驮运至景栋8天，换汽车至洞已2天，洞已交火车至仰光2天，仰光换轮船至加尔各答3~4天，加尔各答装火车至西里古里2天，再换汽车至噶伦堡半天，从噶伦堡用骡马驮至拉萨20天，全程共40多天。虽然绕道国外，比起国内从下关至丽江，丽江至拉萨，每做一转，须时三四个月，快捷得多，并且一年四季可做，不受气候制约，比较起来，不但缩短了时间，还大大节省了运费①。

2. 从思茅关至暹罗（今泰国）有两路。第一条由猛笼（景洪县勐龙）而出至泰国定邦昂，经孟勇、孟龙至整迈（今清迈），再经腊本、腊管、猛吞至暹罗国都曼谷；第二条路由猛拿（今勐腊）而出至暹罗的猛辛，而后渡打丙江后，与走猛龙路合。这是近代云南与泰国近现代经济贸易往来的主要道路。此外云南出缅甸、老挝的道路也可转达暹罗（泰国）。清末至民国年间，云南玉溪、河西、峨山等地的马帮，常年赶马走迤南线，至思茅、普洱、车里及佛海一带收购茶叶及各种土产山货，运往泰国、缅甸和老挝等地贸易。这种生意当时称"走夷方"。它们驮运大量的毡子、黄腊、广丝、笠帽、花线、土布等，从思茅经景栋到泰国的清迈，有时又从清迈转达毛淡棉，购回英国、德国的各种西药和工业品。而最大宗的生意依然是从思茅、佛海等地运去茶叶，换回大量的棉花。当时"每一马帮锅头约有二三十匹牲口，也有六七十匹的，从头年阴历九十月间出发，要到第二年三四月间才回家，走一转大约要半年的时间。其路程从河西到思茅15站，清迈到佛海8站，佛海到景栋7站，景栋到清迈15站，清迈到毛淡棉17站，每站约25~30公里"②。

民国时期云南思茅关的缅甸棉花进口通关景象

---

① 马家奎：《回忆先父马铸材经营中印贸易》，载《云南文史资料选辑》第四十二辑。
② 马桢祥：《泰缅经商回忆》，载《云南文史资料选辑》第四十二辑。

3. 从思茅关有两路至南掌国（今老挝）。一是从思茅经勐腊出猛润隘口，至老挝的猛温（今老挝芒温）。二是由思茅经猛烈（今江城县城），南行经中老边界地带的猛乌、乌得、整发而入老挝。民国年间，江城、易武一带所产著名的普洱茶行销于香港、越南、新加坡、菲律宾等地。

三、腾越开关及对外交通线

自从英国势力进入缅甸后，就企图通过缅甸对云南进行侵略，打通云南的商业通道。在不断对云南进行探路骚扰和商品倾销的同时，又加紧通过外交手段，胁迫清政府开埠通商。1875年，"马嘉理事件"发生后，英国殖民者借机要挟清廷在云南通商。光绪二十年（1894 年）签订了《中英续议滇缅商务条约》，英国取得蛮允、盏西两条商道货运和在蛮允派驻领事的特权，已经变相地迫使中国在云南腾越一带开关了。光绪二十三年（1897年），英国又强迫清政府订立续约"中缅条约附款十九条"，至光绪二十七年（1901 年）腾越正式开关，关址在腾越南门六保街三楚会馆。到 1907 年，在六保街官厅巷购地建房，正关遂移新址。正关之下有分关和查卡，分关设委员、核税员、秤手、巡丁等。1928 年裁各分关委员，而以核税员主办。腾越开关后的主要对外交通发生了变化。

1. 腊戍经南坎、畹町至龙陵商道日益兴盛

1902 年腾越开关之初，就在龙陵设分关，控扼这条商道。这条商道在明清时期已经开始兴盛起来，基本是今天滇缅公路的走法。由腊戍经南坎入中国，过勐卯司（今瑞丽）、畹町、遮放、芒市至龙陵，计程 12 日。由龙陵可直至永昌，也可转至腾越。清朝

以来，国内外贸易更加繁盛，云南与缅甸贸易的大量商品由此路过往，当地各民族间的交易也十分兴旺，当时"行人之往来，商旅之辐凑"[1]。遮放是此商道上的重镇，多有闽广人前来经营滇缅贸易和开店经商。在抗日战争前，这条道路经过整修，从畹町出国境后向南直趋腊戌，同曼德勒至腊戌的铁路连接，成为云南入缅甸的主要通道。正是这条道路的便捷和发展，才成为滇缅公路的最佳选线。

2. 腾越至八莫新、旧二路兴衰变迁

腾八路即腾冲至八莫的道路，是明清以来入缅的最重要的道路。腾八旧路是由腾越经南甸、遮岛、干崖、弄璋街、蛮允、蚌洗、红蚌河至八莫（今缅甸八莫）的著名商道。清代末期，"洋货则自漾贡，棉花则自缅降，玉石则自猛拱，皆由水路运至新街，至蛮暮，过野人山，抵蛮允，至干崖。若蛮允野人抢掠，则由新街改道走铁壁关，过陇川抵干崖"[2]。故腾越开关后，即于蛮允设分关，并建公店货场供滇缅商人使用。腾八旧路，因为要过红蚌河，故又称"红蚌河路"。腾八旧路必须经过野人山，商旅常常遭到抢掠，加之石梯路和红蚌河险峻，至清代后期，又开新路，即古哩卡路。新路与老路的区别仅在八莫至弄募，即小新街（又称小辛街，今盈江县弄勐）之间，所以新路走法是：由腾越经南甸、干崖、小辛街、蛮线、古哩卡、芭蕉寨、茅草地、猛募、小田坝至八莫（新街），从小田坝起就可利用缅甸境内的近代交通工具，从小田坝乘汽车一百二十里至新街。由新街或乘船沿伊洛瓦底江直下阿瓦、仰光；或乘火车至阿瓦、仰光。老路虽直但道路险阻，新路较迁而平坦。小辛街为新老路分途处，故于此

---

① 关以镕：《新建腾越关道署碑记》，见李根源辑，杨文虎、陆卫先等校注：《永昌府文征·文录》卷一八，云南美术出版社 2001 年版，第 2634 页。
② 黄楸材：《黑水考》，见李根源辑，杨文虎、陆卫先等校注：《永昌府文征·文录》卷一八，云南美术出版社 2001 年版，第 2610 页。

设分关，又于古哩卡设查卡，控扼新路。新路开辟后，由于商旅多走新路，旧路渐被摈弃，蛮允在滇缅交通中的重要性便开始下降了。

3. 镇康或顺宁至腊戍交通的发展

由永昌南行经姚关、镇康，走南伞出麻栗坝至缅甸腊戍和由大理经蒙化、顺宁走耿马，出麻栗坝，与上路合至缅甸腊戍的道路，是明清之际发展起来的重要商道。1903 年，缅甸境内曼德勒至腊戍铁路修通后，这两条道都直指腊戍，接续火车道，交通运输更加便利，所以近现代滇缅贸易的许多商品均由此路进入云南。万湘澄说："南伞线：由腊戍经昆仑渡、科干（Kogan）入境，过南伞、猛郎、镇康到顺宁，计程十八天，腾越关在南伞设立分卡，稽征税课。孟定线：由腊戍经昆仑渡入境，过孟定、孟郎、镇康到顺宁，也是十八天。由孟定可到云县、双江、景谷、澜沧等县。腾越海关在孟定设立分卡，稽征税课。"[①]

4. 由腾越至密支那或印度商道的复兴

早在汉晋时期，就已开辟了由云南腾越而出国境，经缅甸北部中国滇、藏与印、缅交界地区，转达印度的交通线，这是著名的南方陆上丝绸之路的重要组成部分。然而，随着中印远洋贸易兴起，缅甸与印度的海上交通取代陆上交通，以及云南利用伊洛瓦底江入海的通道日益兴盛之后，由云南出国境，经缅甸密支那地区至印度的道路，就开始逐渐衰落，云南与印度的贸易已转向缅甸南部沿海进行了。元明清时期，此路基本不通行。但是，到二十世纪初，有三个因素促使腾越经密支那至印度阿萨姆的交通迅速恢复和发展起来。一是腾越开关，客观上促进了滇缅贸易的发展；二是缅甸西北地区近代交通网的形成；三是密支那地区国

---

① 万湘澄：《云南对外贸易概观》，新云南丛书社 1946 年版，第 28—29 页。

际贸易的兴起。民国年间，商人由腾越关而出，至密支那进行滇缅贸易非常盛行。从密支那利用近代交通工具直下曼德勒和仰光，或北上至印度进行经济贸易活动。1942 年，腾越商人王灿寰的《中印通路略述》记载了他从事滇、缅、印贸易，亲历此商路的情况："寰自幼经商，往来密支那、猛拱玉石宝石诸厂者有年，深知其地风土。……自腾冲城西北之高田村四十里至古永（元代曾设县治），六十里过槟榔江铁桥，名猴桥，至大河村；六十里至高良工坳口；十五里过滇缅界碑，至干拜地；三十里至五穹；三十里至路纪村；三十里渡大金沙江；至落孔三十里，至密支那四十里，共约华里三百五十里。英人已筑公路自密支那经落孔至小江拖角。由密支那乘火车西南行至茶摩火车站二十英里（并筑有公路，茶摩距猛拱火车站二十英里）。由茶摩赶旱路西行，经岗板至户拱一百七十英里，至印度阿萨密之雅里安利多七十英里，共约二百四十英里（徒步约八日程），印度铁路已修至此，即通至加尔各答、孟买诸地。"[1]可见这条道路沟通着滇、缅、印、藏，是这一地区的主要商道，除此之外，这一地区还有多条道路，通往密支那或经过密支那至印度。清末至抗日战争前，滇、缅、印之间经济贸易的不断发展，交通道路的迅速恢复和开辟，使缅北地区再一次成为中印交通的纽带，为抗战期间修筑中印公路，创造了条件。

① 王仙寰：《中印通路略述》，见李根源辑，杨文虎、陆卫先等校注：《永昌府文征·文录》卷三十，云南美术出版社 2001 年版，第 3029—3030 页。

第
二
节

南方丝绸之路上的丝棉贸易
与跨国经济区

一、清代以来云南与东南亚地区跨国互补贸易

乾隆年间，清朝在全国开展大规模植棉运动，但是从未在云南进行，似乎云南并不缺棉，乾隆大小金川战争时，云南的"棉牌及棉甲二项，长途运送"[①]，调往四川，供给前线军队。明清史籍和地方志从未有云南广泛种植棉花的记载，那么，清代云南人民所需棉织品和制造"挡炮棉牌"的棉花从何而来？这个谜底直到乾隆年间中缅战争爆发才得以揭开。

乾隆三十一年（1766 年）至乾隆三十四年（1769 年），中缅之间爆发了大规模的战争。战争割断了缅甸"同云南之间赚钱的陆上贸易，包括大量以棉花换丝绸的交易"[②]，滇缅贸易受阻，严重影响了两国人民的生活。在中缅战争的影响下，"至该国自禁止通商以来，需用中国物件，无从购觅。而该国所产棉花等

---

① 《清高宗实录》三百三十三，乾隆十四年正月乙丑。
② 塔林主编：《剑桥东南亚史》第一卷，贺圣达等译，云南人民出版社 2003 年版，第 479 页。

物，亦不能进关销售"[1]，使得新街、蛮暮等处的棉花，堆积如山，无法销售；战争也使缅甸市场上丝绸价格陡涨，"伊处必用之黄丝等物价增十倍，见在上下莫不需"[2]。乾隆四十二年（1777年），前往云南查看边境情形的云贵总督李侍尧被滇缅间巨大的棉花贸易所震惊，他在奏折《筹办缅甸边务情形》中说"缅地物产，棉花颇多"，虽然滇缅陆路贸易受阻，但棉花仍可从海路运出，以致"似滇省闭关禁市，有名无实"[3]。乾隆五十五（1790年），滇缅贸易正常后，在腾越至阿瓦的陆路上，常有牛400头，马2000匹这样的运输队伍，缅甸又重新占有了云南的棉花市场[4]。1795年，代表东印度公司出使缅甸的英国人考克斯描述道："在缅甸首都和中国云南之间，有着广泛的贸易，从阿瓦输出的主要商品是棉花，沿伊洛瓦底江运到八莫，同中国人交换商品，后者从水陆两路把棉花运回云南。"据考克斯估计，在19世纪20年代每年从缅甸运入云南的棉花价值不下228000英镑。[5]同时大量生丝经云南大理、腾越运往缅甸[6]，丝棉成为云南与缅甸交通干线上的主要运输货物。

光绪年间，云南被迫开放蒙自、腾越和思茅三关，从此以后云南的对外贸易在三关的报告中有详细的记载，根据云南三关的旧海关贸易报告，笔者对三关的进出口物品进行了统计，从而可分析滇缅贸易的特点。腾越关是云南对缅甸贸易主要道路上的控制性海关，云南与缅甸丝棉贸易在腾越关表现最为典型，在1902

① 《清高宗实录》卷一千三百五十一，乾隆五十五年三月乙巳。
② 《清高宗实录》卷八百七十五，乾隆三十五年十二月甲午。
③ 《清高宗实录》卷一千三十一，乾隆四十二年四月戊午。
④ [英]哈威：《缅甸史》，姚楠译，商务印书馆1957年版，第298页。
⑤ 钦貌妙：《缅王统治时期的缅甸棉花贸易》，转引自贺圣达：《缅甸史》，人民出版社1992年版，第214页。
⑥ Letter By Baron von Richthofen on the Provinces of Chili, Shansi, Shensi, Sz'-Chwan, with notes on Mongolia, Kansu, Yunnan and Kwei-Chau, p.50-51. 转引自彭泽益编：《中国近代手工业史资料（1840—1949）》，第二册，三联书店1957年版，第90页。

年到 1941 年这 40 年中，从腾越关出口的生丝，又称黄丝，占腾越关出口土货总量最高年份达 90% 以上的有两个年份，即 1933 年达 94%，1936 年竟达 98%，腾越关出口黄丝达 80%~98% 的有 13 个年份，占 70%~79% 的有 7 个年份，而出口黄丝占总出口货物 50% 以下的仅 3 个年份，据此可知黄丝是腾越关云南对缅甸出口商品中的最大宗货物。与此同时，腾越关大量从缅甸进口棉花和棉纱及棉织品，在 1902—1941 年间，棉花、棉纱和棉织品的进口最高的年份为 1919 年，达 91%；此外有 16 个年份的棉花和棉纱进口占 80%~89%，13 个年份达 70%~79%，也就是说，40 年间腾越关几乎每年进口的棉花和棉产品都在 50% 以上，其中 70% 以上的年份就有 31 个。[①] 又据思茅关贸易报告统计，思茅关的主要进口物品也是来自缅甸的棉花和棉产品，几乎占每年思茅关进口量的 70% 以上。[②] 丝棉构成了云南与缅甸的最主要进出口物品。随着缅甸殖民地的深化，云南从缅甸进口的与棉有关的商品也发生了微妙的变化，即从清代基本直接从缅甸进口原棉，逐渐地发展为进口缅甸的原棉和印度、英国通过缅甸转口的棉纱和棉织品。由于交通的便利和云南境内消费群体的差异，20 世纪初开始，印度和英国的机纺棉纱通过缅甸转口经腾越关进入云南的数量逐渐增加，保山、大理、昆明等地区的人开始用印度和英国机纺棉纱织布，拉动了腾越关棉纱的进口。而滇南各少数民族不习惯穿着机纺棉纱所织的布料，更喜欢直接进口缅甸原棉纺织的土布，大量缅甸的原棉转而从思茅关进口。

所以，清代以来，通过水陆联运的方式，云南和四川的生丝大量出口到缅甸，占云南出口缅甸总量的 70%；同时从缅甸进口棉花，占云南从缅甸进口商品总量的 80%。由于云南与缅甸丝棉

[①] 据《中国旧海关史料》各册 1902—1940 年《腾越关贸易报告》统计。
[②] 据《中国旧海关史料》各册 1897—1936 年《思茅关贸易报告》统计。

贸易数目之大、影响之深，使得滇缅对外贸易通道不再是一条以外销丝绸为主的"丝绸之路"，而是具有互补型贸易特征的"丝棉之路"。四川产丝区域广泛，"该省中部各县，西自嘉定、东迄重庆，均为产丝区域"[①]。根据川丝产量，民国年间，四川产丝约可分为三区：一为川北区，以三台、南充、阆中三地为中心，并合附近各县，约可产丝一万五千担；二为川南区，以乐山为中心，并合附近各县，约可产丝五千担；三为川东区，以合川、重庆、万县为中心，并合附近各县，约可产丝八千担。全川总计盛时约可产丝三万担。[②]

民国年间四川茧丝产量表

产区	附属地	产茧量（担）	合丝量（担）
三台	绵德、新射、盐金、成华属之	130000	9000
南充	西蓬、临广属之	57000	3500
阆中	仪苍南属之	50000	3000
乐山	筠仁高属之	80000	5000
合川	渠河、大河坝属之	50000	3000
万县	两开渠、云忠属之	60000	3600
重庆	江巴永璧属之	16000	1000
其他	长涪、安乐、綦南属之	35000	1600
合计		478000	29700

资料来源：胡焕庸：《四川地理》，重庆正中书局1939年版，第36页。

四川所产黄丝是一种粗丝，它的形状是像粉丝一样的长条形，质量粗劣，但耐洗吸汗，很适合缅甸湿热气候的穿着需要。川丝中尤以嘉定丝最受欢迎，"其装束丝把亦特殊。……川北丝则须经过复摇手续，使现成为经丝，始能销往于缅甸，且价值亦较川南丝为低"[③]。

[①]《中国旧海关史料》（1859—1948），第128册，载《民国二十六年华洋贸易报告书》，第109页。
[②] 胡焕庸：《四川地理》，重庆正中书局1939年版，第36页。
[③] 尹良莹：《中国蚕丝业发明与传播之研究》，蚕蜂所志编纂委员会编：《蚕蜂所志》，云南省新闻工作者协会图书编辑部2005年版，第369页。

川丝黄丝主要经过云南销往缅甸等东南亚国家。云南市场在川丝销缅中起到了转运的作用，销往缅甸的川丝"所得卢比，为进货之用，惟丝价之收入，为四川所得，云南不过代为转手而已"①。19世纪初期，四川生丝即有自陆路转运至缅甸的记录。②同治年间，乐山县所产生丝销往缅甸，据史料记载："货之属：丝，属县俱出，惟乐山最多，其细者土人谓之择丝，用以作绸，或是贩至贵州转行湖地亦冒称湖丝；其粗者谓之大伙丝，转行云南转行缅甸诸夷，诸夷入货皆自云南。"③四川南充所产丝绸，有20%是销往昆明。④1902年，腾越关开关后，川丝多经腾越关出口到缅甸，"腾越运送出口黄丝系从四川办来"⑤。光绪三十一年（1905年），腾越关海关报告记载："黄丝、石黄已占估值四成之三有余，黄丝一宗原自四川而来。"⑥又据宣统二年（1910年）海关报告记载："黄丝自四川来，为第一次请领三联报单，前往内地采办者厥后该丝运往缅甸。"⑦民国六年（1917年），腾越关"全年共发三联报单七百二十四张，内有七百三张为四川黄丝，几乎全数由四川直接运腾"⑧。民国年间，永北县（今丽江市永胜县）也是四川黄丝的过境市场，四川黄丝从四川经过永北，运销大理，再销往缅甸。民国九年（1920年），由永北过境的四川黄

---

① 夏光南：《中印缅交通史》，中华书局1948年版，第108页。

② Report of the Delegate of the Shanghai General Chamber of Commerce on the Trade of the Upper Yangtze River. China（No. 8）1870, p25.

③ [清]文良等修、陈尧采等纂：同治《嘉定府志》卷七《方舆志·物产》，同治三年（1864年）刻本。

④ 《四川近代省际贸易》，载《四川商业志通讯》1986年第4期，第19页。

⑤ 《中国旧海关史料》（1859—1948）第74册，载《民国四年腾越口华洋贸易情形论略》，第1372页。

⑥ 《中国旧海关史料》（1859—1948）第44册，载《光绪三十一年腾越口华洋贸易情形论略》，第413页。

⑦ 《中国旧海关史料》（1859—1948）第57册，载《宣统二年腾越口华洋贸易情形论略》，第816页。

⑧ 《中国旧海关史料》（1859—1948）第82册，载《民国六年腾越口华洋贸易情形论略》，第1494页。

丝有两千驮，每百斤价值五百元。①

清末，云南三关开放后，大量洋货进入云南，转销各地，也有部分销往贵州。洋货进入贵州，是由云南蒙自关进口，然后经由云南到贵州的陆路，运到普安厅等地。据蒙自海关报告记载，洋货进入贵州，销售的市场范围和销售数量都呈逐渐扩大和逐步

清末思茅关等待通关的进口棉花

增加的趋势。1896年，自蒙自开关以来，"货物运至四川、贵州销售者，日有起色，由一万一千两加增至二万一千余两"②。1897年，蒙自关运往贵州的货物大为舒畅，"往贵州者，足称昌盛，计估值关平银由一万九千余两增至五万九千五百余两之多"③。到1898年，云南销往贵州的商品数额，增加更快，"所销之货值关平银十五万二千二百余两，上年只有关平银五万九千五百余两"④。经云南运入贵州的物品，大部分为洋纱。光绪二十六年（1900年），蒙自关海关报告称："故销各货全由蒙自再行分运省中销场处，计用骡马驮负者七万五千二百二十七匹，四川省不过占百分之五，贵州省则仅占百分之四，此相连省分洋纱一物销售最广，布疋只有些须而已。"⑤笔者据蒙自关海关报告统计，1893年，经蒙自关销往贵州的棉纱为143担，1894

① 杨锦文等辑：《云南永北县地志资料全集》十四《产业·商业》，民国十年（1921）。
② 《中国旧海关史料》（1859—1948）第24册，《光绪二十二年蒙自口华洋贸易情形论略》，第259页。
③ 《中国旧海关史料》（1859—1948）第26册，《光绪二十三年蒙自口华洋贸易情形论略》，第264页。
④ 《中国旧海关史料》（1859—1948）第30册，《光绪二十四年蒙自口华洋贸易情形论略》，第281页。
⑤ 《中国旧海关史料》（1859—1948）第34册，《光绪二十六年蒙自口华洋贸易情形论略》，第285页。

年为 329 担，1896 年为 448 担，到 1897 年就有 2010 担。[1]

二、地理环境影响下的经济互补

地理环境的差异是推动滇缅丝棉贸易发展的最主要原因。云南大多地方四季如春，适宜穿着保暖性强的棉织品，从清代开始，云南人民衣着原料主要是缅甸棉花，有史料记载："惟闻该国货物内，如棉花等项，为滇省民人需用。"[2] 但是，云南的气候条件决定了云南不宜种植棉花，因为棉花是喜温、好光作物。一般情况下云南的气候达不到棉花生长所需的高温和开花结铃期的少雨条件，即便某些干热河谷地带适宜种植棉花，也不能满足云南人对棉花的需求。晚清到云南考察的外国人就注意到云南是通过从缅甸进口棉花来满足需求的，"云南多数地方太冷，不宜种棉花，因为这儿人人穿棉制品，棉花交易是云南最重要和必须的交易之一"[3]。民国年间曾经在云南推广种植棉花，但效果不好，如《云南省农村调查》总结的，云南棉花产量不多，其原因是夏秋之交雨水太多，棉桃不能开放以致腐烂。[4] 据民国初年统计，云南省棉田面积不过二三十万亩，棉产量也不过十几万担，[5] 根本不能满足云南人民对棉花的需求。

然而，缅甸则是东南亚的主要产棉区。缅甸的农产品主要有稻米、棉花、花生、芝麻，其中稻米和棉花是缅甸最重要的出口商品，而棉花则主要出口中国云南。缅甸主要产棉区是伊洛瓦底

---

① 据《中国旧海关史料》各册 1892—1897 年《蒙自关贸易报告》统计。
② 《清高宗实录》卷一千三百二十五，乾隆五十四年三月辛巳。
③ H·R. 戴维斯：《云南：联结印度和扬子江的锁链·19 世纪一个英国人眼中的云南社会状况及民族风情》，李安泰等译，云南教育出版社 2000 版，第 110—114 页。
④ 行政院农村复兴委员会：《云南省农村调查》，商务印书馆 1935 年版，第 39 页。
⑤ 许道夫编：《中国近代农业生产及贸易统计资料》，上海人民出版社 1983 年版，第 206—207 页。

江中游的干燥地带，"缅甸干燥地带的黑色棉花土，在整个东南亚地区，颇为突出"，这一地带"适宜种植棉花及冬季作物，现为缅甸最重要的棉花地带"①。缅甸的棉花种植量非常巨大，1940年缅甸全国耕地8477400公顷，其中棉花种植达1436000公顷，②约占全部耕地面积的17%。缅甸棉花种植区基本是延续清代的发展而来，均在最早最发达的农业中心区，因此，1940年缅甸棉花种植的面积基本可推及清代或近代缅甸棉花的种植情况。如此巨大的棉花种植面积，构成了缅甸棉花大规模向云南出口的基本条件。

从另一方面看，缅甸由于地处热带、亚热带，气候炎热，百姓喜好透气性好的丝作为衣料。缅甸男女老少，皆围一种纱笼式的下装，穿在男的身上叫笼基，穿在女的身上便叫特敏。缅甸气候不适宜桑蚕，所需生丝主要依靠距离缅甸最近的云南进口。云南地处亚热带高原，空气干燥，四时如春，非常适宜于蚕桑，云南所产生丝大多被运往缅甸销售，明代中国丝绸就成为缅甸最重要的衣料。乾隆清缅战争时，缅王曾下令从中国进口的丝绸"不得销售国外，恐人民无衣也"③。民国《楚雄县地志》载该县每年约产丝二千余斤，运销瓦城销售。④销缅生丝除来源于云南本省外，滇商还到四川、江浙一带收购蚕丝。据民国二十六年（1937年）腾越关册载："生丝系来自蜀省，该省中部各县，西自嘉定、东迄重庆，均为产丝区域。"⑤据重庆与万县二关统计，二十四至二十六年平均运销缅甸之丝，年约一千八百担。⑥销缅川丝"在瓦城每驮重约一百五六十斤，可售至印洋一千二三百枚，该丝全

① 赵松乔：《缅甸地理》，科学出版社1958年版，第53页。
② 赵松乔：《缅甸地理》，科学出版社1958年版，第142页。
③ ［英］哈威：《缅甸史》，姚楠译，商务印书馆1957年版，第362页。
④ 民国《楚雄县地志》第十四目《产业》。
⑤ 《中国旧海关史料》（1859—1948）第128册，载《中国海关民国二十六年华洋贸易报告书》，第109页。
⑥ 钟崇敏：《四川蚕丝产销调查报告》，中国农民银行经济研究处1944年版，第77页。

为缅甸销用"[1]。清末至20世纪40年代，经营黄丝出口业著名商号"茂恒""永茂和""永昌祥""福春恒"等，曾合组"滇缅生丝公司"，垄断川、滇、缅三地生丝经营，形成一个垄断性的销售市场。[2]

总之，由于地理环境和气候条件的差异，导致云南不适宜种植棉花，但适宜穿着棉织品，而原棉都从缅甸进口；缅甸气候炎热，不适宜桑蚕，但喜欢穿着从云南出口的生丝制作的衣物。由于地理环境和衣着习俗的差异，导致清代以来滇缅两国丝棉贸易的兴起，同时也是滇缅跨国互补经济区形成的根本原因。

从清代开始，缅甸向中国出口的商品，大米是第一大宗，棉花是第二大宗，而缅棉主要运销云南。明清时代，云南形成了广泛的手工棉纺业分布，主要沿交通干线和人口密集区分布，既有纺线业，也有织布印染业，所用原棉大都来自缅甸。近代，由于大量的印度、英国、日本棉纱进口，部分地区的纺纱业有所萎缩，而在交通干线和主要城镇地区，形成了购买洋纱、手工织布的格局。民国年间，滇西纺织较为发达之处，有楚雄、祥云、弥渡、蒙化、保山、下关等地，所用原料，均为印度和英国通过缅甸转口贸易到云南的洋纱。[3]

缅甸的原棉进口构成云南现代纺织业兴起的基础，是云南纺织工业最主要的原料来源。20世纪30年代，云南纺织厂和裕滇纺织公司先后成立，纺织所用原棉，曾一度委托实珍洋行到缅甸采购。[4]在日本占领缅甸以前，缅甸进口棉花成为两厂原料的主要来源。民国时期，昆明纺织厂曾是昆明最大和最现代化的工

① 《中国旧海关史料》（1859—1948）第88册，载《民国八年腾越口华洋贸易情形论略》，第1376页。
② 李王圭、梅丹：《云南近代对外贸易史略》，见云南省政协文史委员会编：《云南文史集萃》五《工商·经济》，云南人民出版社2004年版，第572页。
③ 张印堂：《滇西经济地理·滇西棉作与纺织现状》，国立云南大学西南文化研究室1941年版，第42页。
④ 云南纺织厂厂志编辑委员会编著：《云南纺织厂厂志》，内部印行1988年版，第10页。

厂，也是西南影响最大的纺织厂之一，该厂棉花原料并不从中国内地得来，主要靠缅甸进口。[①] 云南纺织厂的产品内销到玉溪、曲靖、通海、蒙自、昭通等地，外销至四川、贵州、西康等省，满足了云南各地和西南各省对棉织品的需求。同时，云南借助缅甸的棉花，成为西南重要的纺织业中心。

缅甸虽然棉花产量很大，但是缅甸没有形成广泛的手工棉纺业分布，只有零散的纺织作坊。缅甸成为英国殖民地后，近代英国和印度生产的洋纱、洋布通过海路从仰光进口到缅甸，直接供应了缅甸市场，大部分则出口到云南。缅甸盛产棉花，但没有自己的棉纺业，更没有现代化的纺织厂和纺织业。1921 年，缅甸资本家受到社会舆论的支持，成立第一个民族股份公司——缅甸纺织公司。但是英国和印度廉价的工业品的进口成为它前进道路上不可克服的障碍，而公司又没有得到当局的帮助，最终宣告破产。除了资本家承办的纺织公司没有成功外，由于染纱的进口，缅甸本地棉纱的家庭生产也几乎绝迹。[②] 缅甸民族资本在纺织业中只拥有手工业者和家庭工业经营的小型轧棉业，据统计 1926 年至 1927 年间，缅甸国内总共只有 28 家轧棉企业。[③]

缅甸人喜好中国丝绸，缅甸利用云南出口的黄丝，形成了自己的丝织业，据 1931 年统计，缅甸全国从事缫丝及丝织业的半时与全时工人达 45908 人，占全国工业人口的 6.9%，有成百家的丝织工厂，生产品质优良的丝绸，销路甚佳。[④] 缅甸民间还有织丝

---

① 王国华、杨寿丰：《从云茂纺织厂到昆明纺织厂》，载《昆明文史资料选辑》第 21 辑，第 8—9 页。
② 1939 年 9 月 4 日《缅甸立法机关·第一届下议院会议记录》，转引自 [苏]B.ф. 瓦西里耶夫著：《缅甸史纲（1885—1947）》上册，中山大学历史系东南亚南亚研究室，外语系编译组合译，商务印书馆 1975 年版，第 202—203 页。
③ 《印度法规专门委员会报告》，转引自 [苏]B.ф. 瓦西里耶夫著：《缅甸史纲（1885—1947）》上册，中山大学历史系东南亚南亚研究室，外语系编译组合译，商务印书馆 1975 年版，第 203 页。
④ 赵松乔：《缅甸地理》，科学出版社 1958 年版，第 156 页。

工匠，这是一种重要的职业。缅甸老百姓把从云南进口的生丝织成具有缅甸特色图案的一般丝织品，极大地满足了缅甸民众的衣着需求。

可见，自清中叶以来，由于滇缅丝棉贸易的扩大，使滇缅跨国经济区域产业分布不断深化。云南虽然不种植棉花，却形成大规模的家庭棉纺业，继而发展为西南重要的棉纺工业中心。云南大规模进口缅甸棉花，促使缅甸棉花种植面积扩大，但是缅甸棉纺业不发达，原棉大都出口云南。缅甸虽然丝茧产量很少，但是由于云南运入的生丝供给，丝织业发达。

三、融入世界贸易体系的中国西南与东南亚跨国经济区

近代，在东南亚殖民化和帝国主义向西南边疆渗透、云南现代化转型的过程中，特别是云南三关先后开放后，云南与东南亚跨国区域经济区表现为双扇形空间结构特征，形成跨国区域市场，并且跨国经济区域向海外和中国内地延展，逐渐融入世界经济体系。云南与东南亚的跨国区域经济双扇型在腾越关最能体现："滇缅交易以来，人所共知进出口最大宗之货即系棉、丝两种，盖本口贸易盛衰之现象，应视此两种货物多寡以为衡。"[①]

从清代以来形成的云南与东南亚跨国经济区域以滇缅经济区域为核心，是以丝棉贸易为特征，即云南大量从缅甸进口棉花，出口生丝。近代，特别是云南开关以后，云南与东南亚的丝棉贸易范围逐步扩大，滇缅跨国区域经济区扩大到海外市场，云南输入的棉织品数量增多，种类丰富。从国外输入的商品中以棉货为大宗，其中以棉纱数量最大。就输入云南的洋纱而言，主要有印

---

① 《中国旧海关史料》（1859—1948）第 82 册，载《民国六年腾越口华洋贸易情形论略》，第 1491 页。

度、日本、越南、英国等国，但以印度棉纱之势力最为雄厚，"云南进口推为大宗货物之印度棉纱者"[1]。云南进口的棉布种类很多，主要有白色布、粗斜纹布、标布宽 32 寸、标布宽 36 寸、袈裟布、印花布、红布、棉羽绫、棉法兰绒、棉剪绒宽 22 寸、棉剪绒宽 26 寸等。而且云南进口棉布来源国家较多，主要产自英国、意大利和日本、法国、瑞士、俄国、美国等。民国四年（1915年），蒙自关进口"外国棉货疋头增多一万一百三十一疋，英国原色布增多七千九百五十疋，日本柳条棉、法兰绒增多六千二十疋"[2]。云南进口棉货除棉花、棉纱、棉布三种类型，还有日本、英国等织造的面巾、手帕、棉毡毯等棉织品。近代，丝棉贸易市场扩大到了海外，这样滇缅跨国经济区的外延扇面不仅是缅甸，还包括了整个东南亚，甚至延展到南亚、东亚、欧洲、美洲等国家。

在另一方面，云南与东南亚跨国区域经济形成的枢纽深入到云南腹地，甚至包括贵州、四川等省份。从三关运入的棉织品除部分在本地销售外，大部分被运往各地销售，于是形成了一个丝棉运销网络。由于棉织品是生活必需品，云南各地都需要棉织品，所以从云南三关运入的棉织品运销市场范围广泛，涉及全省大部分市场。蒙自关进口棉纱销售"于迤南者占百分之五十，其余百分之五十运昆明"[3]。思茅关进口"棉花、洋布类几乎全数运往云南、临安、澄江三府销售"[4]。腾越关进口商品在本地销售数量有限，"大数皆运入人烟稠密之内地销售，如永昌、大理、

---

① 《中国旧海关史料》（1859—1948）第 54 册，载《宣统元年腾越口华洋贸易情形论略》，第 472 页。

② 《中国旧海关史料》（1859—1948）第 74 册，载《民国四年蒙自口华洋贸易情形论略》，第 1342 页。

③ 钟崇敏：《云南之经济》，云南经济研究报告，1939 年油印本，第 80 页。

④ 《中国旧海关史料》（1859—1948）第 34 册，载《光绪二十六年思茅口华洋贸易情形论略》，第 292 页。

丽江、顺宁等府"①。云南进口的棉织品也销往邻近的四川、贵州、广西等省份。如蒙自关"棉纱进口销运本省南部者约百分之五十，余均运往云南府发售，然其中有百分之八十输运内地，并四川、贵州二省"②。腾越关进口棉织品也有销往四川、贵州，"甚或运至四川、贵州者兼而有之"③。例如，云南进口棉纱的外省市场主要集中于贵州普安和四川的宁远。据蒙自关海关贸易报告统计，光绪十七年（1891 年），蒙自关销往四川宁远的棉纱有12557 担。1892 年，经蒙自关销往贵州普安厅 3264 担，四川宁远 6188 担。④

总之，在近代东南亚殖民化和帝国主义向西南边疆渗透、云南现代化转型的过程中，滇缅跨国区域经济区发展呈双扇型空间结构特征，即云南与缅甸是跨国区域经济的核心区，由这个跨国经济区域向海外和中国内地延展，并逐渐融入世界经济体系。云南从缅甸进口原棉，出口生丝的贸易形式仍然是促使滇缅跨国区域经济形成的主要因素。此外，云南进口的棉织品种类丰富，来源于不同的国家，除了有缅甸棉花外，还从印度、英国、日本等进口的棉纱，还有来自英国、意大利、美国、瑞士、俄国、日本的洋布。云南与东南亚的跨国区域经济市场扩大到海外，而由这个跨国区域经济形成的枢纽深入到云南腹地，甚至包括贵州、四川等省份。经云南三关进口的棉织品被运往云南各地销售，还有部分销往贵州、四川等省份和地区，扩大了丝棉贸易市场的范围，并形成云南进口棉织品的销售网络；而云南向东南亚等国家

---

① 《中国旧海关史料》（1859—1948）第 54 册，载《宣统元年腾越口华洋贸易情形论略》，第 472 页。
② 《中国旧海关史料》（1859—1948）第 82 册，载《民国六年蒙自口华洋贸易情形论略》，第 225 页。
③ 《中国旧海关史料》（1859—1948）第 54 册，载《宣统元年腾越口华洋贸易情形论略》，第 472 页。
④ 《中国旧海关史料》（1859—1948）第 17、18、19 册，载《蒙自关华洋贸易论略》。

出口的黄丝主要来自四川，部分来自云南。这种双扇型结构在腾越关最能体现，川产黄丝主要经腾越关出口销往缅甸、印度等国家；印度、英国等国的棉织品经腾越关输入，并运往云南各地及贵州、四川销售。近代，丝棉贸易逐渐融入全球市场。丝棉贸易的发展是一种省际、地区间和世界体系性的国际间的经济关系，形成了全球的贸易体系和劳动分工。因此，我们应该把云南与东南亚的丝棉贸易放在全球贸易的背景下研究，丝棉贸易不是一种封闭的贸易，而是形成了与多个国家和地区相互贸易交流的双扇型跨国经济区，也是世界市场的重要组成部分。

　　总体而言，最迟从 18 世纪开始，以"丝""棉"贸易为特征形成了滇缅跨国区域经济结节区，其特点是两至三个实行专业分工的有机部分彼此之间相互补充，由内部的转移媒介联结起来[①]。其专业分工为丝的原料生产地在中国的云南和四川，棉的原料生产地在缅甸，即在两个不同的区域进行了原料生产。而丝的制造业除了在原产地中国云南、四川外，很大一部分转移到缅甸，缅甸既是丝的专业织造地和主要消费地；棉则反之，原棉产自缅甸，但发达的棉纺业和缅甸棉的主要消费地在云南。因而形成了两国或两地交叉且深度嵌入、相互补充的区域经济，而在这个区域经济里，突出地表现在丝棉这两个实行专业分工的有机部分彼此之间相互补充，其内部转移的媒介则是贸易，是丝棉之路形成的贸易体系将这个跨国区域经济联结起来。这个跨国区域经济结节区的发展，可分为两个阶段，第一阶段为清代中前期，只是中（滇）缅双方参与或内部专业分工的有机部分。到近代，特别是云南三关开放后，则是双扇型跨国区域经济，东南亚沿海港口联结以关形成的枢纽再深入到云南腹地，甚至包括贵州、四川等

254

---

① [美]埃德加·M.胡佛：《区域经济学导论》，王翼龙译，商务印书馆 1990 年版，第 176 页。

地。而港口的外延扇面不仅是缅甸，还包括了整个东南亚，甚至延展到南亚、东亚、欧洲、美洲等地区。这个跨国区域经济结节区与中国近代其他区域经济有很大的区别，是一个相当特殊的模式，极大地丰富了中国近代区域经济的类型。

第
九
章

迈向新式交通时代的南方丝绸之路

自 1910 年滇越铁路通车开始，南方丝绸之路就开始逐步迈入新式交通时代。从 1910 年至 1945 年抗日战争结束，近代化新式交通运输体系，在深受帝国主义凌辱、压迫和剥削的屈辱中，在云南人民的不断觉醒、不屈不挠的反抗侵略和保卫国家的正义斗争中逐渐形成，从此云南进入了以近现代新式交通为主的新时代。

第一节

滇越铁路

法国殖民主义者在 19 世纪末，通过各种卑劣的手段，步步紧逼，强迫清政府订立了一系列出卖国家主权和云南筑路权的不平等条约。光绪二十三年（1897 年），清政府与法国驻京公使互换照会，同意法国国家或所指定由法国公司自云南界起修筑铁路至云南省城，中国并允许给该路所经两旁应用的地段，从而使法国最终攫取了滇越铁路修筑权和经营权。

法国政府得到筑路权后，便与巴黎银行团商议借款，组织滇越铁路公司，专门经营此路。由越南总督批准给予滇越铁路公司75年的经营期限。光绪二十五年（1899年），公司开始派人深入云南境内进行勘测。由于山路险阻，交通不便，加上沿途地段各民族人民的反抗，翌年勘路工作停顿。光绪二十七年（1901年），铁路公司再次派人来滇，最后确定了滇越铁路的路线。光绪二十九年（1903年），清王朝命奕劻与法国驻使签订中法滇越铁路章程三十四条。除了关于购地招工，采取沙石林木、警卫、税厘以及法国人出任滇越铁路公司总经理等事项外，还规定：（1）铁路轨距为一公尺（按越南铁路系统所用一公尺轨距，此路既为越南铁路的延长线，故也要求照一公尺轨距修筑）；（2）干线造成后，如彼此认为有益，可接修支路；（3）客货运价由公司自行核定，中国邮件收费；（4）铁路专为商用，不运载西国军队以及军火粮饷，并不得运输中国例禁之物。万一中国与他国开战，该路悉听中国调度，不守局外之例；（5）造路时每月由铁路公司兑交滇省厘银4450两，作为中方照料之费用；（6）中国政府于80年期限满后，可与法国政府商订收回铁路及一切财产办法。由此可见，滇越铁路自议修之日起，对中国来说就意味着是"一条没有主权的大动脉"。非但如此，法国人还借机从云南方向打开了一条进入中国的道路。宣统二年（1910年），越南总督杜迈在一份报告书中说："云南为中国天府之地，气候物产之优，甲于各行省，滇越铁路不仅可以扩展商务，而且系殖民政策尤深，宜速揽其开办权，以收大效。"法国通过滇越铁路直接控制云南的交通命脉，利用滇越铁路掠夺云南的矿产资源，垄断云南的商业贸

滇越铁路蒙自碧色寨车站

易，将它的侵略触角伸入云南各个方面，成为插入云南人民身上的一根吸血管。对此，当滇越铁路章程签订，云南面临着严重民族危机，震动和刺激了云南社会各界各阶层，他们大声疾呼："滇越铁路即异日亡滇之导火线"，"云南之存亡，视滇越铁路能否赎回为断"。为赎回路权，云南人民曾经进行坚决的斗争，无奈清政府的腐败无能，终使这条丧权辱国的铁路得以修建。

滇越铁路全线由昆明至越南河内，再到海防，全程800公里。河内至海防段约80公里，先期已由法国人修筑。由河内至滇越交界处的老街一段约290公里，于1901年开工，因所经地区几乎都是平川，无高山大河险阻，于1903年建成通车。滇越铁路在越南境内大约370公里，基本上在1903年就已完成。

滇越铁路从河口起入滇，经过芷村、开远、宜良、呈贡而至昆明，在云南境内共长465.2公里。于光绪二十九年（1903年）开工，由于云南段所经地区，群山险阻，交通不便，人烟稀少，粮食缺乏，瘴疠丛生，施工难度极大，筑路极其困难。云南段开工后，除在云南当地招雇工人外，还远从广东、广西、福建、宁波、天津等地招募工人，先后达六万余人。因为烟瘴的关系，劳工患病和伤亡甚众，当时人说"这是一条拼命筑成的铁路"，"滇越铁路是一根枕木一条人命"。

滇越铁路在云南段所经几乎都是山岭地带，路线迂回甚殊，自河口起线路一直升高，由海拔

滇越铁路人字桥（位于云南省屏边县五家寨哀牢山南段）

89 米左右，至昆明终点南站海拔达 1896 米，两地直线距离不到 300 公里，而高程相差 1807 米。虽然采用 100 米的弯线半径，仍有较大的坡度。沿线大小桥梁 176 座。其中以距河口 100 多公里的"人字桥"工程最难，此桥架设在相距 67 米的两山峭壁之间，壁高 200 米，桥身距谷底约 100 米，由法国工程师鲍尔·波丁设计，1907 年动工，1908 年 12 月 6 日建成，800 多名中国劳工为此桥付出了生命。此外还有涵渠 3413 座，全线有桥梁 3953 处，占全线总长的一半以上。1910 年 1 月 30 日，全线铺轨至昆明，同年 3 月 31 日，在昆明举行了通车典礼。

1911 年 5 月著名地理学家丁文江从欧洲留学归来，全程乘坐刚通车不久的滇越铁路火车从河内至昆明。在昆明逗留两个星期后，5 月 29 日丁文江启程步行前往内地，当天下午来到昆明郊外的板桥驿住店歇息，"忽然看见墙上题满了诗，仔细一看，都不很通，唯有一首引起我的注意：'万里作工还被虐，乡山回首欲

行进在滇越铁路上窄轨火车

难归。十人同路余三个，五日奔波始一餐。乞食几家饭韩信，干人有客愧袁安。寄言来往衣冠者，末路应怜范叔寒。丙午春偕同辈作工于滇省，不堪法人之虐待，相率辞归。既出省城，资斧断绝，同行者十人，惟存余三人而已。寒宵不寐，书此以自写苦况。津门穷客。'丙午是 1906 年，是滇越铁路开工的第三年。这条铁路是一米多宽的窄轨铁道，最陡的坡度是四十分之一。全路工程异常困难。……而且线路大部分在极深的峡谷里面，温度湿度极高，'瘴气'极其厉害。法国人修路的时候，本地人怕瘴气，不肯去做工。于是法国人同包工的意大利人到山东直隶两省，大

南方丝绸之路研究丛书 历史地理卷

登广告，招募工人。招去一万多，死去五千以上。南溪一段，有'一根枕木一条命'的传说。这位'津门穷客'一定是一万多中的一个，被法国或意大利人骗到云南来的。当日招工的时候，山东直隶的地方官极力帮外国人忙。到了云南以后，云南地方官对于他们的待遇绝不敢过问。这是中国修铁路最可痛的历史"[1]。作为滇越铁路开通后最早的旅客之一，丁文江第一次内地旅行乘坐云南第一铁路的火车走完了滇越铁路全程，在亲身感受了滇越铁路开通对云南现代化发展的极大推动作用的同时，也见证了滇越铁路筑路劳工的苦难和艰辛，以及法、意帝国主义对中国人民的欺压，为之感慨万千。

滇越铁路建成通车，使云南迈出了进入新式交通时代的第一步，给云南社会经济带来了巨大影响。第一，滇越铁路成为法国在云南进行商品倾销、资源掠夺和榨取利润的工具。据蒙自海关统计：滇越铁路通车较上年猛增了43％，香烟进口值1911年比1910年增加了43％。煤油从滇越铁路大量输入，使云南各地原有的油蜡铺变成了洋油代销店。随着外国商品的流入，许多外国商号、洋行争先恐后地迁来昆明经营外国商品，控制云南经济。同时帝国主义利用滇越铁路对云南大肆进行资源掠夺。大锡的运销1910年为6195吨，比通车前一年（1909年）增加了50％。[2]法国铁路公司还利用掌握滇越铁路运营大权，在运营中肆意提高运价，榨取最大利润。自1913年至1920年，短短8年时间，竟5次提高运价。1937年抗战时期，中国沿海重要港口相继沦陷，大量的物资绕道经滇越铁路运往西南各省转入内地，在运输最高潮的时期，1940年6月，法国政府突然宣布禁止一切货物从越南经

---

[1] 丁文江：《游记二种》之《漫游散记·我第一次的内地旅行》，辽宁教育出版社1998年版，第7—8页。

[2] 董孟雄、郭亚非：《近代云南交通运输与商品经济》，载《云南社会科学》1990年第1期。

滇越铁路运入中国，致使中国大批物资积压于海防，落入日军之手。这都充分暴露了法帝国主义的侵略本质。

第二，滇越铁路通车，客观上改善了南方丝绸之路，扩大了云南的进出口贸易。1910年，滇越铁路通车，南方丝绸之路状况得到了历史性的改观，近现代铁路的大运力带动着经济贸易的急速发展。铁路从昆明直通越南海防港，将云南最发达地区和中心省会与最近的出海口一线相连，人员、货物从昆明乘火车抵达海防后，搭轮船直通香港，由香港又可搭轮船至上海，或由海防直接出洋至世界其他大洲及国家。原来云南出口货物的运输或由蛮耗下水，用舢板运至海防出口，需40天；或经陆路，由马帮驮运至四川叙州，接川江航运出口，仅陆路就需20余天，运量极其有限。滇越铁路通车后，由昆明装载火车，六七天就到香港，九天就至上海，在当时云南贸易水平上，运输量几乎不受限制，而且到达的都是当时东亚最头等的国际港和口岸。如抗战时期任云南省教育厅厅长的龚自知所说："有了滇越铁路，云南也就有了对洋直接出口贸易。"特别是云南个旧的大锡，从此改由碧色寨装上火车直运海防，转运香港，便利了运输，降低了成本，刺激了锡价，从而逐步增加了产量，提高了质量，在国际市场上，一跃而居第五位，成为云南主要经济命脉。由此可见在交通闭塞的云南省，近代交通的出现和利用，立即成为对外贸易的重要催化剂，任何一点近现代交通的建成和改善，都能刺激经济的发展。

第三，滇越铁路建成通车，极大地缩短了云南与中国沿海地区、中国内地的距离，同时也密切了云南同东南亚各国及欧美等发达资本主义国家的联系，促进了云南经济、文化发展和教育交流。素有"万里云南"之称的云南，旧时同中国内地进行文化交流，常因山川阻隔而受到制约。以旧时云南生员赴京赶考为例，当时三年一大考，云南生员为了进京赶考，往往需提前半年以上的时间就上路，由云南至北京，徒步而行或利用驿传，日夜兼程也需赶路四个月才能到达，所需书籍和文化用品也全靠人背马驮，数量极其有限，极大地限制了云南与内地文化教育的交流，更不用说出洋留学。滇越铁路贯通后，由昆明乘火车至越南海防只需两天半，然后改乘轮船，一星期抵上海，再改乘京沪铁路，约一日半即抵北京，全部行程4000余公里，虽比旧式走法大大迂绕，但却仅用十一天即可抵达北京，与旧式行程相比，不可同日而语。从此云南学生外出求学，或进京深造者不断增加，他们大都借助滇越铁路转达，免去了许多路途劳顿之苦；而内地书籍、文化用品也大量流入云南，丰富了滇省文化事业。由海防还可直接乘海轮直抵欧洲的英、法等国，这就使云南与外部世界的距离大为缩短。1910年后，云南每年都有一批留学生经滇越铁路出海，转往日本或欧美留学，云南早期留学生，如熊庆来等人就是这样通过滇越铁路出洋留学的。一些外国专家也从滇越铁路抵达云南，对于促进云南教育事业的发展起了很大的作用，云南是最早建立航空学校的一个省，这与交通的改善不无关系。

第四，运输改善，成为开启云南现代工业的重要条件。在新式交通进入云南以前，即滇越铁路通车前，云南境内的运输全靠骡马驮运，单位运输量极其有限，现代工业所需各种设备根本无法运入，严重制约云南现代工业的出现和成长。滇越铁路的建成，使现代工业设备进入云南成为可能。昆明石龙坝发电厂也是全国最早建立的发电厂之一，1911年全部电厂设备均由滇越铁路运入。蒙自、个旧、开远等地的发电设备也是通过滇越铁路运入的，新式交通进入滇省成为云南发电事业出现的先决条件，从而改善了云南的能源状况，为现代工业的兴起奠定了基础。滇越铁路通车后，现代采矿机械运入个旧锡矿等，从而提高了大锡产量、降低成本，改善了工人的劳动条件。

第五，滇越铁路在中华民族危亡时，支援了中国人民的抗日斗争。1937年至1939年，日本侵略者封锁了中国东南沿海港口，滇越铁路几乎成为当时中国通向海外的唯一通道，大量的抗战物资和民用物资绕道由滇越铁路转由云南运入西南各省和中国其他地区，滇越铁路承担着抢运积存在海防、河内的各种战略物资和民用物资的任务。从1937年至1940年6月，日本侵略军占领越南，滇越铁路运输被完全截断，累计三年半的时间里，这条铁路运送各种物资达150万吨以上，转移人员300万人，对抗日战争起到一定作用。

由于滇越铁路通车带动了云南经济的发展，使云南人民看到了近代化交通的巨大作用，同时，也使他们认识到滇越铁路是法帝国主义榨取云南人民血汗的吸血管这一活生生的事实，于是云南人民决心依靠自己的力量来发展近代交通。1905年，官商合办成立了滇蜀铁路公司，计划修筑滇蜀铁路（昆明至四川叙州775公里）和滇腾铁路（昆明至腾冲），但均因工程浩大，财力不济而放弃。随后，又决定修筑个碧铁路，并于1913年成立"滇蜀个碧铁路公司"，1915年开工建设，初由滇越铁路碧色寨站经蒙自、鸡街、乍甸至个旧，长73公里，称个碧铁路。因为要抵抗法帝国主义的掠夺，云南商民不愿让这条自己筹集资金和人力修筑的铁路与法国在越南的铁路系统接轨，故决定修筑成"六公寸轨道"，俗称"寸轨"，个碧线于1913年开工，1921年建成。随后又将个碧线从鸡街沿修至建水，称鸡临线，长62.46公里，1918年开工，1928年通车。而后这条铁路再从建水延展至石屏，称临屏线，长41.23公里，1929年开工，1931年通车。整条铁路称"个碧石铁路"，全长177公里，均按寸轨600毫米轨距修建。原由官商合办，1917年官股退出，纯为商办，1934年改为官督民办。

这条铁路的建成极大地促进了滇南经济的发展，特别是促进了个旧锡业和对外贸易的发展。[①]

第二节

滇缅公路与中印公路

在打通滇缅交通方面，当时的国民政府曾经考虑过同时修筑滇缅铁路和滇缅公路。但是修筑滇缅铁路工程量大，工期要求较长，难解燃眉之急；而修筑滇缅公路则可做到短时间内通车，发挥运输效益，在国家危难之际显得更为可行，所以滇缅公路的修筑成为战时南方丝绸之路建设的头等大事。

滇缅公路是在原有的滇西公路基础上向西延伸修筑的。滇西公路是昆明经安宁、禄丰、楚雄、镇南（今南华）、清华洞、凤仪到达下关，长411.6公里。这条路于1924年正式动工。1925年修通昆明至高峣一段，15公里，成为云南最早通行汽车的公路。1932年，此路通至禄丰，1935年12月通车到下关，此后该路的修筑停顿下来。其原因一是经费困难，二是西段道路的选线尚未由云南省政府定夺。当时滇缅公路西段有腾、永线与顺、镇线之争。到1937年10月底，时局更为紧张，国民政府交通部次长王芄生到昆明，会同省政府及公路局共商滇缅公路有关事宜，11月2日，最后确定滇缅公路路线由下关向西延伸，经漾濞、永平、

---

①《云南省志》卷三四《铁路志》，云南人民出版社1994年版。

保山、龙陵、芒市、瑞丽出国界；经费由中央补助；限期4个月完成土路。随后省政府派缪云台赴缅联系滇缅公路问题，缅甸当局表示支持，而且派员踏勘了腊戍至畹町段路线。1938年，英国政府提出以木姐作为滇缅公路的接续点。当时缅甸境内仰光经曼德勒至腊戍已通铁路和公路，公路由腊戍经木姐可达八莫，且木姐与瑞丽隔江相望，距畹町仅18公里。缅甸境内路段由缅方负责。

抗日战争期间1938年云南人民修筑滇缅公路场景

路线确定后，云南省政府立即通令有关应征工筑路的沿线各县和设治局（边疆少数民族地区，相当于县一级政府机构），限12月征工赶修，要求1938年3月底前完成土路。东段原有公路至下关，但未铺路面，在此基础上加以修筑，工程较易；西段从下关至畹町河是新修路段，长547.8公里，而且要翻越横断山脉纵谷地带的云岭、怒山、高黎贡山，要跨越漾濞江、胜备江、澜沧江、怒江等大川，工程十分艰巨。工程于1937年12月开工后，在西段设立了关漾、漾云、保龙、龙潞、潞畹等六个工程处，负责各段工程。

云南人民怀着抗日救亡的历史使命感，在国家危亡之际，挺身而出，以极大的热忱和牺牲精神投入到滇缅公路的筑路工程中。1938年1月至8月是滇缅公路筑路的高潮期，全线施工人数最高

滇缅公路通车后支援中国人民抗战的车队

南方丝绸之路研究丛书 历史地理卷

时达 20 万人，他们是来自邻近公路各县的农民，涉及十余个少数民族。他们自带干粮、衣帽、工具，住窝棚，忍饥寒，风餐露宿，在所不辞，日夜奋战在筑路一线，与恶劣的自然环境和艰苦工程做不屈不挠的斗争。所有筑路工程技术人员，更是忘我地工作在第一线，甚至大理县中学、永平县杉阳小学的学生也自愿来到工地上。由于自然条件恶劣和筑路条件艰苦，云南人民为滇缅公路的修筑付出了巨大牺牲。据有关方面估计，为筑路，云南人民伤亡数约两三千人，死亡率为 1.5%。真可谓滇缅公路是滇西各民族人民用血汗建筑起来的，是云南人民对抗日战争的伟大贡献。

滇缅公路约于 1938 年 8 月 31 日建成通车，云南人民用短短九个月就建成了滇缅公路，这是公路史上的奇迹，它震惊了全世界！英国外交部派二等秘书莫理斯于 8 月间考察了滇缅公路，高度赞扬工程的艰巨和伟大。1939 年 3 月，美国总统罗斯福对滇缅公路的通车持怀疑态度，专门派驻华大使詹森亲自取道滇缅公路以观实情。詹森对沿线实地考察后发表谈话说："滇缅公路工程浩大，沿途风景极佳，此次中国政府能于短期完成此艰巨工程，此种果敢毅力与精神，实令人钦佩。且修筑滇缅公路物资条件异常缺乏。第一缺乏机器，第二纯系人力开辟，全赖沿途人民艰苦耐劳精神，这种精神是全世界任何民族所不及的……"[1]

滇缅公路通车后，立即投入到中国人民伟大的抗日斗争中去，成为西南大后方主要对外通道，滇缅国际联运得以实现。1940 年前后，每月至少有 1 万吨中国战略物资从仰光经铁路至曼德勒转到腊戍，转由滇缅公路运入中国内地，这是当时最主要的滇缅国际运输线。同时通过仰光溯伊洛瓦底江而上经曼德勒至八

---

[1] 龚学遂：《中国战时交通史》，商务印书馆 1947 年版，第 17—19、95—99 页。冯君锐：《西南运输处始末》，载中国人民政治协商会议西南地区文史资料协作会议编：《抗日战争时期西南的交通》，云南人民出版社 1992 年版。

莫的航线，每月至少也有 2000 吨战略物资转接滇缅公路运入抗战大后方。大量的抗战物资通过这条运输大动脉运往内地，有力地支援了当时的抗日战争。1939 年 2 月至 12 月间，滇缅公路的运输量每月达 2544 吨。1940 年西南局势日益危急，6 月，法国屈服于日本的压力，禁止从海防港运输中国物资，滇越铁路被封锁。此后，滇缅公路几乎成为中国当时唯一可与国际联系的通道，全部战略物资均从此路运入。当年在滇缅公路采访的记者写道："近两年来滇缅公路已经成为中国抗战唯一的输血管。"这是云南人民为全中国人民坚持抗战做出的巨大贡献。

抗日战争中运输繁忙的滇缅公路延伸重庆段贵州晴隆"二十四道拐"

对中国抗日战争中的这条运输生命线，日本侵略者恨之入骨，不断派出飞机进行空袭，特别是滇缅公路上的关键桥梁，更是日军空袭重点，仅从 1940 年 10 月至 1941 年 2 月底，对功果桥，日军就出动飞机 192 架次，空袭轰炸了 14 次；对惠通桥，日军出动飞机 162 架次，进行了 6 次猛烈的空袭轰炸。每次轰炸后，云南军民立即投入紧张抢修，使之在抗战中成为一条日军炸不断、毁不掉的运输线，直到 1942 年 5 月，日军侵占缅甸，截断了滇缅国际联运，滇缅公路的战略物资运输才被迫中断。

当日本侵略军截断滇缅公路后，西南大后方唯一的陆上交通运输线瘫痪，使中国的抗日战争进入最艰苦的阶段，打通新的对外通道，又一次成为十分迫切的事情。为了世界反法西斯战争的胜利，中、美、英三大盟国从 1942 年底到 1945 年初，协力打通、修筑了以印度东北阿萨姆邦的利多为起点，贯穿缅北，进入滇西，与滇缅公路相衔接的中印公路，即著名的"史迪威公路"。

修筑中印公路的议案，早在 1940 年冬就已提出，至 1944 年，曾经历了三次筹修。到 1942 年第三次筹修时，中印公路的修筑与对日反攻军事行动融为一体。筑路工程随军事反攻的进展而推进；公路的推进又便利了军事行动的补给，形成了相辅相成的关系。1942 年 10 月，中印缅战区史迪威将军决定由美国工程兵首先修筑利多公路（Ledo Road），即由利多至密支那一线。同年 12 月美国机械化工程兵开始施工。1944 年 1 月起，中国驻印远征军新一军为主力对在缅境内的日军发起反攻，进入胡康河谷。中国军队的军事反攻有力地支持了筑路工程的进展，公路从利多向密支那推进。同时，驻滇远征军于 1944 年初拉开了滇西大反攻的

序幕，1944 年 5 月，远征军从惠人桥、双虹桥一带强渡怒江，攻下松山，沿滇缅公路反攻，与密支那一线的反攻一道对日军形成了两面夹攻之势。随着滇西反攻的胜利推进，中印公路腾冲至密

史迪威公路开通后美国援华军车

支那段的勘察工作逐渐展开。1944 年 9 月 14 日收复了腾冲，为中印公路的修筑创造了条件；1944 年 11 月 3 日，远征军收复龙陵，同时保密路的勘测基本完成，于是从 11 月中旬开始至次年元月中旬，保密路的修筑进入了高潮，仅用两个月就打通了保密公路，与利多至密支那的公路形成对接；1945 年元月 20 日，首批试车的三辆汽车到达 37 号中缅界碑，至此中印公路北线全线贯通。其路线为由印度的利多经缅甸的密支那、中缅边界 37 号界碑、腾冲、龙陵、保山、下关、楚雄至昆明，全长 1568 公里。

中印公路除北线外，还有一条南线。其线路是由利多经密支那、八莫、南坎、木姐，然后进入中国畹町，续接滇缅公路，抵

达昆明，全长 1731.7 公里。中印公路南线是经过对盘踞于滇缅边境一带日军进行艰苦战斗后，随着逐段攻克日军在中缅各个据点、收复失地后，逐渐恢复南线公路的修筑，中印公路至 1945 年 1 月全线贯通。中印公路的建成通车，标志着南方丝绸之路干线基本实现了现代新式交通，南方丝绸之路迈进了近代新式交通为主的新时代。

1937 年，为配合抗战的需要，云南还赶修完成了"滇东干道"（滇黔公路滇段）昆明至胜境关小街子 243.7 公里的公路。这是云南与内地连通的第一条省际公路，这条公路的修通，还结束了长期以来云南与内地的交通要先出国，从滇越铁路经过越南再转内地的历史。抗日战争中，随着滇缅公路的通车和滇越铁路的断绝，滇黔公路、滇缅公路作为战时内地与反法西斯联盟之间的唯一通道，发挥了极其重要的作用。

抗日战争初期，国民党军节节败退，南京国民政府迁都汉口，又迁重庆，因而决定修筑从四川泸州经贵州毕节、威宁到云南沾益的川滇公路（云南的第二条省际公路），加强大后方的联系。随着战事的需要，云南加大了公路修筑力度。抗战初期三年（1937—1940），在各民族人民的艰苦努力下，云南公路干道做到了滇缅公路、川滇东路全线通车；滇黔南路（昆明至兴义）通车到板桥；滇越公路通车到蒙自；滇桂公路通车到砚山。这些公路的修筑，对抗日战争期间的军事运输和大后方的经济、文化发展，起到了良好的作用，不仅影响了全省，而且影响了全国，支援了全国的抗战。抗日战争中后期，云南人民在艰苦的条件下，除了维护已经通车的国际、省际交通干道的畅通外，还加大了公路建设力度，一些停工的干道公路纷纷续修和兴修，如滇桂公路续修开砚（山）文（山）段、滇越公路建开远南盘江吊桥段等。同时还进行了一些县道的修筑，如通（海）建（水）段、鸡（街）建

（水）段、嵩（明）昭（通）段、大（理）丽（江）段等，有的已经通车。另外在各地军用机场修建了机场专用公路，在省城昆明周围修筑了数条通往风景名胜的公路。在抗战期间，云南新修通车公路 27 条（段），长 1793.6 公里；续修通车公路 17 条（段），总长 1258.9 公里；新修未通 11 段，总长 1162.6 公里；续修未通 8 段，总长 382.9 公里；境外修公路 3 段，总长 342.9 公里；还专案新修了驮马驿道一条，长 109 公里。初步形成了全省干道 13 条，县道、支线 26 条和昆明市郊名胜公路 19 条的公路交通格局，极大地改善了云南的交通状况。

特别值得一提的是，在抗日战争中，云南的公路修建随着战争需要步伐明显加快。全省各民族人民为支援抗战踊跃投工投劳，据统计当时全省 112 个县、16 个设治局，直接出民工修筑抗战大通道的就达 91 个县（局）。在 1937 年末至 1938 年，这个抢修滇黔公路和滇缅公路的关键时刻，仅滇缅公路上就有 20 万各族人民日夜奋战，其他路段上至少还有 10 万民工，也就是说约有 30 万各民族人民同时奋战，这是相当惊人的数字。这些路段中，很多地段都处于崇山峻岭中，气候恶劣，疟蚊瘴疠猖獗，供应十分困难。那时云南各民族人民对日本帝国主义的侵略暴行同仇敌忾，以不畏牺牲、艰苦奋斗的精神和高昂的热情投入到公路建设中，以此来支援全国的抗战，表现了令人敬佩的爱国主义精神。[1]

抗战胜利以后至 1949 年中华人民共和国成立期间，国民党政府忙于打内战，造成经济崩溃，通货恶性膨胀，人民生活陷于绝境，致使云南的公路建设基本停顿下来。在此期间仅有会泽至昭通 207 公里的公路续修通车，其他已开工的公路基本未修，半途而废。

---

[1] 谢自佳：《滇缅、中印国际公路交通线》，载中国人民政治协商会议西南地区文史资料协作会议编：《抗日战争时期西南的交通》，云南人民出版社 1992 年版。

第三节

驼峰航线

　　云南航空事业起步较晚。大约在 20 世纪 30 年代初，中美合资商办的中国航空公司就拟开辟昆渝航线，经过精心准备，于 1935 年 5 月 23 日正式开航。当时使用从美国购买来的大型福特机，其航线为由重庆飞经贵阳至昆明，再由昆明飞经贵阳至重庆，每星期二、四两班，主要运送邮件和少量旅客。其后发展成为昆沪、昆蓉、昆渝三条航线的航班。抗日战争期间，中国航空公司、

飞越驼峰航线

中央航空公司开办的航线随之西移。由交通部和德国汉莎航空公司合办的欧亚航空公司也于 1938 年迁来昆明，云南航线发展为 8 条：（1）昆渝航线；（2）昆蓉航线；（3）昆粤航线；（4）宜宾—昆明—丁江—加尔各答航线；（5）昆明至仰光航线；（6）昆明—重庆—成都—兰州—哈密—迪化（乌鲁木齐）与欧洲联航航线；（7）昆明—桂林—香港航线；（8）昆明—河内与法国航空公司联航航线等，昆明一度成为国内外航空重站。这些航线中有四条是国际航线，从此南方丝绸之路开始有了航空交通运输的历史。

抗日战争逐渐深入，为适应军事航空需要，在机场建设方面，云南除原有的昆明、保山、楚雄机场的改扩建外，又陆续新建了羊街、云南驿、蒙自、呈贡、陆良、沾益、罗平、泸西、昭通、会泽、广南等一批简易军用机场。1942年，缅甸失守，通往国内唯一的交通干线滇缅公路被切断，国际援华抗战物资的运输严重受阻，中美两国政府决定开辟一条从印度东北部阿萨姆到中国云南昆明的空中生命线。按照罗斯福的要求，美

支援中国人民抗战的飞虎队在昆明巫家坝机场

国陆军空运机构中心随即在1942年3月10日组成。4月至5月，以美国空运大队为主，加上中国航空公司的运输机，接受了运回从缅甸撤退下来的士兵和难民空投物资的任务，由此揭开了中印驼峰航线空运的序幕。

以"驼峰"命名这条航线，并非"驼峰"是具体的地名，而是因为这条航线上的飞机从印度阿萨姆地区的汀江机场起飞后，先是在中印间属于喜马拉雅山系的群山间穿行，进入云贵高原后，又必须飞越高达7500米的横断山脉。由于当时飞机性能的限制，

飞虎队飞机在昆明巫家坝机场

飞机只能在山峦群峰中穿越，这些绵延起伏的山峰，如同骆驼的峰背，故飞行员们形象地将群山称为"驼峰"，并由新闻报道流传开来，"驼峰"从而成为这条航线的代称。"驼峰"航线艰险

卓绝，在当时飞机性能局限的条件下，飞行员必须冒着极大的危险，常常需要穿越时速达 200 公里的大风，战胜大风带来的猛烈升降，突破能将飞机包围起来的"冰幕"，克服能见度几乎为零的浓雾。然而为了反法西斯战争的胜利，中美飞行员和地勤人员，以及云南各民族人民一道，同心协力，进行了人类历史上空前的空运行动，创造了二战史上惊人的空运成绩。据资料记载，在驼峰航线上执行任务的中航 C-47、C -46、C-53 等型运输机最多时达 40 多架，飞行员 200 人；从 1942 年 5 月至 1945 年 8 月，共飞越驼峰 80000 架次，从印度运回物资达 50089 吨；从我国运出至印度的物资为 222472 吨，运送人员 33477 人（大部分是到印度或美国受训的远征军和空军人员）。美国空运大队担任驼峰飞行任务的飞机最多时拥有 C-47、C-46、C-54、C-87 各型飞机 600 多架，空、地勤人员 26000 名，民工 47000 多名，形成庞大的空运系

抗日战争中云南人民修建驼峰航线机场使用的大碾子

统。当时的空运吨位从开始时的数千吨逐渐上升到 10000 吨、18000 吨、26000 吨，最多时 1945 年 7 月，突破 71000 吨，这个数字已超过 1940 年 6 月滇越铁路月运输量的 4.7 倍。美国空运大队通过驼峰航线向我国运送物资 650000 吨，在关键时刻支援了中国人民的抗日战争。抗战胜利后，1945 年 11 月 15 日正式宣布关闭驼峰航线，在云南航空运输史上写下了光辉的一页。①

　　总之，在抗战非常时期，南方丝绸之路现代化进程极大地加

南方丝绸之路研究丛书 · 历史地理卷

---

① 中国人民政治协商会议西南地区文史资料协作会议编：《抗日战争时期西南的交通》，云南人民出版社 1992 年版。

快，为和平时期利用现代交通进行对外经济文化交往奠定了基础。但是抗战胜利后，国民党政府立即发动内战，使国家人民重新陷入灾难之中，丧失了进行经济建设的大好时机，南方丝绸之路的现代化进程由此停顿下来，直到中华人民共和国成立，南方丝绸之路才迎来了春天。改革开放以来，发展对外交通，打通山川窒碍，南方丝绸之路将走向更大的辉煌。

第十章

天堑变通途

自古及今，交通始终是云南社会经济发展的重要制约因素之一。云南的开发进步无不与交通建设有关。从远古时代起，南方丝绸之路沿线先民就在为冲破大山的隔绝、急流的险阻，打破封闭走向世界，进行不屈不挠的斗争。交通的开拓是南方丝绸之路沿线人民深入丛山密林，扩大生活领域，拓展交往范围，与外界进行经济文化交往的先决条件，同样也是中央王朝对南方丝绸之路沿线进行经营的首要条件。秦汉时期，中央王朝对南方丝绸之路沿线的经营与开拓以"开道置吏"为先导，初步形成了南方丝绸之路干道交通体系；隋唐时期，中央王朝加强南方丝绸之路沿线控制和密切联系，以恢复"西洱河身毒道"、打通"步头路"和拓展"安南通天竺道"为契机，南诏大理国为了自身的发展，也把交通开拓作为巩固统治的前提，使唐宋时期南方丝绸之路交通大为发展；元明清三代，中央王朝在南方丝绸之路沿线地区实施大一统政治，设置站赤，开辟驿路，建立驿送递运机构，健全道路护卫设施，促使云南开发全面展开，南方丝绸之路对内对外交通也基本上全面开通。在某种意义上可以说，一部南方丝绸之路开发史就是一部交通开拓史。然而南方丝绸之路沿线地势复杂，山高谷深，山川阻隔成为南方丝绸之路的最大障碍之一。俗话说在云南"行船走马三分命"，形象地道出了古代南方丝绸之路交通运输的艰辛和危险。逢山开路，遇水架桥，南方丝绸之路沿线先民为开辟交通，筚路蓝缕，以启山林，进行了艰苦卓绝的奋斗，开通了一条条交通道路，体现了人民创造性的劳动成果和智慧的结晶。

第一节

天梯石栈相勾连

　　南方丝绸之路所经区域的道路修建，即便是在今天生产力发展到如此高、修路技术突飞猛进的条件下仍然绝非易事。更不用说在古代相当落后的生产力条件下，修路技术、功效与今日远不能比，那时修路绝对是一件极其困难的事情。虽然没有任何史料记录南方丝绸之路远古时代最早的道路情况，但是"世上本没有路，走的人多了，便变成了路"，南方丝绸之路也脱离不了这一规律。我们可以想象，生活在滇云大地这片热土上的远古先民，随着生产力的发展，必然产生交往的需要，甲部落与乙部落之间，乙部落与丙部落之间开始有了往来，不同民族部落的人们最先与自己附近的民族部落发生联系，他们寻求部落之间最近的距离，顺着地势之便，到达其他部落，如此往返，一遍遍，一次次，终于走出了两个部落间的道路，再将与其他部落联系的道路接续起来，一个大的交通网或通道便逐渐形成了。因此最原始的路是"走"出来的，并非人力开辟的，它们多是山茅小道，少有人工开挖的痕迹。然而，随着人们交往的扩大，人们需要同山那边、河对岸，甚至崇山大川阻隔的远方民族和部落交往，仅依靠地势寻求捷径"走"到遥远地方的道路，已经不可能有了。而生产力的发展，劳动技术的提高和对山川形势认识的深化，则为人力开辟长距离的道路，一定程度上克服山川阻碍提供了可能。于是有了人工开挖修筑的道路，人们进入了有明确目的地探求道路、开辟通道的交通发展时代。如方国瑜先生所说，最早的南方丝绸之路干线通道"蜀身毒道"就是人们有目的、有意识地进行社会、经济、文化交往的过程中，通过甲部落开辟一段道路与乙部落相连，乙部落开辟一段道路与丙部落相连，丙与丁……区段性的道路逐渐开通，终于在前四世纪的战国时代，各民族依靠自己的力量开辟了内联外达的著名交通道路"蜀身毒道"，沿线各民族的先

南方丝绸之路上的青石古驿道

民开始走出封闭，走向广阔的空间。有了道路，人员往来日益增多，商贸活动日益频繁，外界的人们也开始了解中国西南，西南边疆优越的交通区位和重要的战略地位日益为更多的人所认识，甚至中原那些力图割据争霸、攻略筹谋、合纵连横、吞并称雄的诸侯也开始把目光投向了西南地区，于是庄蹻沿滇民族已辟商道溯江入滇，秦南下巴蜀，经营西南夷，与中原内地交通交相贯通，连成一片。

秦朝建立了统一的多民族中央集权国家，为把西南夷地区纳入中央王朝的统治范畴，秦王朝加大了对西南夷的经营。但是山川阻隔、交通闭塞成为中央王朝对云南实施统治的最大障碍。另外云南原有的靠"走"出来的崎岖小道根本无法满足中央王朝政令通达、军旅挺进、派官设治的需要，而云南各民族政治分散，缺乏统一的组织，仅靠各分散部落单薄的力量难以承担可满足军旅辎重通行的交通道路的开辟，所以秦王朝经营云南就必须打通道路。于是秦王朝制定了以"通道"为契机，以"置吏"设治为目的

的经营云南方略，利用中央王朝的大规模军事力量"开五尺道"，以道路的开辟为先导，将统治势力深入云南。虽然学术界对"五尺道"是秦开辟的深入南方丝绸之路沿线官道，还是秦所设的行政区划还有争议，但是就笔者看来，在当时的历史条件下，秦经营西南夷，道不通，何以为治，所以"通道置吏"是其必然选择。因此从秦朝起，南方丝绸之路交通就开始进入了依靠中央王朝的强大力量进行官道建设的新时期。汉承秦制，依然实行"通道"与"置吏"并举的政策，张骞出使西域的发现，更激发了汉武帝经营西南夷的决心，于是使者四道并出，通道云南"指求身毒国"，设置益州郡，开通博南山道，当时行人歌曰："汉德广，开不宾。度博南，越

胜境关驿道及驿道排水沟遗迹

兰津。度兰仓，为它人。"这不正是中原军士被封建王朝统治者驱使，深入西南地区拓展官道、开疆拓土的写照吗？随后的唐宋元明清，历朝历代封建王朝对南方丝绸之路沿线统治，无不以开拓交通，控制道路为其统治的重要组成部分。南诏大理国时期，南方丝绸之路沿线地方民族政权谋求发展，也是以寻求内联外达的通道和加强对道路的控制为其首要战略。正是在这样的条件下，明清时期，南方丝绸之路沿线交通形成了以官府驿道干线为主体，支道辅线互联互通的道路体系。

虽然元明清时期，南方丝绸之路沿线交通已经形成了中央王朝和官府经营并控制交通干道的格局，但是，朝廷官府在南方丝绸之路交通道路建设历程中，充其量不过充当了组织者或经营者的角色，而不可否认的是，所有的驿道干线、支道辅线的选线、

南方丝绸之路研究丛书　历史地理卷

284

开辟、建设都是南方丝绸之路沿线各民族人民的经验积累、智慧结晶和劳动创造的结果。一般的驿道都是干道，历代王朝都曾征调云南各民族民工，大力修整，发展到明清时期，驿道的修筑比较规范，一般路面较宽，路基夯实，道路两旁有排水系统，很多路段还用青石铺面，已经形成阴晴雨雪基本都可以畅通的大道。如现存于的宣威县城北 70 公里处的可渡古驿道，全长约 10 公里，路面宽 2 米，全用不规则的石板铺成，呈"之"字蜿蜒在山坡上，沿途有记载驿道情况的古碑，路面马蹄迹多处已洞穿石块。还有宜良汤池七孔坡前的古驿道，现存 2 公里许，路面宽 1.6 米，石面光滑，马蹄印记清晰可见。在腾冲城南 6.5 公里处的镇夷关村也保存着一段古驿道，

澜沧江边古驿道残关拱门

路面较宽阔，均在 2 米以上，无论高山还是峡谷，都铺筑青石路面，且有完善的防滑、排水设施，转弯处一般加长岔道，为交错而过的马帮提供方便。可见南方丝绸之路正规驿道设施已经比较完善，道路修筑达到了较高水平，可为大队兵马辎重和大型马帮长途贩运提供交通便利。当然驿道的情况也不完全一致，20 世纪 30 年代，美特福夫人曾从腾越入缅，"驿道路况不一，有铺粗石板，有漫填石卵，泥泞陷腿，沼泽纵横之段"（《中缅边境游记》）。

然而南方丝绸之路的道路并非都是规范的驿道，古书上常常用"地处荒蛮""山川险峻""道路险远"来形容南方丝绸之路古代交通的状况，其实这还不足以全面反映其路况艰险，各民族人民通过创造各种道路形式来发展交通的实际情况。在多山的西

南，少有平坦的道路，人们充分利用地势条件修路架桥，一条条道路或沿河谷深箐穿行，或盘山上下。由于地理形势的局限，这样的道路不可能修筑得很宽敞，往往宽不过丈余，仅够单人匹马行走，即便官府驿道也不过如此。那盘山道路蜿蜒曲折伸向远方，人们常用"鸟道羊肠"来形容，真是"山径崎岖不易平，连山矗矗峥嵘势。失群鸟向风头合，迷道人追虎迹行。一线路通天上下，千寻峰夹树丛横"[1]。就是到清代，已经成为兵马辎重、官员使臣递送邮传相望于道的滇西通衢"博南山道"，人们依然这样描述："巍巍博南，屏蔽西藩。远承昆仑，

南方丝绸之路上的天梯道

近接磨盘（高黎贡山别名），西通印缅，东达黔川。羊肠剑阁，庙道巫山。嶙峋千仞，重镇极边。西陲通衢，驿使往来"[2]。何止博南山道如此，古代的很多山路都可以用"鸟道羊肠"来形容。

　　南方丝绸之路沿线山高谷深，有的地方甚至无法修筑那种顺着山势盘桓而上的山路，因此各民族人民创造了"石梯"路，这种路在山坡的陡峭处开山凿石，修出石阶，坎坎级级，如上云天。例如秦代所修"五尺道"，现于盐津县城南 20 公里豆沙关还残存 350 米，道宽五尺，每级石阶宽狭高矮不等，路面上还留有深深的马蹄痕印。又如从蛮允至八莫，必须经过南牙山，明清时开凿了石梯山路，为入缅大路，"上有石梯，缘梯而上，有木栅，周一里。昔王骥破麓川取道于此"，"南牙山即俗所称野人山，石梯

① ［清］道光：《普洱府志》卷一《地理志》。
② 李厚杰：《博南山铭》，见李根源辑，杨文虎、陆卫先等校注：《永昌府文征·文录》卷二八，云南美术出版社 2001 年版，第 299 页。

之险，今犹在焉。山中有三道：一道出盏西，一道出盏达，一道经石梯之险，皆以山外之大金沙江为界，此南甸形势大概也"①。清人余庆远记述滇西北的道路状况说："一线幽麓，悉盘曲千磴，上临悬厂，下逼危矶，山从人面，云向马头，未足以方其崎岖"②。南方丝绸之路的很多石梯道路正是如此，似天梯层层叠叠直上苍穹。

有的地方甚至是悬崖危壁，连石梯道也不能修筑，云南人民又创造性地学习和建筑了"栈道"。栈道又称阁道，在悬崖峭壁上架木或架石为之，是我国古代川、陕、甘、滇诸省境内峭岩陡壁上凿孔架桥连阁而成的一种道路，也是当时西南地区最重要的交通要道的建筑形式之一。栈道在川陕最多，云南主要分布在滇东北的川滇通道上，在滇南、滇西也有分布，如滇西有龙陵小甸山栈道，漾濞县有的通道上也"皆以木为栈"，至今独龙族仍称栈道为"阿帕热阿"。而云南最有名的栈道是滇川重要交通线石门道上豆沙关的一段，此道素有"牛叩头，马搏颊"之称，就是说，牛到此也叩头不前，马也搏颊不敢望其险，秦汉时期开通此路，就用木材与绳索建成木栈。《水经注·若水注》记载："朱提（今昭通）郡西南二百里得所绾堂琅县，西北行，上高山，羊肠绳屈八十余里，或攀木而升，或绳索相牵而上，缘陟者若将阶天。"③ 隋唐，为加强与南方丝绸之路沿线的联系，多次派重兵巧匠修筑石门道，改建为石栈。樊绰《云南志》卷一记载，唐代石门（豆沙关）附近三十里最为陡险，"石门东崖石壁，直上万仞；下临朱提江流，又下入地中数百尺，惟闻水声，人不可到。西崖亦是石壁，

---

① 姚文栋：《南甸土司属地至大金沙江考》，见李根源辑，杨文虎、陆卫先等校注：《永昌府文征·文录》卷十七，云南美术出版社 2001 年版，第 2612 页。
② 余庆远：《维西见闻记》，见方国瑜主编：《云南史料丛刊》第十二卷，云南大学出版社 2001 年版，第 59 页。
③ [北魏] 郦道元著，陈桥驿校证：《水经注校证》，中华书局 2007 版，第 825 页。

傍崖亦有阁路；横阔一步，斜亘三十余里，半壁架空，欹危虚险。其安梁石孔，即隋朝所凿也"[1]。岁月流逝，今天，虽然石门道沿线有关遗迹多荡然无存，在石门道上仍有许多类似石门形状的险岩，如盐津北十余公里的鹰嘴岩（棺木岩）、盐津县治南的吊钟岩及豆沙关的关门，据说都有阁道遗迹。据载民国时，吊钟岩石门三洞之赵家洞附近古壁上还有隋代凿的安梁石孔遗迹，还有部分朽木横置其中。1946年，盐津县民还在吊钟岩路旁竖立石门古道标，正面楷体字书写"石门古道，开通南诏"。新中国成立后，人们在豆沙关袁滋摩崖上立唐碑亭，又在摩崖亭附近修复旧关门，以供人们访古凭吊，领略汉唐古道风情。

南方丝绸之路上的古栈道

正是这天梯石栈的勾连，正是云南各民族人民世世代代不懈追求、努力开拓、艰苦奋斗，才冲破山川的阻隔，打破了封闭，在这片山高川急、崇山峻岭相属、疟蚊瘴疠横生、毒虫猛兽出没的"绝域荒外"修筑了条条道路，创造了人类交通史上的奇迹。

① [唐]樊绰撰，向达原注，木芹补注：《云南志补注》，云南人民出版社1995年版，第12页。

第二节

虹桥云津渡激流

除了道路之外，历朝历代都曾对南方丝绸之路交通进行过较大规模的疏通和整治。云南很少有河道航运可以顺流通航，只有必须跨越的山高谷深，河流险阻，因此，架桥设渡，成为元明清时期中央王朝统治下，南方丝绸之路交通建设的重要方面。

南方丝绸之路沿线地理条件复杂，不仅修桥设渡的难度很大，而且因地制宜，桥梁种类也很多。天启《滇志》卷三《地理志·桥梁》说："津梁利涉，惟水惟石。大江之浒，连舰而过，曰浮桥。在中土，不越此三端耳。西蜀松维、石泉间有索桥，以铁为柱，绹以铁链，或竹或木，从横叠架，左右方墙如竹箩，人行其中；一曰铁桥，牵铁链而人力依附，纵连直木，横铺平板，左右扶掖而过。皆桥之异也。而滇更有异者，曰藤桥，以藤为之。闻弱水亦有藤，附水而生，仙灵惧为外人导，每每伐之，今渐长，将到此岸。其此数乎！又有天生桥，不劳人力，稳步而利济。其天台石梁之类乎！又有仙桥，木细而柔，月望一易，更不可测。又澄、川间有海门桥，桥边有界鱼石，两江之鱼相望不敢越。尤异已乎！至于长桥数十丈、巨桥数丈，为政者之大惠；其次，有行释子劝化，乡人好义者为之，皆可纪也。"①也就是说，西南人民为冲破山川的阻隔，靠自己的智慧和努力，创造了如此众多的桥梁类型，不仅有中原地区常见的石桥、津渡和浮桥，还有铁索桥、藤桥、独木而成的"仙桥"和因地势而为的"天生桥"，等等，这些都是云南各民族人民对人类桥梁建筑的贡献和创举。仅就天启《滇志》记载的统计，明代南方丝绸之路沿线桥梁达 370 余座，很多是明清时期设置驿道后修筑或重修的。以下就对外通道的主要桥梁稍加记叙。

南方丝绸之路昆明经大理、永昌出缅甸的道路上有：青蛉桥，在姚安府，跨青蛉河，明代弘治中知府王嘉庆建。安固桥，在大理府，跨龙溪，明成化年间知府李逊建，弘治中又由官府重建。赵州永安桥，弘治年间官修。众安桥，在永昌府境内，跨沙河下流，明洪武二十三年（1390 年）由指挥使胡渊创建木桥，正德、嘉靖年间官府都曾经整修过，是永昌、腾越间通衢之桥。霁虹桥，在永昌府境内，跨澜沧江，自古要冲，原为竹索桥，元代至元年间，也先不花重修，并名为"霁虹"。明洪武年间，镇抚华岳打铸二铁柱于两岸，用以系舟渡江，但十分危险，常常覆舟。后架为木桥，还以竹屋盖桥，明成化年间，以铁索系两岸，上盖以板，以利行旅。这座桥是滇西对外通道上最重要的一座桥，驿道要隘，仅明代洪武、弘治、成化、万历年间等就进行过多次大规模整修。此外还有凤鸣桥，跨沙木河；大盈桥，在腾越州西，跨大盈江；龙川桥，跨龙川江，旧曰藤桥，是滇西著名的藤桥，景泰《云南图经志书·金齿军民指挥使司》说："藤桥，有三处，在龙川、在瓦甸、在曲石，而其桥俱跨龙江。盖江水湍急，难以木石为之，自古编藤为桥，系于岸树，以通人马，一年一换。"②

① [明]刘文征撰，古永继点校：天启《滇志》卷三《地理志·桥梁》，云南教育出版社1991年版，第127页。
② [明]陈文修：景泰《云南图经志书》卷六《金齿军民指挥使司》，李春龙、刘景毛校注本，云南民族出版社2002年版，第325页。

元明征缅，多次整修此桥，如弘治中兵备赵炯、嘉靖间兵备潘润都因边防和出征需要而加以整修。后年久失修，到万历二十六年（1598年），设八关之后，更成为边关重塞，又一次重修。

南方丝绸之路必须过怒江。怒江水流湍急，架桥不易，历代多设渡口，以渡行人。明嘉靖年间，官府造大舟，可渡百人，两岸建官厅，供行人歇息。清代开始造桥，行旅大为方便，清朝后期此桥一度被毁，靠竹筏渡津。"查得此桥（潞江桥）为腾永要路。桥断后，现以大竹十根编联一筏，一人篙撑，每筏仅载四五人，货二三驮，不过数十往返，计共七筏。遇夏水涨，尤为难渡；马则浮水而渡。此桥一断，商贾往来跋涉维艰，且邮政大有关碍"[1]，此为怒江交通之大要。

南方丝绸之路滇西驿道上，赵州经景东、车里出缅甸、八百的通道上有：漾濞桥，建于濞水、漾水等三水合流之处，是南路要津，万历二十七年（1599年）曾毁，后为官府组织进行重修；景东有溯澜桥，康熙五十五年（1716年）修，后日久复毁，嘉庆十八年（1813年），募建未成，设船济渡；兰津桥，跨澜沧江。永昌通姚关的道路上有：明代就有保场桥，在镇姚所小保场驿站前，万历二十年（1592年）建；血战桥，在姚关全胜关外，明代后期，东吁王朝侵边，一直打到姚关，明朝官兵与缅军在此激战，为当时参将邓自龙所建。对这条道路，明代官府作为边防重道，历来非常重视，多次进行开辟和修筑。何孟春《请复置永昌府疏》说湾甸州"其州去永昌所属老姚关寨四十里矣，即今孟养又起兵过金沙江，盘山开道，由茶山直抵腾冲、猛密"[2]。

南方丝绸之路通往越南的道路上有：曲江桥，在临安府东

---

① [清]余泽春：《禀呈查勘潞江桥工》，见李根源辑，杨文虎、陆卫先等校注：《永昌府文征·文录》卷一七，云南美术出版社2001年版，第2607页。
② [明]何孟春：《请复置永昌府疏》，见方国瑜主编：《云南史料丛刊》第四卷，云南大学出版社1998年版，第644页。

北百里，长 30 丈，原为木桥，天顺年间建。万历三十年（1602年），在官府支持下，乡绅募工改建为石桥，商旅大通。又离阿迷州里许，有一小河，历来不通舟楫，清代组织疏浚，由禄丰乡直达盘江，计 32 里，遂可行船。雍正十年（1732 年），又增修由阿迷州支八达通粤河道。开化府有兴宝桥，路通者囊厂等。

经过元明清三代，设置驿站，疏通道路，建桥置渡，南方丝绸之路大为改观，主要干线均已建成能通大队军旅和商队的通行大道，关山阻隔的现象得到一定克服，为明清对外经济贸易交往的大发展创造了条件。

南方丝绸之路上道桥主要有以下类型：

拱桥　古代最常见的桥梁形式，滇云大地处处可见。如昆明城内的云津桥，为著名的石拱桥，横跨盘龙江上且"上覆瓦屋，彻夜灯烛辉煌，俗名'云津夜市'"，元明时期都曾整修过，清代更名"德胜桥"。又如禄丰城西门外的星宿桥，跨禄衣河（星宿河）上，原仅为竹排架舟浮桥，明万历四十三年（1625 年）始建为石拱桥，清康熙年间被大水冲毁后重修，为 7 孔尖拱石桥，全长96.5 米，宽 9.8 米，整桥用红砂石砌成，雄伟坚固。今存桥为道光十二年（1832 年）建，至今仍可通大型汽车。还有建水的双龙桥也相当有名，其桥建在建水县城西五里的泸江与塌村会合处，为 17 孔尖拱石桥，全长 147.8 米，最宽处 4.5 米，实体石栏杆，跨泸江 3 孔，长 36.7 米。道光十九年（1839 年）又续建 14 孔。桥正中建飞阁三层，面阁、进深各为 5 间，上两层复以歇山式屋顶，飞檐交错，巍峨壮丽，底层为 2 桥身通道，中间设佛龛，西北角有楼梯上阁，可登高远眺。整个桥的艺术风格为国内少见。此外现存的著名古拱桥还有禄丰的丰裕桥、宾川的南薰桥、建水的见龙桥、华宁的金锁桥、姚安的连厂桥，等等，是南方丝绸之路古代拱桥的精品。

说明：星宿桥为南方丝绸之路上的重要桥梁，跨于禄丰县西门外的禄衣河（又称星宿江）上，俗称"西门大桥"。康熙《云南府志》云：因河水"渊深莫测，众石垒落，状如列垦，故称星宿桥"。星宿桥为 7 孔尖拱石桥，长 96.5 米，宽 9.8 米，桥面两侧砌有实体护栏，高 0.6 米，厚 0.4 米。两头分水桥墩长 18 米，宽 4.3 米。桥身全用红砂石砌成，石条之

云南禄丰星宿桥

间用石灰掺糯米浆浇灌，粘连紧密，坚硬牢固。桥东建有琉璃龙脊木坊 1 座，4 柱 3 门，斗拱飞檐，制作美观。木柱两旁有扁形石鼓；上雕龙盘虎踞，栩栩如生。坊上木匾题有"星宿桥" 3 个大字，为太子少保、云贵总督阮元于道光十年（1830 年）题书。桥西有大型石坊 1 座，上雕瓦檐斗拱，中间嵌有道光十二年（1832 年）《修建星宿桥碑记》石刻，共 9 通。是昆明通往滇西的咽喉，也是川滇驿道上的要口。因此，桥上石刻题联甚多，其中一副："举首测星垣，望井鬼分野，一道彩虹天外度；坡胸罗星海，喜筇邛归极，五都贡象日边来。"

悬桥　古时称"筰桥""絙桥"。"筰"古时泛指溜索、竹桥、藤桥等，故悬桥也是古代云南最普遍的桥梁形式。

说明：云龙藤桥位于云南省云龙县的白石乡松水村，因桥用藤子编缀而成，故名。

云南许多河流水险浪急，谷深坡陡，在古代是无法架设桥梁和修建石拱桥

云龙藤桥

的，于是，常常以溜索为渡。溜索是西南少数民族创造的一种简便的渡河方式，通常将一根溜索的两端固定在两岸，用竹筒穿过绳子，筒下系布袋作兜，人坐布兜上，两手抱筒，脚蹬离岸，顺势溜到对岸。溜索有单溜、双溜之分。清人余庆远在《维西见闻记》记载："维西以金沙江、浪沧（澜沧）江为天堑，水湍急，舟不可渡，乃设溜绳。其法：对岸栽石，横江系竹缆，江阳自上而下，江阴自下而上，以通往来之渡。渡则携一竹片如瓦者，两旁有孔系绳，人畜缚于绳，竹昌于缆，如梭掷而渡之。"[①]形

云南怒江上的溜索过江

象地描述了单溜渡河的情况。清人张泓也在《滇南新语》中生动描写了澜沧江上双溜渡的情况，他说设溜至处，江宽二三十丈，用两根大竹缆牢系两岸石桩。渡西岸的竹缆东头高，渡东岸的竹缆西头高。用坚实的藤绞作三圈，牢加编织，圈中穿在挂缆绳上，过渡时以绳缚藤圈中，人坐在绳子结的圈子中。岸上的人用力一推，靠惯性溜到对岸。另以细绳系圈上，如溜到中间停住，就用力拉扯细绳。[②]古代云南的溜索相当普遍，在怒江、独龙江、澜沧江、金沙江等流域聚居的怒族、独龙族、彝族、藏族等，很多少数民族都建造和使用过溜索，可以说溜索遍及滇西、滇北、滇西北和滇东北广大地区。今天在怒江、独龙江和澜沧江上游，许多少数民族仍然使用这种简便易行的渡江方式，只是竹索、竹筒已被钢索、滑轮取代了。

①［清］余庆远：《维西见闻记·道路》，见方国瑜主编：《云南史料丛刊》第十二卷，云南大学出版社 2001 年版，第 61 页。
②［清］张泓：《滇南新语·溜渡》，见方国瑜主编：《云南史料丛刊》第十一卷，云南大学出版社 2001 年版，第 390 页。

溜索为渡，毕竟负荷小且不安全，云南各民族的先民逐渐发展起了多股竹（藤）编制而成的竹藤悬桥。例如前文提及的龙川桥，正是滇西著名的藤桥。明末，徐霞客游历云南，来到滇西，曾见"龙川东江之源，滔滔南逝，系藤为桥于上以渡。桥阔十四五丈，以藤三四枝高络于两崖，从树杪中悬而反下，编竹于藤上，略可置足。两旁亦横竹为栏以夹之"。[①] 云南各民族建造的藤桥分布十分广泛，在文山县的苗瑶人民"冬春水减乘筏。春秋水泛，土人取藤系两岸巨树，编而为桥，高出水面数丈。桥上复系长条，手引以渡，长丈余"。在临沧凤庆县的阿铎河上，"土人构藤为桥"。楚雄镇南州（南华县）石峒寺附近，古设藤桥，清才改为木桥。云南还有形如网袋的藤桥，在镇雄县就有著名的"网袋桥"。

随着冶金技术的发展和先进造桥技术的传入，西南各民族人民逐渐掌握了建造铁索桥的技术，社会生产的发展也使南方丝绸之路沿线大部分地区具备建造铁索桥的条件。明清以后，大量的交通干道上的藤桥经过改建，为更牢固、更安全的铁索桥所取代。从著名的霁虹桥的发展变迁，不难看出各代各民族人民在开

云南漾濞江上索桥

通交通的艰苦探索中，不断创造出更为安全便捷的飞渡天堑的方式，促进了南方丝绸之路桥梁建设的进步。唐代就出现了铁桥，位于南诏通吐蕃的铁桥道上，今丽江塔城镇，古称铁桥镇。贞元十年（794 年）南诏异牟寻出击吐蕃，破铁桥东西两城，斩断铁桥，故此桥也当为铁索桥，同时也是长江上最早的桥梁和云南史

---

① [明] 徐弘祖著，朱惠荣校注：《徐霞客游记校注》（下），云南人民出版社 1985 年版，第 1060 页。

籍中记载最早的铁索桥。

明清澜沧江上霁虹桥

著名的霁虹桥位于永平县与保山之间，横跨澜沧江，是"蜀身毒道""南诏通天竺道"，或者说南方丝绸之路上的要津。汉武帝经营西南夷，打通永昌道时，这里仅为摆渡口，未能建造桥梁。澜沧江水流湍急，竹筏摆渡相当危险，载运量又极其有限，严重制约着这条国际重要商道的发展。到南诏时，造桥技术有了很大发展，加之南诏政权大力西开寻传，发展与骠国、天竺各国的关系，此渡的战略地位更为重要，于是将其改建为竹索桥，樊绰在《云南志》卷二中曾经记载："澜沧江南流入海。龙尾城西第七驿有桥，即永昌也。两崖高险，水迅激。横亘大竹索为梁，上布簧，簧上实板，仍通以竹屋盖桥。"[1] 元代至元年间，也先不花重修，并名为霁虹。明洪武年间，明军平定云南后，桥津并渡，时镇抚华岳打铸二铁柱于两岸，用以系舟渡江，但十分危险，常常覆舟，后架为木桥还以竹屋盖桥。明成化年间，有僧了然募建飞桥（悬桥），两岸以木为柱，"以铁索横牵两岸，上无所凭，下无所依，飘然悬空。桥之上覆为亭，二十三楹。两岸各为一房"。云南督学副使吴鹏于石壁上题字"西南第一桥"，在岸北还设官庭，驻民兵三十人更番守桥。此桥总长 106 米，跨度为 57.3 米，桥宽 3.7 米，用铁索18 根，两侧各有扶栏索一根，桥面覆以木板，以利行走和驿马通过。两岸桥头砌石，粘结之外，还于上游侧自上而下打孔，熔化铁水灌注孔内结成铁柱，使之更加坚固。据有关部门鉴定，可谓

① [唐] 樊绰撰，向达原校，木芹补注：《云南志补注》，云南人民出版社 1995 年版，第 26 页。

全国现存最早的铁索桥，南方丝绸之路桥梁建设成就的体现。此桥 1984 年列为云南省重点保护文物。1986 年桥链为洪水冲断，桥台则安然无恙。

说明：霁虹桥史称兰津桥，位于云南省永平县岩洞乡和保山市平坡乡的澜沧江上，素有"西南第一桥"的美誉，是我国最早的铁索桥之一。南诏时渡口已建有竹索吊桥，明成化年间（1465—1487）改建铁索吊桥。今天的铁索桥为清康熙二十年（1681 年）建造，光绪年间重修。桥长 115 米，宽 3.8 米，净跨 56.2 米，由 9 股 18 条铁链组成，两条为左右扶手，其余为底，上面铺有横

霁虹桥桥头摩崖刻石

直交叉的两层木板。两岸筑成半圆形桥墩，铁链两头铆死在两岸桥台上，西岸为陡崖，东岸是险峰，下面是滔滔江水，十分险要。桥两端建有桥亭关楼。桥南普陀岩壁上刻有"西南第一桥""悬崖奇渡""要塞天成""壁立万仞""沧水飞虹""天南锁钥"等题字。霁虹桥被大旅行家徐霞客誉为"迤西咽喉，千载不能改也"，在我国桥梁建筑史上有着重要地位。

此外著名的铁索古桥还有漾濞江上的云龙桥，位于漾濞县城西；澜沧江上的飞龙桥，位于云龙县旧州镇南八十三公里；青云桥，在云龙县城北三十里；惠人桥，横跨怒江之上，在保山城南一百二十里；忠爱桥，在墨江县城西布固江上，等等。特别是保

云南云龙廊桥

山双虹桥，在保山城西一百四十里，横亘于怒江之上，利用地势，就着江中石岸建造两孔铁索桥，桥宽约 2 米，长 162.5 米，中华人民共和国成立后，于 1950 年、1980 年先后重修，原桥两端建亭，今存一亭，记述着古代南方丝绸之路沿线各民族人民在桥梁建设史上的智慧创造。

这类古代的铁索桥在南方丝绸之路沿线还有多处，难以一一枚举。南方丝绸之路沿线古代的桥梁还带有鲜明的民族文化特征，例如傣族人民生活的地区盛产竹子，精巧的竹工艺也被用在了桥梁建设上，他们以竹为梁，以竹为栏，形式多样，结构奇巧，今天依然可见。云南气候多雨，且雨季较长，为了防止桥木被雨水侵蚀或人为损坏，壮族、瑶族、白族、彝族等民族还喜欢在桥上覆屋，建造楹柱廊阁，称为"舆梁"或"廊桥"，体现着不同时代的南方丝绸之路沿线民族文化特色，有的还成为当地民族集会交易、歌舞交友甚至男女青年谈情说爱的场所。例如位于墨江的忠爱桥，全桥为瓦顶木廊所覆，桥坊上有题额，书"滇南第一桥"五个大字，岸路边有庙宇，碑刻铭文。桥端石狮两对，雕琢精美。这种伸臂木梁铁链廊桥，堪称稀有文物。

南方丝绸之路沿线的江河湖泊，除了湖泊以外，多数河流不能长距离的通航，但是古渡云津处处皆有，各民族先民早就懂得充分利用舟楫之便。位于滇池之畔的滇人，早就利用滇池水域进行交通运输。石寨山和李家山等地出土的贩运滇人生产场景的铜鼓上，有划船图像，有的是渔船，有的很明显是行船，船上有二至四人划动，一人掌舵，显然是训练有素的船工，长期从事运输活动。元明清时期，滇池旁的昆明已是南方丝绸之路沿线交通中心，桥梁水运也十分发达，曾引起了当时文人不尽的感慨，多有着墨，元人王昇《滇池赋》说："五华钟造化之秀，三市当闾阎之冲，双塔挺擎天之势，一桥横贯日之虹。千艘蚁聚于云津，万舫

峰屯于城垠。致川陆之百物，富昆明之众民。"① 大理洱海附近
的白族人民也善于利用水运发展交通运输。然而云南还有很多河
流不能远距离通航，只有供人马过江的摆渡。如金沙江上的丽江
有著名的石鼓渡，1936年贺龙率工农红军由此渡江北上。还有川
滇交通要冲的拉鲊渡，在今攀枝花市仁和区大龙潭乡拉鲊村附近
的金柏油路江渡口，历代为滇川重要
的驿运渡口。禄劝县北的皎平渡，也
是西川与滇中的交通捷径渡口，江边
的"鹦哥嘴"险岩上还留有古栈道痕
迹。1935年4月至5月，毛泽东率数
万红军粉碎蒋介石几十万大军的围追
堵截，奋战九昼夜从这里渡江，取得
二万五千里长征的关键胜利。在澜沧
江上曾有古渡兰津，有云县的神舟
渡、缅宁的戛里渡、马台渡等，沟通
着南方丝绸之路。

1986年霁虹桥水毁后澜沧
江上再现兰津古渡景象

　　西南丝绸之路上古津渡十分发达，高原湖泊星罗棋布，大如
滇池、洱海、抚仙湖，小如阳宗海、石屏异龙湖、通海杞麓湖，
等等，均有多处渡口，设船摆渡，甚至还有"救生渡船"，为沿
岸人民生活生产提供方便，为繁重的交通运输提供了便利。云南
六大水系奔流着六百多条河流，在那些交通道路上，除了架设无
数的桥梁外，更常见的仍是投资少、方便安全的渡船，由此逐渐
形成了固定的渡口，有的发展成为官设津渡，有的为民间自己组
织管理，并有专门的船工定时摆渡。在清代云南地方志书中，就
明确记载了有160多个渡口，正是这些虹桥云津，使天堑变为了

①［明］陈文修：景泰《云南图经志书》卷一《云南府》，李春龙、刘景毛校注本，云南民
族出版社2002年版，第6页。

通途。

总之，经过南方丝绸之路沿线各民族人民的不懈努力，以及封建王朝为加强对南方丝绸之路沿线统治而对交通进行的建设，南方丝绸之路沿线交通焕发生机。正如刘锴《重修梯云路小引》所描述："博南西土山号罗眠，保岫东来津名澜水。江声流日夜，虹桥锁虎豹之关。岭势凿鸿蒙，鸟道入云霄之径。百尺竿头进步，木杉轮翻。万山深处，行人马前猿啸。"[1]这大概是南方丝绸之路沿线古代民族交通的真实写照。

第三节

山间铃响马帮来

南方丝绸之路山高谷深，地形复杂，虽有六大水系，但可用于交通运输的水道和湖泊极为有限，沿线境内广大地区和对外贸易的运输，几乎完全凭借人畜之力。自古以来，对外贸易以长途贩运为主。在盛产良马的云南，马帮自然是最方便、最经济的运输

翻越雪山丫口的马帮（1983 年）

---

① [清] 刘锴：《重修梯云路小引》，见李根源辑，杨文虎、陆卫先等校注：《永昌府文征·纪载》卷十，云南美术出版社 2001 年版，第 2388 页。

形式。马帮运输伴随着南方丝绸之路产生而产生，发展而发展。但在古代，南方丝绸之路沿线各条漫长的对外交通线险阻异常，不仅在中国境内有山川险阻之虞，而且出国境之后仍受周边国家和地区生产力低下、经济不发达以及商道崎岖险峻等多种因素的制约，使南方丝绸之路沿线对外贸易虽历经两千年的发展，却仍然在零散经营、小批量运输的规模上徘徊。在这样的条件下，马帮的数量和规模都相对校小。

到近代，南方丝绸之路沿线经济迅速发展，同时在对外贸易发展的强烈冲击下，南方丝绸之路沿线各地商人纷纷出资组建马帮，从事对外贸易，如滇中河西、玉溪、峨山一带的回族马帮，大多开始于清光绪初年。到清末民国初年，云南各地的大马帮有：凤仪帮、蒙化帮、云龙帮、鹤庆帮、喜洲帮、丽江帮、中甸帮、保山帮、腾冲帮、临安帮、迤萨帮、阿迷邦、石屏帮、沙甸帮、顺宁帮、京东帮、思茅帮、磨黑帮、寻甸帮、玉溪帮、通海帮、峨山帮、鲁点帮、宣威帮、曲靖帮、会泽帮、昭通帮、开化（文山）帮、广南帮等二十余个。这些大型马帮的驮马多至数百匹或上千匹，而且几乎都从事对外贸易运输，或从事各种商业运输。

马店

此外从事短程运输的小的马帮不计其数。南方丝绸之路沿线马帮还有自己的商帮组织，在清末仅有的 59 个商业行帮中已占据一席。

在马帮运输需求急速扩大的情况下，南方丝绸之路沿线还出现了一批专门经营马帮的大户。民国年间，大理凤仪、太和、洱滨、仁里等村镇，以及下关都有经营马帮的大户。如凤仪的包有才，拥有 100 多匹骡马，专门雇用了"马锅头"和赶马人。玉溪后裕乡尹家，先是开染坊谋生，20 世纪 20 年代初看到经营马帮大有可为，从染坊拿出一部分资金，买了几匹马，创办了马帮，仅仅四五年的时间，独立经营的尹家马帮就发展到拥有 30 余匹骡马的马帮，并与县里好几家商号建立了稳定的运输业务关系，后来发展成为一支强大的马帮。民国年间，这类专门从事大规模马帮驮运的资本家，仅大理、凤仪一带就有十七八家。还有不少"马锅头"和养马户，自己饲养几匹至十几匹不等的骡马，每到运输旺季（云南雨季雨水较多，许多地方道路泥泞，瘴疠横生，无法运输），全村要跑马帮运输的人家拼伙，往往可以形成四五百匹骡马的大马帮，专门承揽长途大宗运输业务。这样的马帮组织，凡参加搭帮者都需要向帮主即"锅头"交纳一定的钱银，"马锅头"既是马帮组织的负责人，也常是商帮经营的代理人。马帮的成份较为复杂，帮主多为地主、商人。他们中有的拥有自己的骡马，自任马锅头，有的则雇用马锅头。搭帮者既有自己拥有几匹骡马而赶马的，也有受雇而行的。赶马人大多是受雇者，栉风沐雨，经营运输，靠领取一点微薄的报酬或自带一点货物经营为生。

随着近代南方丝绸之路沿线马帮的兴盛，成百上千匹驮马行进在云南通往各个口岸或出国境的各条商道上，其运力之大，交通之繁盛，成为近代南方丝绸之路沿线社会和对外交通中令人瞩目的现象。由昆明经下关、保山、腾越至八莫一线，常有四五千匹骡马往来运输。仅腾冲口岸，马帮每年的过往量就达 2 万余驮。在思茅方向，由前路，即从

云南祥云县云南驿镇"马帮文化博物馆"展示的马帮用具

下关经景东、蒙化等而来经营棉花或茶叶以及深入缅、泰、老挝"走夷方"的马帮，每年约有 3000 余匹；由玉溪、通海、河西、元江而来的后路马帮也不下千余匹；还有从维西、中甸、德钦等藏区而来，往藏区运销思茅的茶叶，向思茅运销土杂货物的古宗马帮，即便在冬季，也尚有千余匹牲口，开春后可达 3000 余匹，故思茅线上也有不下万余匹驮马常年进行运输。滇南一线，在滇越铁路通车前，也全由马帮运输，大量的锡矿，均由马帮从个旧运输至蛮耗，由蛮耗装上舢板，从水路出国境。1909 年，云南出口大锡 70824 担，所需驮马数相当可观。在耿马、镇康这一线的对外通道上，大烟、土特产以及棉花的进出口贸易也十分繁盛，年货运量也在 2000 至 4000 驮。抗日战争期间，日本侵略者阻断南方丝绸之路各对外通道干线的近现代运输，云南人民为支援抗战，又重新启用马帮对外运输，当时云南全省骡马的存栏量仍达 50.7 万余匹，足见近现代南方丝绸之路对外贸易的运输主力仍是马帮运输。虽然每匹驮马的运力不过几十上百公斤，但汇集成几十万匹骡马的运输大军，其运力之大，足以应付近代云南主要的货物运输。组织起来的大型马帮还能承担大批量运输任务，仅以大理凤仪的石磺外销为例，石磺于 1909 年开始外销，当时不过年销售数百驮，而 20 年后，其销售额已达每年六七千驮，每次启运，都需组织四五百匹驮马。

由于南方丝绸之路沿线复杂的地理条件，马帮运输的道路差异很大，有驿站大道，也有荒野小路。马帮在大道上行进，以驿道 60 里左右为一日程，沿途一般都有马站可以住宿。在商业中心

穿越密林的马帮

城市和货物集散重镇，都有接待马帮的客栈，如昆明马帮客栈不仅遍布南门顺城街、西门凤翥街等，而且在远离市区30公里外的大板桥，也有设备完好的客栈10余家，每日客满。在迤西道上，据李根源《滇西兵要界务图注》所记，永昌因正当干线上为滇西重镇，城内外居民万余人，就有大客栈十余家，马栈十四五家，货栈五六家，均为马帮运输服务；而在主要的出境口岸，蛮允街居民仅1500余户，有客栈五家，能容纳5000人宿营；小新街，马栈七家，能容纳2000人宿营；弄璋街居民仅350户，竟有马栈七家。同时还有其他专为马帮服务的行业，也如雨后春笋似的出现。

马帮也常常行走在那些没有设站的小路，穿行于野草丛生、河流纵横的荒野之间，走这样的道路，需有人在前面用大刀斩荆劈棘，探河架桥，十分辛苦。夜晚无法解决食宿，只有露宿荒野，俗称"开亮"或"打野"。

行进在交通道路上的马帮都有严密的组织，一般五匹牲口称为一把，五把为一小帮，设一小锅头负责。这一小帮中必须选择一匹健壮的、训练有素的带路骡马，叫作"头骡"。如果几个小帮合在一起形成较大的马帮队伍，头骡就更重要了，这匹大头骡常常有特殊的装饰，额上系着小镜，两旁插着红布白边的旗帜，带着大串铜铃，发出清脆叮咚声，引着后面的骡马整齐前行。南方丝绸之路沿线山路一般都比较狭窄，大马帮在路上交会十分困难，若组织不好，就会造成马惊货散的危险局面。所以马锅头的作用十分重要，行进途中，马锅头一般都要手持铓锣在前面敲击，给对面来的马帮以警示，便于提前停在开阔的路边做好交会准备。铜铃和铓锣声不仅在日间协调骡马行动，而且在晚间还有惊散野兽的功效，所以马帮一动，前呼后拥，叮咚之声，不绝于耳。山间铃响马帮来，也就成了南方丝绸之路沿线交通文化的奇观。

结　语

　　西南边疆主要指云南地区，那么云南及其周边的东南亚和邻近的南亚国家的社会历史、文明发展史均是影响或拉动南方丝绸之路发展的重要因素。

　　云南山川地貌的复杂与险恶，对交通发展制约巨大，除此之外，政治制度、社会进步、经济开发、生产力发展和对外经济文化交往范围的扩大等，也是影响对外交通发展的重要因素。总体上看，自然界的制约因素不是一成不变的，而是随着社会的进步和经济文化交往的扩大，人类与自然创造性活动的深入逐步发生变化的；山川地理所造成的交通壁障，可以在生产力发展、交通工具的改善中不断消除。云南先民对外部世界的了解，与周边及海外国家交往扩大的原因和交通道路不断拓展的动力，都来自云南社会历史发展的需要。交通道路不断增多和拓展，交通发展对云南社会经济的影响日益加深，这是一种相辅相成的关系。把南方丝绸之路的发展历程放在云南乃至中国政治、经济和社会发展的大背景下展开考察，紧密结合中国对外交通发展的脉络，牢牢把握云南社会、政治、经济发展的进程，客观地、历史地叙述南方丝绸之路的概貌。基于上述观点，笔者将西南边疆社会历史发展与南方丝绸之路的关系分为四个大的阶段：

第一阶段为南方丝绸之路的开启，即先秦至汉晋，是云南与中原内地及印度等文明古国开始发生联系，南方丝绸之路开辟的时期。伴随着云南社会生产力的发展及中央王朝在云南的经营活动——通道与置吏，奠定了云南成为统一多民族国家不可分割的一部分的基础，使得经由云南的南方丝绸之路干线基本形成，中央王朝实现了对南方丝绸之路的控制和经营，确立了云南在南方丝绸之路发展中的重要地位，同时带动了云南社会经济的发展。

第二阶段为南方丝绸之路的拓展与对外交往的扩大，即南诏、大理国时期，这是云南历史上的特殊时期。政治上，云南处于地方民族政权南诏、大理国的统治下，与中央王朝分庭而立；经济上，云南与中原内地及南亚、东南亚地区保持着密切的联系，内地所产丝绸蜀锦乃至丝织业深刻影响南诏、大理国各民族，通过南方丝绸之路上的"河赕贾客"[1]贩卖于南亚、东南亚国家，而换来的印度洋的海贝，充当唐宋时期云南地方性民族政权南诏、大理国的货币，而南诏、大理国生产的马，作为战马远销内地王朝，所产的牛及其他牲畜卖到安南（今越南）和骠国（今缅甸）等，不胜枚举；文化上，唐宋汉文化从四川深入云南，印度佛教密宗及南亚、东南亚民族文化通过南方丝绸之路传入云南，与汉文化、云南当地民族文化产生碰撞与交融。与之同时，中国对外交通发生了以陆路为主到以海上交通为主的重大转折，南方丝绸之路也在这一时期实现了由原来仅为巴蜀、中原与印度间的通道型交通向联通中南半岛东南亚沿海港口的对外交通体系转变，逐步实现与海上丝绸之路的互联互通，西南边疆云南也由单纯的接续式转运贸易向生产、贸易、交通一体化转变。唐宋时期的南方丝绸之路横穿滇云大地，以贯通太平洋与印度洋的著名

---

[1] 唐宋时期对南诏、大理国与天竺进行贸易的云南商贾的称呼。

国际通道——"安南通天竺道"为主干，加上南诏相继拓展的多条出海道路，构成连通南亚、东南亚的交通道路体系。宋大理国时期，宋朝失去北方半壁江山，战马奇缺，于是从云南的大理国买马，并在广西设四大博易场，促使南方丝绸之路开辟了经由云南连通广西及其沿海的道路，从而将广西纳入南方丝绸之路的交通体系。

第三阶段为南方丝绸之路的全面开通和发展，即元明清时期。元代，西南边疆云南重新回归中央王朝的统治，在大一统政治下，开发力度极大增强，云南社会、经济、文化的发展迅速跟上内地发展步伐。以中央王朝作后盾，以广阔的内地市场为依托，以迅速发展和繁荣社会经济为基础，南方丝绸之路和对外交往的政治、经济、军事实力极大增强，给对外交通的发展注入了新的活力，对外交通道路全面开通，出境道路不断延伸，对外贸易向纵深发展，达到封建时代南方丝绸之路交通和贸易的巅峰。

第四阶段为南方丝绸之路向近代交通的转变，即 19 世纪中叶至第二次世界大战结束，这是西南边疆云南周边国家相继沦为英法殖民地，中国进入半殖民地半封建社会的时期，导致南方丝绸之路的对外贸易对象和交通方式发生了根本的变化：对外关系从此不再是原来意义上云南与周边国家的单纯关系，掺杂了西方列强的干扰和殖民主义压迫侵略的因素；经由云南的南方丝绸之路也由完全人畜驮运，向马帮运输与近代交通运输交融过渡，最终完成对外交通运输的现代化进程。这一过程是在西方殖民主义不断加深对云南侵略和掠夺，云南人民逐渐觉醒、奋起反抗、发展自身经济的斗争中实现的。

上述四个阶段的发展历程，可以说概括了 1949 年中华人民共和国成立前南方丝绸之路与西南边疆云南社会历史的发展历程。

西南边疆云南周边国家的政治经济历史变化对南方丝绸之路

的影响是显而易见的。在南方丝绸之路开辟的早期，古代中印两大文明的带动作用特别突出。由于先秦至唐中叶，海上丝绸之路尚未兴起，陆路交通占据主导地位，西南边疆云南以其优越的地理区位，在中华文明与南亚印度文明的经济文化交流中扮演着极其重要的角色，云南作为两大文明的交汇地，其通道作用非常明显。作为连接世界两大文明之大陆桥，云南开始了它的对外交通历史和辉煌，汉晋时期的"蜀身毒道"，南诏、大理时期的"安南通天竺道"或称"南方丝绸之路"，正是早期中西文化交流的结果。

大约从十世纪以后，中西交通开始以海上交通为主，云南周边的东南亚沿海国家，作为中西海上交通的中转地带，对外贸易港口勃然而兴，缅甸、泰国等国社会经济迅速发展，封建王朝统治达到繁荣。周边国家社会历史的发展为云南同这些国家进行经济文化交往提供了条件，使借助这些国家的水道河谷为通道，寻求新的、更便捷的出海通道成为可能。云南自身水道的对外交通作用逐渐被认识，沿河谷通往大海的道路渐次得到开辟，尤其是明清以来，缅甸社会经济的兴盛，伊洛瓦底江流域滇缅贸易水道全面开通，促使南方丝绸之路转向以缅甸腹地及其出海港为目的，滇印陆路交通作用削弱，而滇缅交通和贸易迅速发展，云南地理区位优势得到进一步发挥。

越南与云南山水相连，道路相通，滇越交通道路开辟甚早。滇越交通的发展受政治历史的影响尤为明显。秦汉至隋唐，越南北部、中部曾是中国中央王朝统治的一部分，地域相连，政治统一，文化交融，交往密切，曾使滇越交通一体贯通，交州港作为中国最重要的对外海港，也长期作为云南最近、最便利的出海口加以利用。但是，五代以后，安南独立，云南处于南诏、大理政权统治下，政治的分离，导致滇越交通相对隔绝，云南难以顺利

南方丝绸之路研究丛书　历史地理卷

利用交州港出海，迫使云南转向广西开辟新的出海通道。直至明清时期，滇越交通受政治历史的影响，都处于低潮。

近代，南方丝绸之路受周边国家缅甸、越南、老挝、柬埔寨殖民化和近代交通体系兴起的影响，英法殖民者利用周边国家为基地，对云南觊觎已久，虎视眈眈，频繁骚扰和侵略，云南独立自主的对外交通体系受到严重损害。通商口岸的设立、对外交通道路的走向和建设都受到殖民主义的干扰和制约，使南方丝绸之路运输从传统方式向近现代交通的发展历程艰难备至，更为曲折，直到新中国成立，南方丝绸之路交通才迎来了新生。

南方丝绸之路经历了汉晋时期"蜀身毒道""进桑麋泠道"，唐宋时期的"安南通天竺道""大理买马道"，元代的"青木香山路"，明清时期的"贡象道路"、滇缅伊洛瓦底江陆水接续运输通道、茶马古道，近代以来的滇越铁路、滇缅公路、中印公路、驼峰航线等两千多年的发展变迁，形成以西南边疆云南为节点的"双扇形"空间格局。第一个扇形空间结构是从西往东，有滇藏线（茶马古道）、川滇清溪关道、石门关道及金沙江——长江（江南）、滇黔大道（延展至两湖，北上河南、河北、山东乃至东三省）、滇桂（珠江水系）至广州甚至出海道路，构成第一个扇形空间的骨架，形成扇形经济文化交往空间；第二个扇形空间结构则为西南边疆出境出海与南亚、东南亚的各条交通道路，构成包括通过东南亚、南亚延展到阿拉伯、欧洲、非洲、南洋乃至北美的另一个扇形空间。同样，南方丝绸之路连接印度、孟加拉、缅甸、老挝、越南的交通干线，整个东南亚和南亚及其延展的欧洲、非洲都是第二扇形空间结构的组成部分。

因此，从历史上看，南方丝绸之路以地缘关系为基础，推动着中国与东南亚、南亚地区的交流，拓展了西南地区经济发展的空间。今天在"一带一路"建设中，习近平总书记要求，努力把云南建设成面向南亚东南亚辐射中心。全国人大代表、云南大学校长林文勋提出南方丝绸之路"也是我国历史上民族迁徙和对外人文交流的大走廊。在古代，中国正是通过西北陆上丝绸之路、西南南方丝绸之路和东南海上丝绸之路，将古老的中国文明、印度文明、埃及文明等人类古文明串联起来。三条古道构架起一条中国与中亚、西亚、东南亚、南亚、非洲之间的经济之路、文化之路和友谊之路"①。云南省省长阮成发指出"古南方丝绸之路"和"茶马古道"，造就了历史上开放和鼎盛的云南。二战期间，云南成为救民族于危难之中的血脉大通道。云南还有日趋明显的开放优势。云南是畅通"一带一路"和长江经济带的重要节点，是参与中国—中南半岛和孟中印缅两个经济走廊建设的主要承载省份②。历史上南方丝绸之路从来都不是封闭的内陆道路体系，而是向北向东勾连中国政治经济文化中心地区，连接北方丝绸之路，往南往西连接南亚、东南亚地区与国家，直至太平洋、印度洋各港口，形成联通海上丝绸之路的交通网络系统。这为今天"一带一路"建设中，通过"南方丝绸之路"打通西南大通道，有利于建立区域国际中心、构建沿边经济开放带、赋予大湄公河次区域合作新内涵、建设南方丝绸之路经济带、推进"两洋出海"和中国西南地区面向南亚、东南亚，乃至与海上丝绸之路互联互通的大开放格局，古老的南方丝绸之路将在历史上曾经发挥重要作用的基础上，再谱新篇，创造辉煌。

说明：从下往上，最下为 1986 年洪水冲毁古霁虹桥后于 1999 年，政府与民间集资在古老的霁虹桥遗址旁又重修的长 120 米、宽 2 米的铁索桥——尚德桥；中间为 2015 年全线贯通的"滇

---

① 《全国人大代表林文勋：建设南方丝绸之路经济大走廊》，载《云南日报》2018 年 3 月 21 日。
② 张帆、徐元锋：《云南 大开放正当时——访云南省省长阮成发》，载《人民日报》2017 年 9 月 6 日。

缅输油管道"跨越澜沧江段；最高处为正在建设中的大瑞铁路（大理至瑞丽）澜沧江特大桥，2016 年 11 月 15 日，大桥钢管拱顺利合龙。这在南方丝绸之路上建设面向南亚东南亚的大通道中形成三桥齐跨澜沧江的独特景观。

2017 年云南"一带一路"建设中的霁虹桥旧址处三桥并跨澜沧江景观

参考文献

一、历史文献

[1] 司马迁 . 史记 [M]. 北京：中华书局，1959.

[2] 班固 . 汉书 [M]. 北京：中华书局，1962.

[3] 陈寿 . 三国志 [M]. 北京：中华书局，1975.

[4] 范晔 . 后汉书 [M]. 北京：中华书局，1965.

[5] 沈约 . 宋书 [M]. 北京：中华书局，1974.

[5] 姚思廉 . 梁书 [M]. 北京：中华书局，1973.

[6] 魏收 . 魏书 [M]. 北京：中华书局，1974.

[7] 房玄龄 . 晋书 [M]. 北京：中华书局，1974.

[8] 魏徵 . 隋书 [M]. 北京：中华书局，1974.

[9] 刘昫 . 旧唐书 [M]. 北京：中华书局，1975.

[10] 欧阳修，宋祁 . 新唐书 [M]. 北京：中华书局，1975.

[11] 脱脱 . 宋史 [M]. 北京：中华书局，1985.

[12] 宋濂 . 元史 [M]. 北京：中华书局，1974.

[13] 张廷玉 . 明史 [M]. 北京：中华书局，1974.

[14] 赵尔巽 . 清史稿 [M]. 北京：中华书局，1977.

[15] 明实录 [M]. 中华书局影印本，2016.

[16] 清实录 [M]. 中华书局影印本，1986.

[17] 申时行.大明会典 [M].续修四库全书影印本.上海：上海古籍出版社，2014.

[18] 常璩.华阳国志 [M].刘琳，校注.成都：巴蜀出版社，1984.

[19] 玄奘.大唐西域记 [M].季羡林，校注.北京：中华书局，1985.

[20] 郭松年，李京.大理行记校注 云南志略辑校 [M].王叔武，校注.昆明：云南民族出版社，1986.

[21] 郦道元.水经注 [M].陈桥驿，校证.北京：中华书局，2007.

[22] 释慧皎.高僧传 [M].汤用彤，校注.汤一玄，整理.北京：中华书局，1992.

[23] 义净.大唐西域求法高僧传 [M].王邦维，校注.北京：中华书局，1988.

[24] 樊绰.云南志 [M].向达，原注.木芹，补注.昆明：云南人民出版社，1995.

[25] 李心传.建炎以来系年要录 [M].北京：中华书局，1956.

[26] 李心传.建炎以来朝野杂记 [M].徐规，点校.北京：中华书局，2006.

[27] 吴儆撰.竹洲集 [M].景印文渊阁四库全书本.台湾：台湾商务印书馆，1986.

[28] 孙光宪.北梦琐言 [M].景印文渊阁四库全书本.台湾：台湾商务印书馆，1986.

[29] 周去非.岭外代答 [M].屠友祥，校注.上海：上海远东出版社，1996.

[30] 范成大.范成大笔记六种 [M].孔凡礼，点校.北京：中华书局，2002.

[31] 范成大 . 桂海虞衡志辑佚校注 [M]. 胡起望，覃光广，校注 . 成都：四川民族出版社，1986.

[32] 马端临 . 文献通考 [M]. 北京：中华书局，1986.

[33] 马可波罗 . 马可波罗行纪 [M]. 冯承均，译 . 沙海昂，注 . 上海：商务印书馆，1936.

[34] 郭松年，李京 . 大理行记校注 云南志略辑校 [M]. 王叔武，校注 . 昆明：云南民族出版社，1986.

[35] 郭子章 . 黔记 [M]. 贵阳：贵州省图书馆校勘油印本，1966.

[36] 王耒贤，许一德 . 万历贵州通志 [M]. 黄富源，点校 . 贵阳：贵州大学出版社，2009.

[37] 解缙 . 永乐大典 [M]. 北京：中华书局，1986.

[38] 申时行 . 大明会典 [M]. 续四库全书影印本，上海：上海古籍出版社，2014.

[39] 徐弘祖 . 徐霞客游记 [M]. 朱惠荣，校注 . 昆明：云南人民出版社，1985.

[40] 陈文 . 景泰云南图经志书 [M]. 李春龙，刘景毛，校注 . 昆明：云南民族出版社，2002.

[41] 邹应龙，李元阳 . 万历云南通志 [M]. 北京：中国文联出版社，2013.

[42] 刘文征 . 滇志 [M]. 古永继，校点 . 昆明：云南教育出版社，1991.

[43] 王士性 . 广志绎 [M]. 北京：中华书局，1981.

[44] 徐松 . 宋会要辑稿 [M]. 北京：中华书局，1957.

[45] 倪蜕 . 滇云历年传 [M]. 李埏，点校 . 昆明：云南大学出版社，1992.

[46] 顾祖禹 . 读史方舆纪要 [M]. 贺次君，施金和，点校 . 北

南方丝绸之路研究丛书 历史地理卷

京：中华书局，2005.

[47] 谷应泰. 明史纪事本末 [M]. 北京：中华书局，1977.

[48] 王崧. 道光云南志钞 [M]. 杜允中，注. 昆明：云南社科院文献所，1990.

[49] 王文韶. 光绪续云南通志稿 [M]. 台湾：文海出版社，1966.

[50] 黄楙材. 西輶日记 [M]. 吴丰培，辑. 成都：四川民族出版社，1985.

[51] 王芝. 海客日谭 [M] // 沈云龙，主编. 近代中国史料丛刊. 台湾：文海出版社，1970.

[52] 李熙龄. 广南府志 [M]. 杨磊等，点校. 兰州：兰州大学出版社, 2004.

[53] 龙云，周钟岳. 新纂云南通志 [M]. 李春龙，审订. 牛鸿斌等，点校. 昆明：云南人民出版社，2009.

[54] 民国云南通志馆. 续云南通志长编 [M]. 昆明：云南省志编纂委员会办公室，1985.

[55] 罗养儒. 云南掌故 [M]. 昆明：云南民族出版社，1996.

[56] 屠述濂. 乾隆腾越州志 [M] // 中国地方志集成·云南府县志辑. 南京：凤凰出版社，2009.

[57] 刘毓珂. 光绪永昌府志 [M] // 中国地方志集成·云南府县志辑. 南京：凤凰出版社，2009.

[58] 方国瑜. 云南史料丛刊 [M]. 昆明：云南大学出版社，1998−2006.

[59] 海关总署总务厅，中国第二历史档案馆. 中国旧海关史料 [M]. 北京：京华出版社，2001.

[60] 李根源. 永昌府文征 [M]. 杨文虎，陆卫先等，校注. 昆明：云南美术出版社，2008.

[61] 云南省文史研究馆 . 云南丛书 [M]. 北京：中华书局，2009.

二、相关著作

[1] 向达 . 中西交通小史 [M]. 上海：商务印书馆，1933.

[2] 夏光南 . 元代云南史地丛考 [M]. 上海：中华书局，1936.

[3] 胡焕庸 . 四川地理 [M]. 重庆：正中书局，1939.

[4] 张印堂 . 滇西经济地理 [M]. 昆明：国立云南大学西南文化研究室，1941.

[5] 张肖梅 . 云南经济 [M]. 重庆：民国国民经济研究所，1942.

[6] 钟崇敏 . 四川蚕丝产销调查报告 [M]. 重庆：中国农民银行经济研究处，1944.

[7] 万湘澄 . 云南对外贸易概观 [M]. 昆明：新云南丛书社，1946.

[8] 龚学遂 . 中国战时交通史 [M]. 上海：商务印书馆，1947.

[9] 伯希和 . 交广印度两道考 [M]. 冯承钧，译 . 北京：中华书局，1955.

[10] 中国科学院考古所 . 辉县发掘报告 [M]. 北京：科学出版社，1956.

[11] 中国科学院考古所 . 长沙发掘报告 [M]. 北京：科学出版社，1957.

[12] 季羡林 . 中印文化关系史论丛 [M]. 北京：人民出版社，1957.

[13] 哈威 . 缅甸史 [M]. 姚楠，译注 . 陈炎，校订 . 北京：商务印书馆，1957.

[14] 赵松乔 . 缅甸地理 [M]. 北京：科学出版社，1958.

南方丝绸之路研究丛书　历史地理卷

[15] 云南省博物馆. 云南晋宁石寨山古墓群发掘报告 [M]. 北京 : 文物出版社 ,1959.

[16] 波巴信. 缅甸史 [M]. 陈炎，译. 北京：商务印书馆，1965.

[17] 张星烺. 中西交通史料汇编 [M]. 北京：中华书局，1977.

[18] 童恩正. 古代的巴蜀 [M]. 成都：四川人民出版社，1979.

[19] 艾芜. 南行记 [M]. 北京：人民文学出版社，1980.

[20] 方国瑜. 滇史论丛 [M]. 上海：上海人民出版社，1982.

[21] 方国瑜. 云南地方史讲义 [M]. 昆明：云南广播大学，1983.

[22] 貌丁昂. 缅甸史 [M]. 贺圣达，译. 何平，校. 昆明：云南省东南亚研究所，1983.

[23] 许道夫. 中国近代农业生产及贸易统计资料 [M]. 上海：上海人民出版社，1983.

[24] 方国瑜. 云南史料目录概说 [M]. 北京：中华书局，1984.

[25] 沈福伟. 中西文化交流史 [M]. 上海：上海文艺出版社，1985.

[26] 尤中. 中国西南边疆变迁史 [M]. 昆明：云南教育出版社，1986.

[27] 严耕望. 唐代交通图考 [M]. 台湾：历史语言研究所专刊，1986.

[28] 边遽，等. 边陲的古道 [M]. 昆明：云南教育出版社，1986.

[29] 徐冶，王清华，段鼎周. 南方陆上丝绸路 [M]. 昆明：云南民族出版社，1987.

[30] 方豪. 中西交通史 [M]. 长沙：岳麓书社，1987.

[31] 方国瑜. 中国西南历史地理考释 [M]. 北京：中华书局，

1987.

[32] 刘迪辉，李惠良．东南亚简史 [M]．南宁：广西人民出版社，1987.

[33] 沈福伟．中西文化交流史 [M]．上海：上海人民出版社，1988.

[34] 尤中．西南民族史研究 [M]．昆明：云南人民出版社，1988.

[35] 申旭，刘稚．中国西南与东南亚的跨境民族 [M]．昆明：云南民族出版社，1988.

[36] 云南纺织厂厂志编辑委员会．云南纺织厂厂志 [M]．内部印行，1988.

[37] 云南社科院东南亚研究所．云南与东南亚关系论丛 [M]．昆明：云南人民出版社，1989.

[38] 蓝勇．四川古代交通路线史 [M]．重庆：西南师范大学出版社，1989.

[30] 杨毓才．云南各民族经济发展史 [M]．昆明：云南民族出版社，1989.

[40] 梁启超．饮冰室专集 [M]．北京：中华书局，1989.

[41] 塔帕尔．印度古代文明 [M]．林太，译．杭州：浙江人民出版社，1990.

[42] 秦钦峙，龙永春．云南与东南亚 [M]．昆明：云南与东南亚编辑委员会，1991.

[43] 云南省文物管理委员会．南诏大理文物 [M]．北京：文物出版社，1992.

[44] 董孟雄．云南近代地方经济史研究 [M]．昆明：云南人民出版社，1991.

[45] 中国人民政治协商会议西南地区文史资料协作会议．抗

南方丝绸之路研究丛书 历史地理卷

日战争时期西南的交通 [M]. 昆明：云南人民出版社，1992.

[46] 付宗明. 西南通商口岸腾冲 [M]. 保山：地委宣传部，1992.

[47] 云南文物管理委员会. 南诏大理文物 [M]. 北京：文物出版社，1992.

[48] 汪宁生. 云南考古 [M]. 昆明：云南人民出版社，1992.

[49] 贺圣达. 缅甸史 [M]. 北京：人民出版社，1992.

[50] 邱宣充，张瑛华. 云南文物古迹大全 [M]. 昆明：云南人民出版社，1992.

[51] 蓝勇. 南方丝绸之路 [M]. 重庆：重庆大学出版社，1992.

[52] 蓝勇. 历史时期西南经济开发与生态变迁 [M]. 昆明：云南教育出版社，1992.

[53] 王明达，张锡禄. 马帮文化 [M]. 昆明：云南人民出版社，1993.

[54] 云南省地方志办公室. 云南省志·铁路志 [M]. 昆明：云南人民出版社，1994.

[55] 赵鸿昌. 南诏编年史稿 [M]. 昆明：云南人民出版社，1994.

[56] 方国瑜，林超民. <马可波罗行纪>云南史地丛考 [M]. 北京：民族出版社，1994.

[57] 黎小龙，蓝勇，赵毅. 交通贸易与西南开发 [M]. 重庆：西南师范大学出版社，1994.

[58] 申旭. 中国西南对外关系史研究 [M]. 昆明：云南美术出版社，1994.

[59] 朱惠荣. 中华人民共和国地名词典·云南省 [M]. 北京：商务印书馆，1994.

[60] 杨正泰. 明代驿站考 [M]. 上海：上海古籍出版社，1994.

[61] 蓝勇．西南交通贸易与开发 [M]．重庆：西南师范大学出版社，1994.

[62] 云南省交通厅．云南公路运输史 [M]．北京：人民交通出版社，1995.

[63] 李珪．云南近代经济史 [M]．昆明：云南民族出版社，1995.

[64] 中国人民政治协商会议云南省委员会文史资料委员会．云南文史资料选辑 [M]．昆明：云南人民出版社，1996.

[65] 贺圣达．东南亚文化发展 [M]．昆明：云南人民出版社，1996.

[66] 陈炎．海上丝绸之路与中外文化交流 [M]．北京：北京大学出版社，1996.

[67] 王清华，徐冶．南方丝绸之路考察记 [M]．昆明：云南大学出版社，1996.

[68] 张增祺．滇国与滇文化 [M]．昆明：云南美术出版社，1997.

[69] 蓝勇．西南历史文化地理 [M]．重庆：西南师范大学出版社，1997.

[70] 方铁，方慧．中国西南边疆开发史 [M]．昆明：云南人民出版社，1997.

[71] 陆韧．云南对外交通史 [M]．昆明：云南民族出版社，1997.

[72] 何芳川，万明．古代中西文化交流史话 [M]．北京：商务印书馆，1998.

[73] 丁文江．游记二种 [M]．沈阳：辽宁教育出版社，1998.

[74] 陈茜．澜沧江—湄公河流域基础资料汇编 [M]．昆明：云南科技出版社，2000.

南方丝绸之路研究丛书　历史地理卷

[75] 陆韧．高原通途：云南民族交通 [M]．昆明：云南教育出版社，2000.

[76] 戴维斯．云南：联结印度和扬子江的锁链 [M]．李安泰等，译．昆明：云南教育出版社，2000.

[77] 国家文物局．中国文物地图集·云南分册 [M]．昆明：云南科技出版社，2001.

[78] 方国瑜．方国瑜文集 [M]．林超民，编．昆明：云南教育出版社，2001.

[79] 陆韧．变迁与交融——明代云南汉族移民研究 [M]．昆明：云南教育出版社，2001.

[80] 李昆声．云南省博物馆建馆五十周年论文集 [M]．昆明：云南教育出版社，2001.

[81] 张增祺．滇文化 [M]．北京：文物出版社，2001.

[82] 木霁弘．茶马古道考察纪事 [M]．昆明：云南教育出版社，2001.

[83] 李昆声．云南艺术史 [M]．昆明：云南教育出版社，2001.

[84] 木霁弘．滇藏川"大三角"文化探秘 [M]．昆明：云南大学出版社，2003.

[85] 中国国家博物馆，云南省文化厅：云南文明之光：滇王国文物精品集 [M]．北京：中国社会科学出版社，2003.

[86] 塔林．剑桥东南亚史 [M]．贺圣达等，译．昆明：云南人民出版社，2003.

[87] 云南省政协文史文员会．云南文史集萃 [M]．昆明：云南人民出版社，2004.

[88] 林超民．滇云文化 [M]．呼和浩特：内蒙古教育出版社，2006.

[89] 陆韧．现代西方学术视野中的中国西南边疆史 [M]．昆

明：云南大学出版社，2007.

[90] 林超民. 林超民文集 [M]. 昆明：云南人民出版社，2008.

[91] 云南省文物考古研究所，玉溪市文物管理所，江川县文化局. 江川李家山——第二次发掘报告 [M]. 北京：文物出版社，2008.

[92] 冯天瑜. 中华文化史 [M]. 上海：上海人民出版社，2010.

[93] 段玉明. 大理国史 [M]. 昆明：云南人民出版社，2011.

[94] 何平. 东南亚民族史 [M]. 昆明：云南大学出版社，2012.

[95] 马琦. 国家资源：清代滇铜黔铅开发研究 [M]. 北京：人民出版社，2013.

[96] 陆韧，凌永忠. 元明清西南边疆特殊政区研究 [M]. 北京：人民出版社，2013.

[97] 周智生. 晚清民国时期滇藏川毗连地区的治理开发 [M]. 北京：社会科学文献出版社，2014.

[98] 杨伟兵. 西南近代经济地理 [M] // 吴松弟. 中国近代经济地理第 4 卷，上海：华东师范大学出版社，2015.

[99] 云南李家山青铜博物馆. 滇国铜魂：云南李家山古滇文物集萃 [M]. 昆明：云南人民出版社，2015.

[100] 奥尔良. 云南游记——从东京湾到印度 [M]. 龙云，译. 昆明：云南人民出版社，2016.

[101] 李昆声，黄懿陆. 南方丝绸之路与滇国历史文化 [M]. 昆明：云南人民出版社，2017.

[102] 方国瑜. 云南民族史讲义 [M]. 林超民，秦树才，整理. 昆明：云南人民出版社，2018.

[103] 柯乐洪. 横穿克里塞：从广州到曼德勒 [M]. 张江南，译. 昆明：云南人民出版社，2018.

[104] 苏月秋，陆韧. 清代至民国云南与东南亚丝棉贸易研究

[M]. 北京：社科文献出版社，2019.

三、论文

[1] 汶江. 试论道教对印度的影响 [J]. 南亚与东南亚资料，1952（2）.

[2] 云南省博物馆. 云南晋宁石寨山古遗址及墓葬 [J]. 考古学报，1956（1）.

[3] 季羡林. 中国蚕丝输入印度问题的初步研究 [J] // 中印文化关系史论丛. 北京：人民出版社，1957.

[4] 云南省博物馆. 云南晋宁石寨山第三次发掘简报 [J]. 考古，1959（9）.

[5] 黄盛璋. 文单国——老挝历史地理新探 [J]. 历史研究，1962（5）.

[6] 云南省博物馆. 云南晋宁石寨山第四次发掘简报 [J]. 考古，1963（9）.

[7] 饶宗颐. 蜀布与 Cinapatta——论早期中、印、缅之交通 [J] // 台湾中央研究院历史语言研究所集刊，1974.

[8] 云南省博物馆. 云南江川李家山古墓群发掘报告 [J]. 考古学报，1975（2）.

[9] 张增琪，王大道. 云南江川李家山古墓群发掘报告 [J]. 考古学报，1975（2）.

[10] 陈炎. 古代中缅文化交流 [J]. 世界历史，1979（6）.

[11] 夏鼐. 我国出土的蚀花的肉红石髓珠 [J] // 考古学和科技史. 北京：科学出版社，1979.

[12] 广西壮族自治区文物工作队. 广西田东发现战国墓葬 [J]. 考古，1979（6）.

[13] 冯一下. 略谈古代四川与国外的经济文化交流 [J]. 四川

师院学报，1980（3）.

[14] 王大道. 滇池区域的青铜文化 [J] // 云南青铜器论丛. 北京：文物出版社，1981.

[15] 陈茜. 川滇缅印古道初考 [J]. 中国社会科学，1981（1）.

[16] 方国瑜. 云南用贝作货币的时代及贝的来源 [J]. 云南社会科学，1981（1）.

[17] 林超民. 蜀身毒道浅探 [J] // 西南民族研究集刊第二集. 昆明：云南大学出版社，1981.

[18] 方国瑜. 唐代前期南宁州都督府与安南都护府的边界 [J]. 云南社会科学，1982（5）.

[19] 童恩正. 试谈古代四川与东南亚文明的关系 [J]. 文物，1983（9）.

[20] 吕昭义. 对西汉时中印交通的一点看法 [J]. 南亚研究，1984（1）.

[21] 方国瑜. 古代中国与缅甸的友好关系 [J]. 东南亚，1984（4）.

[22] 方铁. 元代云南的站赤 [J] // 西南民族研究集刊第五集. 昆明：云南大学出版社，1984.

[23] 苏建灵. 中国元代与缅甸蒲甘王朝的战争 [J] // 西南民族研究集刊第五集. 昆明：云南大学出版社，1984.

[24] 董孟雄. 近代云南马帮初探 [J]. 经济问题探索，1988（6）.

[25] 王大道. 云南出土货币初探 [J]. 云南文物，1987.

[26] 曹维琼. 中法战争与滇越铁路 [J]. 研究集刊，1987（1）.

[27] 黄盛璋. 贾耽路程"欢州通文单国道"地理与对音 [J] // 历史地理第五辑. 上海：上海人民出版社，1987.

[28] 陈伟明. 唐五代岭南道交通路线述略 [J]. 学术研究，1987（1）.

南方丝绸之路研究丛书 历史地理卷

[29] 方铁 . 元代云南驿传的特点 [J]. 思想战线，1988（1）.

[30] 陆韧 . 论市舶司的性质和历史作用的变化 [J]. 海交史研究，1988（1）.

[31] 林文勋 . 宋代西南地区的市马与民族关系 [J]. 思想战线，1989（2）.

[32] 林超民 . 元代入缅三道考 [J]. 思想战线（增刊），1989.

[33] 段玉明 . 大理与宋边境贸易市场考辨 [J]. 研究集刊，1989（1）.

[34] 段玉明 . 大理与宋边境贸易货物考辨 [J]. 研究集刊，1989（2）.

[35] 陈一石，陈泛舟 . 滇茶藏销考略 [J]. 西藏研究，1989（3）.

[36] 孙来臣 . 明清时期中缅两国贸易关系及其特点 [J]. 东南亚研究，1989（4）.

[37] 杨正泰 . 明代国内交通路线初探 [J] // 历史地理第七辑 . 上海：上海人民出版社，1990.

[38] 王珽 . 元云南行省站道考略 [J] // 历史地理第二辑 . 上海：复旦大学出版社，1990.

[39] 蓝勇 . 唐宋南方陆上"丝绸之路"的转输贸易 [J]. 中国社会经济史研究，1990（4）.

[40] 董孟雄，郭亚非 . 近代云南交通运输与商品经济 [J]. 云南社会科学，1990（1）.

[41] 朱昌利 . 南方丝绸之路与中、印、缅经济文化交流 [J]. 东南亚，1991（3）.

[42] 朱育能 . 云南历史上第一个商埠——蒙自 [J]. 云南方志，1992（5）.

[43] 蓝勇 . 魏晋南北朝隋唐佛教传播与"西南丝路" [J]. 西南师范大学学报（人文社会科学版），1992（2）.

[44] 陆韧. 唐代安南与内地交通 [J]. 思想战线，1992(5).

[45] 龙永行. 中法战争文明法国对越南的侵略活动 [J]. 东南亚，1993(3).

[46] 毛佑全. 滇南驿道马帮历史探踪 [J]. 云南学术探索，1993(4).

[47] 蓝勇. 南方丝绸之路的丝绸贸易研究 [J]. 四川师范大学学报(社会科学版)，1993(2).

[48] 蓝勇. 南方丝绸之路线问题的探索 [J]. 成都大学学报(社会科学版)，1994(3).

[49] 向翔. 茶马古道与滇藏文化交流 [J]. 云南民族学院学报(哲学社会科学版)，1994(3).

[50] 陆韧. 抗日战争期间云南马帮运输 [J]. 抗日战争研究，1995(1).

[51] 刘世旭. "南方丝绸之路"出土海贝与贝币浅论 [J]. 中国钱币，1995(1).

[52] 陆韧. 南诏交通与城镇关系初探 [J]. 思想战线，1995(2).

[53] 陆韧. 天宝战争与开步头路 [J]. 思想战线，1997(5).

[54] 陆韧. 宋代广西海外贸易兴起原因初探 [J]. 海交史研究，1997(2).

[55] 陆韧. 试论汉晋时期交州港的兴起与云南的关系 [J]. // 史学论丛第六辑. 昆明：云南大学出版社，1997.

[56] 童恩正. 古代中国南方与印度交通的考古学研究 [J]. 考古，1999(4).

[57] 陆韧. 明代云南的驿堡铺哨与汉族移民 [J]. 思想战线，1999(6).

[58] 陆韧. 明代汉族移民与云南城镇发展 [J]. 云南社会科学，1999(6).

[59] 黄纯艳. 论宋代贸易港的布局与管理 [J]. 中州学刊，2000（6）.

[60] 陆韧. 伊洛瓦底江水道在云南对外交通中的作用 [J]. 亚洲论坛，2000（2）.

[61] 陆韧. 试论秦汉时期的蜀身毒道 [J] // 秦汉史论丛第八辑. 昆明：云南大学出版社，2001.

[62] 陆韧. 试论明清时期云南对外驿道的发展 [J] // 面向新世纪的中国历史地理学——2000 年国际中国历史地理学术讨论会论文集. 济南：齐鲁书社，2001.

[63] 黄光成. 西南丝绸之路是一个多元立体的交通网络 [J]. 中国边疆史地研究，2002（4）.

[64] 李丽娟，李海滨，王娟. 澜沧江水文与水环境特征及其时空分异 [J]. 地理科学，2002（1）.

[65] 郑天一. 从 < 岭外代答 > 解读宋代广西繁荣的商品贸易 [J]. 广西民族研究，2004（3）.

[66] 陆韧. 唐代南诏与安南交通两道考 [J] // 南方开发与中外交通——2006 年中国历史地理国际学术研讨会论文集. 西安：西安地图出版社，2007.

[67] 曹家齐. 宋代西南陆路交通及其发展态势 [J] // 宋史研究论丛第 9 辑. 保定：河北大学出版社，2008.

[68] 蓝勇. 南方陆上丝绸之路研究现状的思考 [J]. 中华文化论坛，2008（2）.

[69] 李绍明. 近 30 年来的南方丝绸之路研究 [J]. 中华文化论坛，2009（1）.

[70] 陆韧. 云南边疆现代化起步与社会变迁——基于贺宗章、丁文江红河地区亲历记的研究 [J]. 云南民族大学学报，2010（1）.

[71] 陈国保. 安南都护府与唐代边疆防御体系的构建及影响

[J]. 中国边疆史地，2010（3）.

[72] 李昆声 . 中国云南与东南亚南亚的经济文化交流——自远古至战国秦汉时期 [J]. 广西民族大学学报（自然科学版），2011（1）.

[73] 杨志强 . 重返"古苗疆走廊"——西南地区、民族研究与文化产业发展新视域 [J]. 中国边疆史地研究，2012（2）.

[74] 陆韧 . 明朝西南边疆的特殊管控与治理——"信符"与"金字红牌"制探析 [J] // 历史地理第三十辑 . 上海：上海人民出版社，2014.

[75] 方铁 . 马可波罗所见南方丝绸之路的饮食习俗 [J]. 楚雄师范学院学报，2014（10）.

[76] 马宏，张云峰 . 昌宁大甸山墓地入围全国十大考古终评 [N]. 保山日报，2014-03-25.

[77] 林文勋 . "一带一路"战略与南方丝绸之路经济大走廊构想 [J]. 云南师范大学学报（哲学社会科学版），2016（2）.

[78] 陆韧 . 宋代海上丝绸之路广西口岸发展与西南地区的交通贸易 [J]. 长安大学学报（社会科学版），2016（4）.

[79] 陆韧，余华 . 南方陆上丝绸之路与海上丝绸之路互联互通的历史进程 [J]. 云南大学学报（人文社会科学），2017（2）.

[80] 唐林 . 蜀锦与丝绸之路 [J]. 中华文化论坛，2017（3）.

[81] 姜建国 . 跨越自然的阻隔：明清云贵交通研究 [D]. 上海：复旦大学历史地理研究中心，2017.

[82] 林文勋：建设南方丝绸之路经济大走廊 [N]. 云南日报，2018-03-21.

[83] 张帆，徐元锋 . 云南大开放正当时——访云南省省长阮成发 [N]. 人民日报，2017-09-06.

[84] 林超民 . 从"西南夷"到"云南人"：云南多民族文化认

同的演变 [J]. 云南社会科学，2018（6）.

[85] 姜建国. 明代贵州驿道交通变迁及其原因 [J] // 历史地理第三十七辑. 上海：复旦大学出版社，2018.

[86] 成都老官山汉墓印证成都就是丝绸之路的南起点 [N]. 华西都市报，2018-10-22.

[87] 伍磊. 宋元之际四川主要城市地理分布格局演变探析 [J]. 中国历史地理论丛，2018（1）.

[88] 新时代治蜀兴川的开放格局 [N]. 四川日报，2018-04-23.

[89] 成都老官山汉墓印证成都就是丝绸之路的南起点 [N]. 华西都市报，2018-10-22.

[90] 庄兴成，范德伟. 简论滇越铁路的历史作用 [J]. 红河学院学报，2018（6）.

[91] 葛剑雄. 丝绸之路与西南历史交通地理 [J]. 思想战线，2019（2）.

[92] 陆韧，夏自金. 交通安全与边疆稳定：明代乌撒道的特殊作用与交通管控模式新探 [J]. 中国边疆史地研究，2019（4）.